PROFISSÃO: INVESTIDOR

COMO BENJAMIN GRAHAM CRIOU ESSA PROFISSÃO E TRANSFORMOU O MUNDO DOS INVESTIMENTOS

JASON ZWEIG
Colunista da seção "Intelligent Investor"
do *The Wall Street Journal*

RODNEY N. SULLIVAN, CFA

PROFISSÃO: INVESTIDOR

COMO BENJAMIN GRAHAM CRIOU ESSA PROFISSÃO E TRANSFORMOU O MUNDO DOS INVESTIMENTOS

Tradução
Leonardo Abramowicz

ALTA BOOKS
EDITORA
Rio de Janeiro, 2017

Profissão Investidor — Como Benjamin Graham criou essa profissão e transformou o mundo dos investimentos

Impresso no Brasil.

Obra disponível para venda corporativa e/ou personalizada. Para mais informações, fale com projetos@altabooks.com.br

Copidesque
Shirley Lima da Silva Braz

Editoração Eletrônica
Estúdio Castellani

Revisão
Jayme Teotônio Borges Luiz | Roberta Borges

Produção Editorial
Elsevier Editora - CNPJ: 42.546.531./0001-24

CIP-Brasil. Catalogação na fonte
Sindicato Nacional dos Editores de Livros, RJ

Z96s

Zweig, Jason
Profissão investidor: como Benjamin Graham criou essa profissão e transformou o mundo dos investimentos / Jason Zweig, Rodney N. Sullivan, editores; tradução Leonardo Abramowicz. – Rio de Janeiro: Alta Books, 2017.

Tradução de: Benjamin Graham, building a profession
ISBN: 978-85-508-0201-5

1. Graham, Benjamin, 1894-1976. 2. Investidores (Finanças). 3. Investimentos. 4. Investimentos – Análise. 5. Títulos (Finanças). I. Zweig, Jason. II. Sullivan, Rodney N. III. Título.

10-1908.

CDD: 332.6
CDU: 336.76

ALTA BOOKS
EDITORA

Rua Viúva Cláudio, 291 — Bairro Industrial do Jacaré
CEP: 20970-031 — Rio de Janeiro - RJ
Tels.: (21) 3278-8069 / 3278-8419
www.altabooks.com.br — altabooks@altabooks.com.br
www.facebook.com/altabooks

PREFÁCIO

O propósito deste livro é reunir, pela primeira vez, em um único volume os clássicos textos curtos de Graham sobre análise financeira. O livro também serve como leitura complementar à sexta edição comemorativa de *Secutity Analysis*, de Graham e Dodd, publicada em 2009.

Através do desenvolvimento do pensamento de Graham de 1932 a 1976, podemos traçar a evolução da análise financeira desde a sua fase artesanal até uma profissão plenamente estabelecida. Graham foi uma voz no deserto clamando pelos direitos dos acionistas. Foi um profeta alertando para os perigos do mercado em alta e proclamando as oportunidades criadas pelo mercado em baixa. Foi um experimentador pragmático em busca de novos métodos de avaliação. Foi um profundo pensador determinado a colocar a análise de investimentos sobre as bases sólidas do método científico. Foi também, em sua vida nos negócios, um modelo de honestidade e integridade, colocando consistentemente os interesses dos clientes à frente dos seus próprios.

Assim, estes ensaios não constituem apenas a mera história de como Graham fundou a profissão de análise de investimentos. Eles também mostram sua visão de quais deveriam ser as prioridades centrais assumidas pela área.

Mais ou menos a cada década, os críticos têm disparado seus tiros de festim contra Graham, afirmando que ele estaria fora de alcance, obsoleto, irrelevante. Essas pessoas que ficam procurando defeitos não percebem que a passagem do tempo tem o mesmo efeito em Graham que para Shakespeare, Galileu ou Lincoln: o desenrolar dos anos fornece evidências cada vez maiores de sua importância. Ninguém mais, antes ou depois, superou o poder intelectual de Graham, com seu bom-senso, sua maestria literária, seus insights psicológicos e sua dedicação à dignidade da análise de investimento como profissão. Ele é mais importante hoje do que nunca. Alguém duvida de que a bolha da internet e a crise do crédito teriam sido menos devastadoras se um número maior de investidores tivesse levado Graham mais a sério?

Existem poucas coisas das quais podemos ter certeza no mundo da análise financeira. Esta é uma: na próxima geração, em todas as décadas que virão daqui em diante, Benjamin Graham será visto como um guia mais indispensável do que é hoje.

Leia e saiba por quê.

Jason Zweig

SUMÁRIO

PARTE III
Ampliando a profissão

PARTE IV
A voz da profissão

INTRODUÇÃO

Mais de 30 anos após sua morte e quase 65 anos depois de apresentar a proposta radical de que a análise financeira deveria ser uma ciência e uma profissão, Benjamin Graham ainda encontra seu lugar ao sol. Ele é um caso exemplar da afirmação de Ralph Waldo Emerson de que "uma instituição é o prolongamento da sombra de um homem". Os quase 90 mil detentores da CFA (Chartered Financial Analyst – Certificado de Analista Financeiro) em mais de 135 países e territórios e os mais de 200 mil estudantes que buscam se tornar membros da profissão são testemunhas vivas do poder das ideias de Graham e da colossal extensão de sua sombra.

Emerson compreendeu que as grandes instituições são criadas por cruzados solitários – aqueles com o brilhantismo de enxergar o mesmo velho mundo com luzes radicalmente novas, com a visão de levantar castelos no ar e com a teimosia de construir as fundações sob esses castelos, tijolo por tijolo.

Dizem que, se Benjamin Graham não tivesse fundado a profissão de análise financeira, alguém mais o teria feito. Mas não devemos estar tão certos disso. Desde o início, Lucien Hooper, um dos mais influentes analistas nos Estados Unidos, protestou afirmando que a proposta de Graham era um "formalismo desnecessário", que não representaria nada em termos de tornar o analista mais ético, intelectualmente honesto ou competente.[1] A primeira Certificação de Analista Financeiro foi concedida apenas em 1963 – mais de duas décadas após Graham ter proposto um padrão formal. Pense em todo o processo de formação de seu filho até a graduação na faculdade e você terá ideia do tempo e da paciência com que Graham acalentou a proposta de que a análise financeira deveria ser formalizada como uma profissão.

Durante todas essas décadas, Graham estimulou seus colegas a reconhecerem que a análise e a avaliação de títulos e valores mobiliários deveriam ser vistas como processos estruturados padronizados, conforme um método científico. Também se manteve teimosamente na defesa do princípio de que a análise financeira deveria sempre estar em conformidade com os mais elevados padrões de conduta ética.

Quando Benjamin Graham começou em Wall Street, em 1914, não tinha experiência, dinheiro ou as qualificações convencionais. Graham nunca chegou a completar um curso em economia. Entretanto, tinha em seu patrimônio: energia prodigiosa, formação rigorosa em matemática e filosofia clássica, dons extraordinários como escritor, a crença apaixonada de que os negócios deveriam ser conduzidos de maneira justa e honesta, e uma das mentes mais sutis e brilhantes que o mundo dos investimentos já viu.

Mais tarde, Graham descreveu sua maneira de pensar como "investigativa, reflexiva e crítica". Ele também tinha "um bom instinto para o que era importante em um problema... a habilidade de evitar a perda de tempo em aspectos não essenciais... a propensão a buscar os aspectos práticos, de concluir as coisas, de encontrar soluções e, principalmente, de visualizar novas abordagens e técnicas".[2] Seu aluno mais famoso, Warren Buffett, resume a mente de Graham em duas palavras: "Terrivelmente racional."[3]

Graham chegou a Wall Street com 20 anos. Não cursou faculdade – passou como um foguete. Graham entrou em Columbia com a idade de 16 anos e completou todo o seu curso em três anos e meio, pulando todo um semestre para poder realizar uma pesquisa sobre operações para uma empresa de transportes. Um mês antes de Graham se formar em segundo lugar na sua turma, recebeu ofertas para dar aulas em três departamentos: matemática, filosofia e inglês.[4]

Graham recusou o incentivo do diretor de sua faculdade para trabalhar na empresa Newburger, Henderson & Loeb como contínuo na área administrativa por $12 por semana. Graham decorou rapidamente os detalhes mais importantes de mais de 100 emissões de bônus e logo estava examinando os balanços patrimoniais das principais ferrovias e indústrias. Em pouco tempo, subiu na empresa, tornando-se um "estatístico", como eram então chamados os analistas de investimentos.

Em 1914, Wall Street era caótica e sem lei – um submundo no qual não havia regras, a ética era relaxada e as informações precisavam ser extraídas das empresas como espinhos da pata de um leão. O Banco Central dos Estados Unidos mal havia completado um ano de existência. A primeira lei "blue-sky"* (promulgada no Kansas, que determinava a divulgação de informações básicas sobre os riscos de títulos antes de qualquer oferta pública) chegou apenas em 1911. Não havia a Securities and Exchange Commission.** As companhias publicavam balanços patrimoniais rudimentares em intervalos esporádicos; muitas vezes, os investidores conseguiam ver um relatório anual somente indo para a biblioteca da New York Stock Exchange.*** Para evitar os olhares curiosos de

---

**Nota do Tradutor*: Lei estadual nos Estados Unidos que regula a oferta e venda de títulos para proteger o público contra fraudes.

***Nota do Tradutor*: Securities and Exchange Commission (SEC), a equivalente à Comissão de Valores Mobiliários no Brasil.

****Nota do Tradutor*: New York Stock Exchange (NYSE) – Bolsa de Valores de Nova York.

estranhos, as empresas de controle familiar escondiam os ativos e os ganhos por meio de trapaças contábeis e deliberadas negligências.

Em tal ambiente, os "estatísticos" evoluíram acostumados a pensar seu ofício muito mais como arte do que como ciência. Muitos ficaram presos aos bônus de empresas em que a rigorosa avaliação das tendências no longo prazo parecia ter maior importância; aqueles que se aventuravam em ações raramente consideravam os balanços patrimoniais das companhias a base de seu trabalho. "Os números não eram ignorados", lembra Graham, "mas eram estudados superficialmente e com pouco interesse". Em vez disso, o nome de quem comprava e vendia era de fundamental importância. A notícia antecipada de aquisições e fusões, em uma época anterior ao banimento da negociação com base em informações privilegiadas, tornava os operadores "pistoleiros". As primeiras informações de doença no gado dos currais de Chicago, ou uma praga nos campos de trigo da Ucrânia, poderia colocar o especulador diante da subida de preços de ações ou opções em Nova York. Como lembra Graham: "Para os velhos operadores em Wall Street, parecia tolo se debruçar sobre estatísticas quando se dava valor a um conjunto completamente diferente de fatores que determinavam a mudança de preços – todos eles bastante humanos."[5]

Por todos esses motivos, os analistas da época de Graham viam a si mesmos como formuladores de diagnósticos, utilizando seus contatos e sua intuição para avaliar o "sentimento" do mercado. Eles aplicavam o que o grande psicólogo Paul Meehl chamou mais tarde de "juízo clínico", avaliando cada título no calor do momento, enfatizando os fatores subjetivos que viam como únicos, e estimando os futuros movimentos de preços em relação às tendências de mercado que constatavam a seu redor.[6]

Os analistas se orgulhavam disso, acreditando que esse tipo de julgamento exigiria grande sensibilidade, diligência e habilidade. E assim era. Mas sua crença na *qualidade* de seus julgamentos era uma ilusão. Como Graham disse: "Boa parte da inteligência dos estatísticos fora corrompida pela sua experiência."[7] Sempre que faziam uma operação correta, tomavam isso como validação de seus métodos. Em todas as outras ocasiões, culpavam forças fora de seu controle: os caprichos do mercado, as marés da política global, o poder de gigantes do mercado como os Morgan, Rockfeller ou Vanderbilt.

Na verdade, os analistas não verificavam se seus julgamentos qualitativos tinham alguma validade quantitativa: as análises subjetivas das ações e dos títulos poderiam distinguir ao longo do tempo os que estavam baratos dos que estavam caros?

Desde seus primeiros dias, Graham sentia que a resposta era um sonoro *Não*. Ele começou colocando a análise financeira em bases mais sólidas. Em vez de prever o preço de um título considerando a temperatura do mercado ou indo atrás de notícias antes de qualquer outro, Graham aprofundou-se nos ativos e passivos, receitas e dividendos. Como um astrônomo em um mundo de astrólogos, ele colocou o ônus da prova diretamente sobre os dados quantitativos.

Graham rompeu com a tradição de outra forma ainda mais fundamental. Wall Street estabelecera há muito tempo uma distinção entre "investimento" e "especulação".[8] Um *investidor* se preocupava principalmente em obter fluxo de rendimento estável e constante – que podia ser fornecido apenas pelos bônus cujas cláusulas rígidas e os sólidos ativos asseguravam que o valor do principal do investimento não seria prejudicado. Por outro lado, um *especulador* estava interessado em apostar em grandes movimentações nos preços de mercado – o que, nestes dias de taxas de juros relativamente estáveis, somente poderia ser encontrado nas ações. Para o investidor, importava a proteção do principal contra flutuações no valor; para o especulador, o que importava era expô-lo às flutuações de preço.

Assim, como regra geral, os bônus representavam o domínio apropriado para os investidores, enquanto as ações correspondiam ao hábitat natural dos especuladores. Quando, em 1924, Edgar Lawrence Smith publicou seu livro *Common Stocks as Long-Term Investments*, pretendia que o título de sua obra fosse uma provocativa bofetada no rosto. Nenhuma pessoa respeitável acreditava que as ações pudessem ser vistas como investimentos (daí os ditados populares: "Cavalheiros preferem bônus" e "Bônus para rendimento e ações para lucro"). Em 1931, após o Crash da Bolsa aparentemente ter feito picadinho dos argumentos de Smith, o best-seller *Investment and Speculation*, escrito por Lawrence Chamberlain, declarou que somente os bônus poderiam ser considerados investimentos; as ações eram inerentemente especulativas.

Após começar como analista de bônus e de mudar gradualmente a maior parte de sua atenção para as ações, Graham percebeu que a visão prevalecente era uma preguiçosa simplificação. Ele estava irritado com a noção popular de que os bônus eram apenas para investidores e ações somente para especuladores. "Os bônus de um negócio sem ativos ou poder de ganho teriam cada partícula sem valor da mesma forma que as ações dessa empresa", vociferou Graham, em 1934. "Ainda assim, por causa da associação tradicional do bônus com uma maior segurança, o investidor tem sido geralmente persuadido pelo fato de que pelo mero ato de limitar seu retorno teria obtido uma garantia contra a perda."[9]

Graham compreendeu que os valores intrínsecos das ações não devem ser ignorados meramente por representarem uma precedência menor sobre os ativos de uma companhia. Nem se deve considerar irrelevante o preço de mercado dos bônus apenas por prometerem um retorno sobre o principal.

Graham argumentou que os investidores devem ser separados dos especuladores não pelo que escolhem comprar, e sim *como* fazem essa escolha. A um dado preço, qualquer título poderia ser considerado especulativo; com outro preço (menor), ele se torna um investimento. Em mãos de pessoas diferentes, o mesmo título – ainda que ao mesmo preço – pode ser uma especulação ou um investimento, dependendo de quão bem o compreenderam e de como avaliaram suas próprias limitações. Ainda mais chocante para todos os leitores traumatizados pelo Crash de 1929, Graham insistiu que mesmo uma opção de compra em uma arbitragem de fusão não precisa ser especulativa. Se analisada apropriadamente do ponto de vista correto, ela pode se transformar em um investimento.[10] Graham propôs que a tarefa do analista financeiro seria pensar como um investidor independente do formato do título analisado.[11]

Em palavras imortais que deveriam ser colocadas sobre o batente de cada fundo de investimentos, Graham escreveu: "Uma operação de investimento é aquela que, por meio da análise, promete segurança para o principal e um retorno adequado. As operações que não vão ao encontro destas exigências são especulativas."[12]

Com lógica inexorável, Graham definiu cada um de seus termos. Não havia nada "se/ou" sobre sua definição. A análise precisa ser completa, a segurança precisa ser assegurada e o retorno precisa ser adequado. Por análise completa, Graham queria dizer "o estudo dos fatos sob a luz dos padrões estabelecidos de segurança e valor". Segurança significava "proteção contra perdas sob todas as condições ou variações normais ou provavelmente razoáveis". Um retorno satisfatório era "qualquer taxa ou montante de retorno (ainda que baixo) que o investidor estava disposto a aceitar, desde que agindo com razoável inteligência".[13]

Com um único golpe poderoso, ele destruiu a falsa dicotomia entre bônus como investimento e ações como especulação. Os bônus podem ser especulativos e as ações mais seguramente podem ser investimentos. O trabalho do analista era determinar o que era o que – com base não no formato do título, mas sim em sua qualidade e seu preço em relação ao valor.

Sua qualidade deveria ser determinada quantitativamente. Graham era a pessoa ideal para resolver o problema de avaliação dos títulos pelo método científico. Seu amor pela geometria euclidiana e pelo cálculo – Graham publicou um trabalho sobre o ensino de integrais no *American Mathematical Monthly* com a idade de 23 anos – complementava sua maestria na lógica e na filosofia clássica.[14]

O momento também era correto. Em 1927, Alfred Cowles havia começado a compilar o enorme banco de dados de retorno das ações e previsões de mercado que se tornou a matéria-prima para o Center for Research in Security Prices at the University of Chicago

(Centro de Pesquisa sobre Preços de Títulos na University of Chicago). Enquanto isso, Frederick Macaulay estava trabalhando duro na matemática sobre a duração dos bônus. No final de 1934, somente alguns meses após Graham e David Dodd publicarem *Security Analysis*, o filósofo Karl R. Popper publicou a primeira edição de seu influente livro *A Lógica da Pesquisa Científica*.[15] Os renomados matemáticos e filósofos Alfred North Whitehead e Bertrand Russell estavam pregando, como um novo testamento, as virtudes de se aplicar o método científico a todos os aspectos da vida.[16]

"Para se chegar a uma lei científica, existem três etapas principais", escreveu Russell, em 1931. "A primeira consiste em observar os fatos significativos; a segunda consiste em formular hipóteses que, caso verdadeiras, dariam conta de explicar esses fatos; a terceira, em deduzir dessas hipóteses as consequências que poderiam ser testadas pela observação." Russell acrescentou: "A característica mais essencial da técnica científica é resultar do experimento, e não da tradição."[17]

Naturalmente, Graham tinha à sua disposição no mercado acionário o maior e mais ativo laboratório experimental do mundo. E ele sabia disso. Na segunda frase do Capítulo 1 de *Security Analysis*, Graham formulou a declaração radical de que o processo de determinação do valor das ações e dos bônus "faz parte do método científico".

Quando Graham, armado com as técnicas da ciência, bateu de frente com o mercado de ações, a tradição morreu instantaneamente na colisão: a antiga crença de que a análise é mais arte do que ciência chegara ao limite.

Em resumo, Benjamin Graham encontrou sua vocação e lhe deu forma, destinando-a a todos aqueles que vieram depois dele.

Jason Zweig

NOTAS

1. Lucien O. Hooper, "Should Security Analysts Have a Professional Rating? The Negative Case", *The Analysts Journal* (Janeiro de 1945), p. 41.
2. Benjamin Graham, *The Memoirs of the Dean of Wall Street* (Nova York: McGraw-Hill, 1996), pp. 141-142.
3. Entrevista de Jason Zweig com Warren Buffett, 8 de outubro de 2009.
4. Graham, que apresentou inicialmente sua matrícula com a idade de 15 anos, teria se graduado em Columbia com 19 anos, mas a faculdade perdeu seu processo, adiando a matrícula por um ano.
5. Graham, *The Memoirs of the Dean of Wall Street*, p. 142.
6. Paul E. Meehl, *Clinical versus Statistical Prediction: A Theoretical Analysis and a Review of the Evidence* (Minneapolis: University of Minnesota Press, 1954).

7. Graham, *The Memoirs of the Dean of Wall Street*, p. 143.
8. Dennis Butler, "Benjamin Graham in Perspective", *Financial History*, n. 86 (verão de 2006), pp. 24-28.
9. Benjamin Graham e David Dodd, *Security Analysis* (Nova York: McGraw-Hill, 1934), p. 58.
10. Ibid, pág. 56.
11. As advertências de Graham sobre as distinções entre investimento e especulação foram particularmente oportunas nos anos 1930. Na esteira do Grande Crash, muitos indivíduos abandonaram o mercado de ações e aqueles que ficaram deixaram de investir de acordo com a definição tradicional de Wall Street para o termo. John Maynard Keynes observou no Capítulo 12 da *Teoria geral do emprego, do juro e da moeda* (São Paulo: Editora Atlas, 1982): "Dizem que é raro um americano investir, como muitos ingleses ainda o fazem, 'pelo rendimento'; e não irá facilmente adquirir um investimento, exceto com a esperança de valorização do capital."
12. Graham e Dodd, *Security Analysis*, p. 58.
13. Ibid., pp. 55-56.
14. Benjamin Graham, "Some Calculus Suggestions by a Student", *American Mathematical Monthly*, v. 24, n. 6 (junho de 1917), págs. 265-271.
15. Publicado em Viena como *Logik der Forschung*, o livro foi traduzido pela primeira vez para o inglês em 1959, mas vinha sendo amplamente lido muito antes por cientistas e filósofos. Popper teve um renascimento em anos recentes, graças ao comerciante e acadêmico Nassim Nicholas Taleb, que adotou a metáfora de Popper do "cisne negro", segundo a qual somente uma única exceção é necessária para tornar falsa a afirmação "Todos os cisnes são brancos". Entretanto, as opiniões de Poppe sobre falsificação continuam controversas.
16. Já em 1928, Dwight Rose havia publicado seu livro *A Scientific Approach to Investment Management* (Nova York e Londres: Harper and Brothers).
17. Bertrand Russell, *The Scientific Outlook* (Abingdon, UK: Routledge Classics, 2009; primeira publicação em Londres: George Allen & Unwin, 1931), pp. 37 e 105.

PARTE I

As bases da profissão

Se você caminhar em um labirinto de trás para frente – colocando seu lápis na saída e traçando o caminho de volta, curva por curva, até o ponto de partida –, sua solução parecerá simples. Por outro lado, como qualquer criança sabe, iniciar pela entrada e tentar seguir seu caminho até o final sem retorno errado é bem mais difícil.

Da mesma forma, é muito fácil entender o mundo de hoje da forma como ele se apresenta. A Certificação de Analista Financeiro (Chartered Financial Analyst – CFA) é o padrão de mais alto grau de rigor intelectual e condução ética na análise de investimentos. Conseguir o grau CFA é tão difícil que raramente ocorre às pessoas que o possuem que a criação dessa certificação tenha sido ainda mais difícil do que sua obtenção. Somente olhando um pouco mais de perto para o processo de como a certificação CFA surgiu é que você pode ter uma ideia de como essa luta foi difícil.

Mas existe um motivo ainda mais importante para entender como a designação CFA se desenvolveu: para saber o que significa ser um analista de investimentos nos dias de hoje, você precisa saber o que isso significava para Benjamin Graham.

Desde o início, quando propôs pela primeira vez o que chamou QSA (Qualified Security Analyst – Analista de Investimento Qualificado) em "Os analistas de investimentos deveriam ter uma certificação profissional? Argumento a favor", Graham insistiu em padrões profissionais que fossem, ao mesmo tempo, amplos e profundos.

Graham era radicalmente contrário à visão tradicional de que os analistas (ou "estatísticos") deveriam se basear mais em arte do que em ciência. Como ele mesmo resumiu a visão habitual da época: "A habilidade nesse campo reside largamente no julgamento, e não na técnica ou no conhecimento específico." Graham pensava que isso não fazia sentido: "Embora a capacidade de julgamento desempenhasse papel importante na análise de investimentos, requer a ajuda de métodos bem estabelecidos e de conhecimento especializado e experiência."

O analista qualificado, ele escreveu, deveria:

- Ter "bom caráter"
- "Observar regras de conduta ética"
- Passar em um exame para demonstrar "conhecimento neste campo"
- Obter a experiência exigida para mostrar "competência profissional"
- Ser devotado a "elevar os padrões de sua vocação"

É impressionante como Graham enfatiza o "bom caráter". Na introdução do texto de 1945, que dá início à Parte I deste volume, ele a coloca em primeiro lugar, à frente até mesmo de "educação e experiência". Em sua frase final, ele volta ao tema, colocando-o antes de "sólida competência".

O que Graham queria dizer exatamente com bom caráter? Em sua vida privada, ele violou os padrões convencionais de moralidade. Graham certamente teria concordado com a picante observação de H.L. Mencken em 1919, de que os grandes realizadores não "vêm das fileiras dos hermeticamente reprimidos".[1]

Mas na condução de sua empresa, Graham foi eticamente irrepreensível. Ao contrário de seus colegas, nunca negociou (ou mesmo tentou) com base em informações privilegiadas. Não há registro, em seus quase 40 anos administrando o capital de outras pessoas, de alguma reclamação séria de um cliente que tivesse sentido que Graham agiu de forma injusta.

Com a idade de 22 anos, Graham já estava gerenciando uma conta de arbitragem. O cliente concordou em dividir igualmente os lucros com Graham. Com a conta gerando ganhos consideráveis, Graham retirou parte de seus lucros emprestando-os para seu irmão iniciar um pequeno negócio. A empresa de seu irmão logo faliu – justamente quando a conta perdeu valor e foi atingida por uma chamada de margem. Como um relógio, mensalmente pelos próximos dois anos, Graham depositou $60 na conta de seu cliente até devolver cada centavo que havia retirado.[2]

Após o Crash de 1929, com um severo sentido de honra, Graham informou aos participantes de sua sociedade de investimentos que cumpriria os termos originais do contrato de gestão. Todas as perdas teriam de ser completamente recuperadas antes de Graham e seu sócio, Jerome Newman, começarem a receber quaisquer taxas de administração. Somente em 1933, sob a pressão dos próprios clientes, Graham concordou em aceitar uma remuneração enquanto a sociedade ainda estava abaixo do equilíbrio.[3]

Mas a definição de Graham para caráter vai além de honestidade e integridade. Para ele, a palavra "caráter" engloba não apenas como você age, mas como você pensa. Embora nunca equipare diretamente as duas palavras, Graham utiliza "caráter" como sinônimo de "racionalidade". Em 1949, Graham respondeu à questão retórica sobre o que significa ser um investidor "inteligente":

> A palavra "inteligente"... será usada... significando "provido com a capacidade de conhecimento e compreensão". Não deve ser entendida com o significado de "esperto" ou "sagaz" ou daquele dotado de visão ou percepção incomum. Na verdade, a inteligência aqui pressuposta é mais uma característica do caráter do que do cérebro.[4]

Em 1976, ele resumiu o conceito de investimento com estas palavras: "O principal ponto é ter os princípios gerais corretos e o caráter para mantê-los."[5]

Em resumo, quando Graham disse que um analista precisava ter bom caráter, estava pensando em uma série de características – o que poderíamos chamar de conjunto de ferramentas mentais – que ele tantas vezes enaltece por meio de seus textos:

- *Fome por evidências objetivas*
  - Como Graham escreveu: "As operações para obtenção de lucro não devem se basear em otimismo, e sim em aritmética."[6]
- *Visão independente e cética que não assume nada com base na fé*
  - Seu ceticismo também deve ser direcionado às próprias crenças.
- *Paciência e disciplina para se manter firme em suas convicções quando o mercado insiste que você está errado*
  - Nas palavras de Graham: "Tenha a coragem proporcionadas por seu conhecimento e experiência. Se você formou uma conclusão a partir dos fatos e se sabe que seu julgamento é sólido, aja com base nele – mesmo que outros possam hesitar ou divergir (você não está certo ou errado porque a multidão discorda ou não. Você está certo porque seus dados e reflexões estão corretos).[7]
- *O que os filósofos gregos chamavam de ataraxia, ou serena imperturbabilidade – a capacidade de permanecer calmo e manter a cabeça quando todos os investidores à sua volta estão perdendo as deles*
  - Uma das esposas de Graham o descrevia como "humano, mas não humano".[8] Embora isso possa ter feito Graham ficar abaixo do ideal como marido, essa qualidade de frio desapego o tornava um excelente analista.

O "bom caráter" consiste destas características. Treinamento, educação e experiência só podem ir até aí. Não importa quão completa seja sua análise: você também precisa desenvolver autocontrole e disciplina emocional ou nunca conseguirá manter firmemente seus pontos de vista contra os caprichos do mercado.

Em "Sobre estar correto em análise de investimentos", Graham levanta a questão cuja resposta parece fácil: como os analistas (ou seus clientes) podem determinar se suas recomendações são válidas?

Dois fatores se combinam para tornar a questão bem mais difícil do que parece.

Em primeiro lugar, a extensão do aprendizado depende da qualidade do feedback. Aquilo que podemos descobrir com os resultados de nossas ações depende de nossa capacidade de rastreá-los bem. Os tenistas, anestesistas e bombeiros estão entre os muitos profissionais que podem aprender constantemente por meio da repetição e da experiência. Seu ambiente de trabalho fornece um feedback rápido e inequívoco: não precisam esperar um período indeterminado para saber se a bola estava dentro ou fora, se o paciente viveu ou morreu, ou se o fogo foi devidamente controlado. Já os analistas de investimentos praticam sua arte em um ambiente que fornece um retorno ambíguo e demorado: você recomenda uma ação por 20. No dia seguinte, ela sobe para 21; você já parece ter acertado. Uma semana depois, está a 18; agora parece que você errou. No mês seguinte, vai a 25; mais uma vez, certo! Seis meses após sua recomendação, ela está a 14; novamente errado e você começa a verificar seu modelo de previsão de ganhos em busca do erro. Um ano após a sua recomendação, ela está a 30; agora você está certo o tempo todo. Pelo fato de os preços de mercado mudarem tanto e com tanta frequência, o retorno que você obtém está em fluxo contínuo, o que torna extremamente difícil saber o que concluir sobre a qualidade de sua análise.[9]

Em segundo lugar, os humanos são melhores racionalizando do que sendo racionais. Quando a realidade faz picadinho de nossas previsões, não dizemos que estávamos errados. Em vez disso, dizemos que estávamos certos muito cedo, que vamos mostrar que estamos certos no final, que estávamos quase certos, que chegamos mais perto de estar certos do que qualquer outro, ou que forças incontroláveis que ninguém poderia ter previsto impediram que nossas previsões razoáveis se concretizassem.[10]

Graham entende a tendência humana de escapar da responsabilidade sobre uma previsão errada. Em "Sobre estar correto em análise de investimentos", ele também alerta os analistas de que "estar certo" não é suficiente. Você também precisa estar certo pelos "motivos corretos":

> Se existe uma recomendação sólida, ela não apenas tem de funcionar bem no mercado, como também precisa basear-se em motivos sólidos... Os padrões profissionais para a análise de investimento exigem que todas as recomendações indiquem claramente tanto o tipo de recomendação feita quanto o tipo de raciocínio lógico no qual ela está baseada.

Caso contrário, nem você nem seus clientes terão alguma forma de saber se você estava certo ou se teve sorte. As mudanças subsequentes nos preços de mercado somente conseguirão mostrar a validade de sua previsão se você tiver expressado claramente as bases para sua recomendação. Além do mais, é preciso ser explícito sobre o período de tempo no qual sua análise se aplica.

Em "O método hipocrático na análise de investimentos", Graham alerta que os analistas que recomendam títulos com alto rendimento, ou ações de empresas em expansão, ou ações de empresas pequenas, com base em "regras práticas ou impressões vagas ou mesmo preconceitos" – em vez de evidências empíricas acumuladas em décadas de dados –, correm o risco de prejudicar seus clientes, ao invés de ajudá-los.

Graham é bastante sutil até para destacar que o juramento de Hipócrates impõe que os médicos "não causem danos". Ele compara explicitamente a prática da análise de investimentos com a prática da medicina.[11] Ele afirma que os médicos têm um conjunto de conhecimentos mais profundos aos quais recorrer: décadas de evidências científicas sobre os sintomas, causas e tratamentos. Em comparação, os analistas precisam enfrentar a falta de "conhecimento sistemático" sobre o desempenho dos títulos com características variadas.

Essa lacuna tem sido largamente preenchida, ao longo dos anos, pela publicação de um vasto número de trabalhos empíricos no *Financial Analysts Journal*, no *Journal of Finance*, no *Journal of Portfolio Management* e em outros mais. De fato, muitos investidores veem agora os tipos de questões levantadas aqui por Graham como tendo sido respondidas de uma vez por todas: a pesquisa empírica parece ter provado, por exemplo, que ações de empresas pequenas terão maior desempenho que as grandes e que o "valor" supera as ações em "crescimento".[12]

Entretanto, para aqueles que pensam dessa maneira, em "O método hipocrático na análise de investimentos", Graham dá outro aviso:

> No momento em que tivermos concluído os complexos processos do estudo indutivo, no momento em que nossas conclusões experimentais tiverem sido checadas mais de uma vez por uma sucessão de ciclos de mercado, as

> chances são de que novos fatores econômicos terão surgido – e, assim, nossa difícil técnica vitoriosa terá se tornado obsoleta antes mesmo de chegar a ser utilizada.

A descoberta de anomalias de mercado estabelece as bases para sua destruição: uma vez que os investidores reconheçam que uma estratégia teve seguramente melhor desempenho no passado, todos correm para adotá-la, o que prejudica sua capacidade de se sobressair no futuro.

Assim, o analista de investimento precisa sempre perguntar não apenas se sua previsão se baseia em evidência empírica sólida cobrindo uma grande amostra do passado, mas também se os mesmos padrões de desempenho persistirão agora que todos sabem sobre eles. Validar uma prova de dentro da amostra é uma coisa; obter retorno maior de fora da amostra é outra coisa inteiramente diferente.

Em "O método SEC de análise de investimentos", Graham enaltece a U.S. Securities and Exchange Commission por seguir um procedimento ordenado em três etapas para avaliar empresas de utilidade pública: primeiro, formula "padrões de valor"; segundo, reúne "dados relevantes para o caso individual"; e, finalmente, aplica "os padrões aos dados para chegar a uma avaliação definida".[13]

Você pode sentir a frustração de Graham com o fato de os funcionários públicos terem se esforçado em pensar como "avaliadores de investimento", enquanto os analistas profissionais permanecem "relutantes" em fazê-lo. "Não existe esse negócio de investimento sólido, independentemente do preço pago", afirma categoricamente Graham. Ainda assim, ele observa, os departamentos de análise continuam a emitir relatórios sobre subida de preços com base em argumentos genéricos sobre a taxa de crescimento do setor ou extrapolações ingênuas de ganhos históricos.

"Existe apenas uma objeção a esse procedimento", escreve Graham. Sem uma avaliação rigorosa, se o valor do negócio que o fundamenta está acima ou abaixo do atual preço de mercado para a ação, esse tipo de análise "não é suficiente. Não é uma análise verdadeira, e sim uma pseudoanálise".

Essa crítica, escrita em 1946, continua bastante válida de forma angustiante ainda nos dias de hoje.

NOTAS

1. Graham foi flagrantemente infiel às suas primeiras três esposas. H.L. Mencken, "Art and Sex", em *A Mencken Chrestomathy* (Nova York: Alfred A. Knopf, 1949), p. 61.
2. Benjamin Graham, *The Memoirs of the Dean of Wall Street* (Nova York: McGraw-Hill, 1996), pp. 150-154. Observe que $60 era uma soma significativa em 1916, equivalente hoje a aproximadamente $1.200 quando ajustado pela inflação (veja o site www.measuringworth.com/ppowerus/).
3. Graham, *The Memoirs of the Dean of Wall Street*, pp. 267-268.
4. Benjamin Graham, *O investidor inteligente* (Rio de Janeiro: Editora Nova Fronteira, 2007), p. 4.
5. Hartman Butler Jr., "An Hour with Mr. Graham", em *Benjamin Graham: The Father of Financial Analysis*, por Irving Kahn e Robert D. Milne (Charlottesville, VA: The Financial Analysts Research Foundation, 1977), pp. 33-41.
6. Benjamin Graham, *O investidor inteligente* (Rio de Janeiro: Editora Nova Fronteira, 2007), p. 523.
7. Ibid., p. 524.
8. Graham, *The Memoirs of the Dean of Wall Street*, p. 311.
9. Para uma discussão esclarecedora sobre a importância do retorno para melhorar as decisões, veja Robin M. Hogarth, *Educating Intuition* (Chicago: University of Chicago Press, 2001).
10. Especialistas altamente treinados são particularmente adeptos de formular explicações *a posteriori* para suas previsões terem sido válidas mesmo sem a ocorrência dos resultados. Veja Philip E. Tetlock, "Close-call Counterfactuals and Belief System Defenses: I Was Not Almost Wrong but I Was Almost Right", *Journal of Personality and Social Psychology*, v. 75 (1998), pp. 639-652.
11. Caracteristicamente, as ideias de Graham como apresentadas em "O método hipocrático em análise de investimento" estão bem à frente de seu tempo, mesmo em um campo que não é o seu. Antecipando em várias décadas o movimento do "bem-estar" na medicina, ele adverte que os médicos devem não apenas curar a doença, mas manter as pessoas saudáveis: "O típico doutor que cuida somente do doente cumpre apenas parte de sua função, como ocorreria com um analista de investimento que fosse consultado somente quando os investimentos não dessem certo."
12. Muitos pesquisadores concordam que a capitalização de mercado e a valorização são fatores de risco; ações de empresas pequenas e aquelas com avaliações menores devem ser mais arriscadas e, portanto, devem ter desempenho superior, em média, por longos períodos. Mas em curto prazo, tudo pode acontecer e os riscos de manter essas ações no momento errado são substanciais. O prêmio sobre ações de pequeno porte ou com valorização não é uma coisa certa ou garantida.
13. Sob a interpretação legal da Lei de Empresas Concessionárias de Serviços Públicos de 1935, que ainda prevalecia em 1946, a SEC rotineiramente determinava se uma capitalização proposta por uma empresa de serviços públicos era justa para os acionistas. De 1940 até 1952, a SEC dividiu o setor de utilidade pública de um oligopólio de companhias para um número muito maior de empresas independentes. Graham se refere aos "campos férteis da Filadélfia" porque, em 1942, como uma agência considerada "não essencial para o esforço de guerra", a Comissão foi transferida de Washington, D.C., para a Filadélfia. A agência voltou para Washington em 1948.

1

Os analistas de investimento deveriam ter uma certificação profissional?

Argumento a favor

DECLARAÇÃO INTRODUTÓRIA

Em 1942, o Comitê de Padronização da Sociedade dos Analistas de Investimento de Nova York propôs aos membros que se estabelecesse uma certificação ou um título profissional para os analistas de investimentos. Essa certificação foi designada experimentalmente como Qualified Security Analyst (QSA – Analista de Investimento Qualificado). Os instrumentos propostos incluíam o seguinte: um conselho de qualificação seria estabelecido pela sociedade e as agências auxiliares – como a Association of Stock Exchange Firms (Associação das Empresas da Bolsa de Valores), companhias seguradoras, consultorias de investimento etc. O conselho conferiria certificação para os candidatos que atingissem determinados padrões, incluindo os relacionados a:

a – Caráter
b – Formação e experiência
c – Aprovação em um exame

Nota dos Editores: Mais adiante, neste artigo, Lucien O. Hooper apresenta sua posição contra uma designação profissional, "Argumento Contra".

Reimpresso do *The Analysts Journal*, v. 1, n. 1 (1945): 37-41 com permissão.

Este último teste pode ser dispensado por razões adequadas. A solicitação da certificação seria voluntária e motivada pelo desejo por prestígio e vantagens práticas. Entretanto, é possível esperar que, no final, a certificação QSA se torne necessária para aqueles que executam o trabalho de analista de investimento sênior com contato direto ou indireto com o público.

Nenhuma ação definitiva foi tomada com base na proposta do comitê. Os artigos seguintes analisam os argumentos a favor e contra a proposta. Os editores agradecem a eventual manifestação de opinião dos membros da sociedade.

As questões envolvidas nessa proposta de certificação são comparativamente simples e podem ser argumentadas, em grande medida, por analogia. Cerca de 50 anos atrás, contadores treinados estavam lutando com ideias similares e, naquela época, as dificuldades e desvantagens da designação proposta – CPA (Certified Public Accountant – Contador Público Certificado) sem dúvida apareciam como bastante sérias para muitos deles. Hoje, não se discute mais a necessidade de certificação profissional nesse setor de atividades e em muitos outros. Não é necessário ser profeta para prever que, uma vez que se superem as dificuldades iniciais envolvidas em uma certificação para analista de investimento, o procedimento se estabelecerá por si só e será considerado indispensável para o interesse público.

Para os propósitos desta discussão, o analista de investimentos é definido como aquele cuja função é aconselhar outras pessoas a respeito da compra e venda de títulos específicos. Essa definição deve excluir as seguintes funções:

1. Estatísticos juniores ou analistas que meramente reúnem dados
2. Analistas financeiros ou de negócios e economistas que não lidam com valores de títulos específicos
3. Professores e estudantes da teoria como tal

Considerada estritamente, essa definição excluiria também analistas de mercado de ações, pois, em geral, estes não aconselham sobre títulos específicos. Entretanto, o autor acredita que no final, se não já, a análise de mercado será vista como um departamento especial da análise de investimentos e que cada analista de mercado competente estará nela fundamentado.

Em qualquer caso, nesse contexto, consideram-se por analistas de investimentos aqueles que dão conselhos ou sugestões sobre transações de títulos aos clientes (e associados) de empresas corretoras, bancos de investimento, bancos e fundos de investimento; aqueles engajados em consultoria de investimentos; e aqueles que têm funções similares no quadro de pessoal de companhias de investimento, seguradoras, outras corporações, organizações filantrópicas, e assim por diante. O campo é amplo e, sem dúvida, inclui neste país vários milhares de profissionais.

Vantagens de um sistema de certificação

As vantagens de um sistema de certificação podem ser resumidas assim: aqueles que lidarem com um QSA saberão que ele cumpriu com um mínimo de exigências em relação ao conhecimento em seu campo de atuação e tem competência profissional. Eles saberão também que, para manter sua designação como QSA, o analista terá de observar regras de conduta ética que, sem dúvida, se tornarão cada vez mais definidas e exigentes com o passar do tempo. Esses benefícios serão aplicados tanto aos empregadores diretos dos analistas de investimentos quanto aos clientes desses empregadores.

O analista que se qualificar para a certificação terá a óbvia vantagem do prestígio, maior capacidade de obter um emprego e a possibilidade de um salário maior. Além disso, provavelmente desenvolverá uma atitude mais profissional em relação a seu trabalho e maior interesse em manter e aperfeiçoar as bases de sua vocação.

Respostas para algumas possíveis objeções

Seria aconselhável enumerar as várias objeções lançadas contra a certificação proposta e comentar brevemente a respeito. Essas objeções se dirigem tanto à solidez do fundamento da ideia quanto à sua aplicação prática.

OBJEÇÃO 1. É basicamente impossível distinguir entre os analistas qualificados e não qualificados, uma vez que a capacitação nesse campo reside, em grande parte, no julgamento, e não em uma técnica ou um conhecimento específico. Uma boa capacidade de julgamento não pode ser avaliada por testes normais.

RESPOSTA. Embora o julgamento desempenhe importante papel na análise de investimentos, requer a ajuda de métodos bem estabelecidos e de conhecimento especializado e experiência. Está sendo colocada cada vez maior ênfase em técnicas sólidas de análise – por empregadores, professores, por aqueles que entram no campo e pelo trabalho dessa sociedade.

A capacidade técnica e a informação adequada certamente devem ser determinadas por testes apropriados, e isso se aplica também a alguns dos fatores de julgamento mais óbvios que entram na análise de investimentos.

OBJEÇÃO 2. A certificação QSA pode induzir o público ao erro porque indica, mas não pode garantir, que seu detentor é um analista capacitado.

RESPOSTA. Essa objeção tem certa validade, mas não mais do que a observação de que um doutor em medicina pode ser um médico ruim. Como em campos semelhantes, a certificação QSA objetiva apenas garantir que seu detentor atendeu a certos testes mínimos – não que ele tem capacitação máxima. A possibilidade de se ter uma concepção errada é menor nesse caso do que em outros setores de atividade, porque o analista típico é contratado por um executivo com considerável conhecimento prático por si só, e não por membros despreparados do público em geral.

OBJEÇÃO 3. A certificação QSA é um passo na direção do privilégio para alguns e limitadas oportunidades para outros. Trata-se de um clube fechado ou do desenvolvimento de um cartel.

RESPOSTA. Não há motivo algum para a certificação QSA ser negada a qualquer pessoa que a mereça e que a queira. Ela pode resultar na exclusão de profissionais não qualificados nesse campo, mas isso não seria injusto ou infundado. O direito de qualquer indivíduo praticar sua ocupação escolhida está sujeito ao direito maior da sociedade em impor padrões de aptidão onde eles forem aconselháveis.

OBJEÇÃO 4. O plano tem dificuldades administrativas. Quem julgará a competência dos outros e com que direito? Quem oferecerá seu tempo para as necessidades da tarefa?

RESPOSTA. Essa proposta de certificação não envolve mais dificuldades do que a encontrada em requerimentos semelhantes impostos em outros setores profissionais. Serão encontradas as pessoas apropriadas para atuar como qualificadores, como são encontrados para os Comitês de Caráter das Associações de Advogados, para os Examinadores do Conselho de Psiquiatria etc. Analistas com reputação e espírito público devotarão tempo para a execução dessa tarefa, assim como para outros trabalhos voluntários.

O início do programa apresenta certos problemas especiais. Pode parecer presunçoso para alguns analistas passar na qualificação com outros de experiência e posição semelhantes. Esse obstáculo poderia ser superado, se for prudente, pela dispensa do exame no início para aqueles com experiência prática não inferior a 10 ou 15 anos. Com a passagem do tempo, um percentual constantemente maior de analistas terá sido submetido ao teste.

O nível de competência necessária para se qualificar para a certificação terá de ser determinado pelo conselho de qualificadores. Se for seguido o precedente em outros setores profissionais, ele provavelmente será inicialmente estabelecido em um nível mais baixo e, aos poucos, irá subindo. A opinião pessoal do autor é que o teste seja equivalente àquele aplicado aos estudantes que completam a faculdade ou um curso de graduação em Análise de Investimento. As exigências quanto ao caráter e à experiência seriam estabelecidas em separado, mas seria aconselhável alguma transferência de crédito por trabalhos acadêmicos, no lugar de experiência nos negócios.

CONCLUSÃO. Nesta discussão, não desejo minimizar as dificuldades práticas enfrentadas pela proposta de certificação profissional. Entretanto, não me parece que esses problemas sejam essencialmente diferentes daqueles encontrados nos campos de contabilidade, direito, medicina e outras profissões. Se essas analogias parecerem elevadas, podemos apontar para as licenças ou os certificados de aptidão exigidos em várias áreas, como corretores de imóveis, vendedores de seguros e operadores empregados pelas Bolsas de Valores. É difícil entender por que seria legítimo examinar e registrar os operadores de Bolsa e não ser legítima a aplicação de padrões correspondentes para os analistas de investimentos. O cerne da questão é se a análise de investimentos como vocação representa suficiente atributo profissional para justificar a exigência de que seus praticantes apresentem evidências para o público de sua adequação ao trabalho. A publicação deste *Journal* é em si uma afirmação do status profissional para os analistas de investimentos. Afigura-se a seguir, quase como um axioma, que os analistas de investimentos receberiam bem uma certificação de caráter quase profissional e iriam trabalhar muito para transformá-la em uma garantia universalmente aceita sobre o bom caráter e a sólida competência.

2

Sobre estar correto em análise de investimentos

O trabalho mais importante e interessante do analista sênior corresponde ao da recomendação de compra de uma ou mais ações ordinárias. Como podemos dizer se essas recomendações foram corretas ou equivocadas? Essa parece ser uma questão simples, mas não é fácil encontrar uma resposta que seja realmente satisfatória. Quando o comprador de uma loja de departamentos recomenda a aquisição de certa mercadoria, isso implica que toda ela – ou quase toda – pode ser vendida com uma margem de lucro padrão na atual estação. Na maioria dos casos, a solidez dessas recomendações pode ser facilmente checada pelo resultado. Quando um analista do mercado de ações recomenda a compra de uma ação a 80, com base no fato de sua movimentação técnica indicar uma iminente subida de preço, não deve ser difícil checar o "acerto" dessa proposta. Muitos concordariam que, para o analista de mercado provar que estava correto, a ação teria de avançar algo como não menos de quatro pontos em um período não superior a 60 dias.

Mas se um analista de investimentos recomenda a aquisição da United States Steel a 80, como "uma boa compra", qual critério de assertividade correspondente podemos aplicar para testar sua sabedoria? Obviamente, não podemos pedir que a ação suba quatro pontos em 60 dias. Devemos exigir que ela avance 10% em um ano? Ou que seja 10% melhor do que "o mercado em geral"? Ou que, independentemente da movimentação do mercado, a ação deva atender a certas exigências em relação a dividendos e ganhos por um período de, digamos, cinco anos?

Reimpresso do *The Analysts Journal*, v. 2, n. 1 (primeiro trimestre de 1946): 18-21, com permissão.

Não dispomos de um sistema de pontuação para analistas de investimentos e, portanto, nenhuma média de rebatidas.* Talvez seja bom dessa forma. Ainda assim, seria de fato anômalo que devotássemos nossa vida para fazer recomendações concretas aos clientes sem conseguirmos provar, para eles e para nós, se estávamos certos em qualquer um desses casos. Sem dúvida alguma, o valor de um analista ao longo dos anos se mostra de forma decisiva pela soma total resultante de suas recomendações, embora falte um critério preciso para avaliá-las. Porém, é improvável que a análise de investimentos possa desenvolver uma estatura profissional na falta de testes razoavelmente definidos e plausíveis sobre a solidez das recomendações individuais ou de grupo. Vamos tentar formular esses testes experimentalmente.

Vamos voltar à nossa hipótese de que um analista de investimentos esteja recomendando agora que a ação ordinária da United States Steel seja comprada a 80. Se for uma recomendação sólida, não apenas deve funcionar bem no mercado, como também precisa basear-se em um raciocínio sólido. Pois, sem tal raciocínio, podemos ter uma boa dica do mercado, mas não teremos uma boa análise de investimento. Porém, o raciocínio pode assumir diversas formas e o sentido da recomendação variar de acordo com o arrazoado por trás dela. Vamos ilustrar apresentando quatro alternativas:

1. A Steel deve ser comprada porque seu poder de ganho futuro pode atingir a média de cerca de $13 por ação.[1]
2. A Steel deve ser comprada porque é fundamentalmente mais barata a 80 do que o Dow Jones Industrial Average (DJIA)** a 190.
3. A Steel deve ser comprada a 80 porque os ganhos do próximo ano mostrarão um crescimento substancial.
4. A Steel deve ser comprada a 80 porque esse preço está bem abaixo do valor máximo alcançado nos dois últimos períodos de mercado em alta.

**Nota do Tradutor*: Referência do autor às estatísticas do jogo de beisebol nos Estados Unidos.

***Nota do Tradutor*: Um dos principais índices da Bolsa de Valores de Nova York, equivalente ao índice BOVESPA da Bolsa de Valores de São Paulo.

O primeiro motivo implica que a Steel se mostrará como um investimento com retorno satisfatório. Não significa que necessariamente terá lucro médio de $13 pelos próximos 25 anos, mas certamente pelos próximos cinco anos. Se essa análise se mostrar correta, o comprador terá ganhos e dividendos satisfatórios e, sem dúvida, a oportunidade de vender a um bom preço. O acerto da análise e da consequente recomendação apenas será comprovado após um período de cinco anos ou mais.

Suponha que a mesma sugestão, com justificativa similar, tenha sido feita em janeiro de 1937, quando a Steel também estava sendo vendida a 80. Essa análise teria sido correta? Não, embora a ação tenha tido um rápido avanço de 57% para 126. Pois em nenhum período de cinco anos desde 1936 os lucros atingiram a média de $7 por ação. E a média de 1937-44 foi de cerca de $5 por ação. A subida até 126 no prazo de 60 dias não estabelece a correção dessa análise, não mais do que a queda para 38 nos 12 meses seguintes teria necessariamente provado que ela estava errada.

A recomendação para comprar a United States Steel por estar mais barata que a média Dow Jones Industrial (segundo motivo) representa uma forma válida e padronizada de argumento analítico. Ela pode ou não vir acompanhada da afirmação de que a Steel é atraente por si só. No primeiro caso, ela seria idêntica à primeira recomendação, além da afirmação de que a Steel é mais barata do que outros papéis padrão. Mas o analista pode recomendar a ordinária da Steel de forma apropriada apenas em bases comparativas, sem alegar que ela esteja intrinsecamente barata. Neste caso ele se mostrará correto se a Steel tiver melhor desempenho que a média, embora possa não ter ido bem por si mesma. Por exemplo, se a Steel cai para 70 em um ano enquanto a Dow Jones Industrial cai para 140, poderemos dizer que a recomendação comparativa foi correta – desde que (a) tenha sido originalmente formulada em termos comparativos, e (b) tenha sido apoiada por uma justificativa analítica plausível. A condição (b) parece necessária em todos os casos em que uma única recomendação é testada para assegurar que a correção não tenha se devido obviamente à mera sorte.

As recomendações para comprar uma ação pelo principal motivo de que os lucros do próximo ano serão maiores (terceiro caso) estão entre as mais comuns em Wall Street. Elas apresentam a vantagem de ser submetidas a testes bastante simples. Essa recomendação estará correta se (a) os lucros aumentarem e (b) o preço subir – digamos, em pelo menos 10% – dentro dos próximos 12 meses.

A objeção para esse tipo de recomendação é de natureza prática. Seria ingênuo acreditar que, em um caso típico, o mercado não estivesse ciente da perspectiva de lucros maiores no próximo ano. Se isso for verdade, o fator favorável provavelmente será descontado e a média de rebatidas das recomendações baseadas nessa abordagem simples raramente será tão impressionante.

A Steel deve ser comprada a 80 porque foi vendida a preços consideravelmente maiores nos últimos dois períodos de mercado em alta (quarto motivo). Esse é um tipo válido de justificativa para uma análise de investimentos? As opiniões podem diferir neste ponto, mas, em qualquer caso, podemos facilmente dizer se essa recomendação foi correta. A ação deve avançar substancialmente – digamos, em pelo menos 20% – no atual mercado em alta.

Conclusões

A discussão anterior leva a algumas conclusões gerais, que apresentamos em seguida em bases não definitivas e como ponto de partida para debates:

1. Na maior parte dos casos, a correção de uma recomendação do analista pode ser testada pelos resultados, desde que ele indique o tipo e as bases de sua recomendação.
2. Tipos de recomendações diferentes – embora todas possam ter sido utilizadas para a mesma operação, como comprar a Steel a 80 – serão testados de maneiras diferentes.
3. Onde a recomendação for para um grupo, somente o resultado do grupo deve ser testado. Papéis individuais podem ir contra a tendência do grupo.
4. Os padrões profissionais para a análise de investimentos exigem que todas as recomendações indiquem claramente o tipo de recomendação feita e o tipo de justificativa analítica em que se baseia.

Os analistas recomendam bônus e ações preferenciais, assim como ações ordinárias. A garantia por trás de cada uma dessas sugestões é que o título tenha qualidade pelo menos proporcional ao rendimento. Tais recomendações podem ser testadas de duas maneiras: pela revisão da análise de qualidade ou pela subsequente movimentação de mercado dos títulos aprovados, preferencialmente em comparação com um índice de grupo apropriado. Esse campo de atividade não levanta problemas sérios para a execução do teste, exceto onde se exigem resultados muito refinados.

Supondo que tenhamos conseguido testar o desempenho do analista em recomendações individuais, podemos, grosso modo, desenvolver uma média de rebatidas para seu trabalho com base apenas no percentual de vezes em que ele esteve correto sobre o número total de recomendações. Essa média deverá alcançar qual valor para um bom analista? Será necessário refinar esse teste estabelecendo a distinção entre "muito certo" ou "muito errado" e apenas "mais para o certo" ou "mais para o errado"?

Essas são questões que deixo para outros responderem.

NOTA

1. Ver C.J. Collins, "Estimating Earnings of an Active Post-War Year", *The Analysts Journal* (julho de 1945), p. 23.

3

O método hipocrático na análise de investimento

O excelente compêndio de pensamentos e reflexões conhecido como "The Practical Cogitator" – de onde nosso próprio pseudônimo* pode ter sido extraído – contém um relato interessante de L.J. Henderson sobre o método de Hipócrates, "o mais famoso dos médicos". Esse procedimento é descrito da seguinte forma:

> O primeiro elemento do método é o trabalho árduo, persistente, inteligente, responsável, perseverante na enfermaria, não na biblioteca; a completa adaptação do médico à sua tarefa, adaptação que está bem longe de ser meramente intelectual. O segundo elemento desse método é uma observação precisa das características e dos eventos; seleção, guiada pela capacidade de julgamento nascida com a familiaridade e a experiência, dos fenômenos recorrentes e salientes e de sua classificação e uso metódico. O terceiro elemento desse método é a judiciosa construção de uma teoria – não uma teoria filosófica, nem um grande esforço da imaginação, tampouco um dogma quase religioso, mas uma modesta abordagem simples, ou talvez pudesse dizer melhor, uma bengala útil para se apoiar no caminho – e de seu uso dali em diante.

Reimpresso do *The Analysts Journal*, v. 2, n. 2 (segundo trimestre de 1946): 47-50, com permissão.

**Nota do Tradutor*: Graham publicou alguns artigos sob o pseudônimo "Cogitator" (aquele que cogita).

Henderson segue sugerindo que esse procedimento, com tanto sucesso no estudo da doença, pode muito bem ser empregado no estudo de "outras experiências da vida cotidiana". Dificilmente, essa frase sugeriria nossa linha especial de esforço, ainda que a tentação para traçar paralelos entre a análise de investimentos e a medicina seja quase irresistível.[1] Tanto a medicina quanto a análise de investimentos partilham de uma natureza mista de arte e ciência; em ambos, o resultado é fortemente influenciado por fatores desconhecidos e imprevisíveis; em ambos, podemos encontrar – nas palavras de Henderson – "o encobrimento da ignorância, provavelmente de forma mais ou menos inconsciente, com uma demonstração de conhecimento".

Se dermos um pouco de asas à imaginação, poderemos desenvolver analogias sistemáticas entre o trabalho dos médicos e o dos analistas. Podemos destacar o cliente, com seus recursos de caixa e suas carteiras de títulos (bons e ruins) em relação ao paciente com sua constituição e seu vigor ou padecimento físico. Isso sugere que o médico típico atendendo somente aos doentes está cumprindo apenas parte de sua função, como um analista que é consultado apenas quando o investimento dá errado. A obrigação do médico em toda a sua plenitude, assim como a do analista, é ajudar o paciente-cliente a utilizar de forma eficaz todos os seus recursos – em um caso, físicos, e no outro, financeiros.

Outra analogia, um pouco mais forçada, porém talvez mais útil, poderia ser traçada entre o paciente individual e o título individual. Suponha que as companhias seguradoras solicitassem dos médicos que dissessem a que taxa deveriam oferecer seguros contra doença e morte para determinados requerentes. Isso envolveria uma avaliação dos fatores de saúde de cada requerente em termos quantitativos, talvez como um percentual em relação à "paridade". No final, não é isso que o analista de investimentos faz, ou deveria fazer, com respeito às emissões de ações ou bônus que ele examina? Ele deve julgar se são bons riscos aos preços atuais, ou, pelo contrário, determinar o preço no qual seriam bons riscos. Tanto o médico quanto o analista precisam levar em conta um conjunto de fatores para chegar a essas conclusões; devem esperar que eventos imprevisíveis provoquem danos em alguns deles; devem se basear em métodos seguros, na experiência e na estatística para justificar seu trabalho.

Temos levado nossas analogias mais longe do que seria prudente, mas o objetivo é conseguir maior atenção dos analistas de investimentos para com o Método Hipocrático. Admitiremos que o primeiro elemento citado no início – "um trabalho perseverante na enfermaria" – seja seguido por nossos analistas responsáveis. Trabalhamos de forma dura e persistente; adquirimos nosso conhecimento sobre os títulos em primeira mão – na sala do conselho, se não na enfermaria.

O segundo e o terceiro passo é que nos convidam para uma análise autocrítica. Em que extensão nos entregamos à "classificação e ao uso metódico... dos fenômenos recorrentes e salientes"? Disso, temos apenas os rudimentos. Muito pouco esforço tem sido aplicado na construção de estudos sistemáticos indutivos de nossa experiência com vários tipos de títulos, ou situações com títulos. A experiência a que recorremos para embasar nossos julgamentos é, em grande parte, uma questão de regras empíricas, impressões vagas ou mesmo preconceitos, em vez de recorrer ao resultado de muitos históricos de casos registrados e cuidadosamente estudados.

Que garantia temos para nossos pontos de vista em questões como as seguintes: os bônus ou ações com maiores rendimentos mostram resultados gerais melhores do que os de resultados menores? As tendências de lucros crescentes (estatisticamente demonstrados) são suficientemente confiáveis para garantir o pagamento de prêmios substanciais sobre os preços? As chances matemáticas a favor das ações de menor preço (em mercados normais) são suficientes para garantir que se dê preferência a esse grupo? A perspectiva de lucros no curto prazo pode ser usada com segurança como critério principal para a seleção de ações ordinárias? E inúmeras outras.

É incrível pensar como é pequena a quantidade de conhecimento sistemático de que Wall Street dispõe para recorrer em termos do comportamento histórico de títulos com características definidas. Certamente, temos gráficos que revelam os movimentos dos preços no longo prazo de grupos de ações e de ações individuais. Mas não há uma classificação real, exceto pelo tipo do negócio (uma exceção é o índice de Barron para ações de baixo preço). Onde está o contínuo e crescente conjunto de conhecimento e técnicas transmitidas pelos analistas do passado para os do presente e do futuro? Quando comparamos os anais da medicina com os de finanças, a parcimônia de nossa experiência registrada e digerida torna-se um caso a ser repreendido.

Isso é refutado com explicações e respostas. A análise de investimento é uma ciência jovem; dê-lhe tempo para espraiar suas asas (e ao *Analysts Journal*). Por outro lado, muitos de nós acreditamos, talvez de forma mais inconsciente do que consciente, que não há permanência suficiente no comportamento de padrões de títulos para justificar uma trabalhosa acumulação de históricos de casos. Se os médicos e cientistas continuarem pesquisando o câncer, provavelmente terminarão entendendo-o e controlando-o – porque a natureza do câncer não mudará no período das pesquisas. Mas os fatores subjacentes aos valores dos títulos e o comportamento dos preços de tipos específicos de títulos sofrem alterações ao longo dos anos. No momento em que tivermos concluído os complexos processos do estudo indutivo, no momento em que nossas conclusões experimentais tiverem sido checadas mais de uma vez por meio de uma sucessão de ciclos de mercado, as chances são de que novos fatores econômicos terão surgido – e, assim, nossa difícil técnica vitoriosa terá se tornado obsoleta antes mesmo de chegar a ser utilizada.

Isso é o que podemos pensar; mas como saberemos se, e em que extensão, isso é verdadeiro? Falta-nos a experiência arquivada para nos dizer se a experiência registrada é valiosa ou sem valor. Nos anos que virão, os analistas precisarão ir à escola para estudar outras matérias e disciplinas mais antigas, já estabelecidas. Precisamos estudar a maneira de acumular e examinar os fatos e, a partir desse estudo, desenvolver métodos de pesquisa apropriados às peculiaridades de nosso próprio campo de trabalho.

O elemento final do Método Hipocrático é "a judiciosa construção de uma teoria". Em nossa citação inicial, Henderson enfatiza a natureza modesta de qualquer uma dessas teorias baseadas em observação médica. É para ser "somente uma bengala útil para se apoiar no caminho".

Assim, também precisamos da análise de investimentos de teorias que derivem da experiência e da observação detalhada, mas que sejam apropriadamente limitadas em seu escopo e modestas em suas pretensões. Precisamos estabelecer um curso intermediário entre um doutrinarismo deslumbrado, por um lado, e um otimismo vacilante de outro. É precisamente essa mistura judiciosa entre as abordagens teóricas e práticas que caracteriza um analista de investimentos verdadeiramente bem-sucedido – e o médico notório.

A ideia de "teoria" aplicada à análise de investimentos é quase equivalente à ideia de "padrão". Significa alguma técnica quantitativa específica onde os títulos sejam avaliados ou selecionados. Se afirmarmos que os custos fixos das ferrovias devem, em média, ser cobertos pelo dobro como condição necessária para a segurança do bônus, estaremos sugerindo a teoria de que a classe de ferrovias que apresenta uma cobertura (substancialmente) menor não se mostrará um campo satisfatório para os investimentos normais em bônus. Isso seria, grosso modo, equivalente à "teoria" médica de que pessoas que mostram um grau específico de excesso de peso apresentam maior probabilidade de morrer mais cedo do que outros.

A teoria de Dow proporciona um modelo excelente de teorias que os analistas de investimento podem desenvolver, testar, publicar e discutir ativamente. Isso é verdadeiro independentemente da solidez ou da fraqueza intrínseca da teoria de Dow, apesar de ela não pertencer, de fato, ao campo da análise de investimentos propriamente dito. Pois a teoria de Dow evoluiu por meio de prolongada observação; ela se presta a formas quantitativas definidas; e seu valor é passível de teste e confirmação ao longo dos anos.

Todos aqueles devotados ao avanço da análise de investimentos percebem que ela ainda é, em grande parte, uma vocação pouco disciplinada. No Método Hipocrático, com seus três elementos, pode estar uma fórmula excelente para alcançarmos nossa necessária disciplina.

NOTA

1. Testemunhe a analogia do editor entre a propagação de doenças respiratórias e aquela da aposta em títulos, em nossa última edição. Nem podemos nos deixar de lembrar da piada popular do início dos anos 1930: o especulador A indagando a B por que ele parece tão triste, ouve a seguinte resposta: "Sou um homem muito azarado. Peguei diabetes aos 40 anos." Ao que ele retruca: "Isso não é nada. Eu peguei Mico Consolidado a 187,5."

4

O Método SEC de análise de investimento

Em nosso último ensaio lidando com o Método Hipocrático, desviamo-nos para bem longe de Wall Street. Agora, retornamos para nosso próprio quintal – se pudermos designar dessa forma os campos férteis da Filadélfia. Em anos recentes, o trabalho mais cuidadoso e completo em análise de investimentos foi feito indubitavelmente pela SEC. Nele, foram incluídos – pelo menos em parte – os três estágios de uma análise minuciosa, a saber: (a) formulação de padrões de valor; (b) junção de dados relevantes para o caso individual; e (c) aplicação dos padrões aos dados para chegar a uma avaliação definida.

A SEC fez todo esse trabalho não com a ideia de estabelecer novos caminhos para a análise de investimentos, nem para prescrever padrões superiores a serem seguidos na análise – mas porque isso talvez não fosse suficiente. A lei lhe determinou obrigações específicas, e ela somente poderia executá-las aprofundando-se em uma análise de investimentos completa. Essas obrigações incluíam: primeiro, a jurisdição primária sobre planos de capitalização e questões envolvendo títulos de sistemas de empresas concessionárias de serviços públicos; em segundo lugar, fornecer relatórios de avaliação, quando solicitado, sobre a equidade e viabilidade dos planos de reorganização sob o Capítulo 10;* em terceiro lugar (e menos importante), jurisdição sobre contratos envolvendo títulos entre as companhias de investimentos e as chamadas pessoas afiliadas.

Reimpresso do *The Analysts Journal*, v. 2, n. 3 (terceiro trimestre de 1946): 32-35, com permissão.

**Nota do Tradutor*: Equivale, grosso modo, à concordata pela legislação brasileira.

Para determinar se um dado plano ou acordo é justo, a Comissão considerou necessário chegar a uma avaliação mais ou menos exata dos títulos afetados. Isso, por sua vez, exigiu a adoção de métodos e padrões de análise de investimentos. É importante perceber que essas responsabilidades de avaliações se aplicam somente a uma área limitada das atividades da SEC; ela não tem essas obrigações em relação às novas ofertas de títulos em geral, nem com respeito ao nível de preços estabelecidos em trocas. Ainda assim, um elevado número dessas missões especiais caiu no lote da Comissão, criando, até agora, um volume bastante respeitável de análises de investimentos para as quais deverá receber louvor ou culpa.

Aqui não é o lugar apropriado para escrever uma história crítica sobre as análises de investimentos a que a SEC chegou. Sem dúvida, este trabalho já deve estar sendo realizado em algumas teses de PhD. Vamos nos limitar a fazer referência a um caso recente e interessante – a saber, a recapitalização da American States Utilities Corp. Neste caso, a companhia submeteu um plano sob o qual as preferenciais ficariam com 77% e as ordinárias, com 23%, com a nova capitalização de todas as ordinárias. Isso foi contestado pelo grupo de acionistas em preferenciais, que solicitava a parte maior do total. Não está claro pelo parecer se algum detentor de ordinárias reivindicou mais por seu lado. Todavia, a Comissão acabou decidindo que não fora dado o suficiente para as ordinárias; ela cortou as preferenciais para 65% e aumentou as ordinárias para 35% do total. Finalmente, a troca foi feita nessas bases.

Como a Comissão deixou o papel tradicional de defensora das reivindicações dos acionistas preferenciais e levantou do chão o homem das ordinárias?[1] Resposta: Análise de Investimentos. Depois de estudar os fatos relevantes, a SEC chegou à conclusão de que o valor de mercado para a nova emissão de ações ordinárias excederia a indenização total das velhas preferenciais em mais de 50%; portanto, coube às preferenciais apenas 65% do total. Em sua opinião, a Comissão estabeleceu seu método de análise com bastante clareza. Primeiro, examinou os lucros passados para o período 1934-44; depois, considerou estimativas de lucros futuros feitas por quatro fontes diferentes – elas variaram entre $282 mil e $350 mil. Então, discutiu certos fatores que incidiam sobre os lucros futuros, como fornecimento de energia, imposto de renda, capital investido – e concluiu que esses ganhos deveriam ser estabelecidos em $335 mil para os propósitos da recapitalização. Depois, sugeriu várias taxas pelas quais esses ganhos futuros poderiam ser capitalizados; afirmou que a taxa implícita para dar

77% aos preferenciais (digamos 8,25%) seria muito alta; e decide afirmativamente por uma taxa de capitalização de cerca de 6,90% – isto é, um multiplicador de aproximadamente 14,5.[2]

Encontramos, então, a SEC, impelida não por sua própria escolha, e sim por obrigações estatutárias a utilizar certos procedimentos de análise de investimento, a fim de determinar o valor de mercado de ações de um caso em andamento. A maioria das empresas é de serviços públicos, mas avaliações semelhantes foram feitas para indústrias – notadamente, na reorganização da McKesson & Robbins. Essa é a direção para a qual os analistas de investimento estariam tendendo como um todo? Deverão – ou deveriam – se sentar diante de cada título apresentado para eles e proceder da mesma forma para determinar seu valor de mercado, que pode ser equiparável ou diferente do atual preço na Bolsa? Se o procedimento da Comissão é legítimo nessa área de planos de reorganização etc. – para os quais estão limitados pela lei –, por que não seria apropriado para os analistas de Wall Street empregarem-no em todos os casos?

Essa perspectiva provavelmente não atrai o analista típico com grande experiência. Escrever seu nome sob um valor específico para uma ação, que pode diferir amplamente do preço atual, lhe pareceria um empreendimento repulsivamente perigoso. Quanto mais se definirem os fatores que resultam em sua avaliação, maior a probabilidade de se mostrarem equivocados pelos eventos subsequentes. Os analistas não se preocupam muito em estar errados no geral, mas odeiam estar errados em particular.

Além do mais, esse número sintético – chamado, algumas vezes, de "valor intrínseco" ou "preço de venda justificado" – é uma questão sem muita base. Não é o preço de mercado de hoje nem o verdadeiro valor de amanhã – pois até amanhã a base do valor verdadeiro terá mudado. Em vez de se envolver com um conceito tão problemático, é mais fácil e mais confortável apresentar os fatos relevantes e depois concluir que "a ação parece atraente para especular aos níveis atuais" ou que "ele é, em boa medida, atraente para um sólido investimento patrimonial".[3]

Existe apenas uma objeção para esse procedimento: ele não é suficiente. Não se trata de uma análise verdadeira, mas de uma pseudoanálise. Não existe essa coisa de investimento sólido independente do preço pago, e se há especulações atraentes independentemente da cotação, as recomendações deveriam vir do analista de mercado de ações, e não do analista de investimentos.

Sejamos concretos. Uma circular de uma casa corretora recomenda American Radiator a 22 por causa das perspectivas promissoras para a indústria da construção. A "análise" fornece a capitalização e os dados de 10 anos para os lucros e o capital circulante. Por que esses números foram fornecidos? Se a ação representa uma boa compra especulativa por causa de suas perspectivas, e isso *independentemente do preço*, então os detalhes estatísticos são meras redundâncias. Mas, se a intenção dos números é informar e guiar o comprador, não seria então um dever do analista de investimento avaliá-los? Ele não precisaria chegar pessoalmente à conclusão de que, com razoável desconto pelas suas boas perspectivas, o negócio da American Radiator está com preço justo a $225 milhões ou mais (sua atual cotação no mercado) antes de patrociná-la como uma especulação atraente? No final, isso significa que o analista deve chegar a algum intervalo de valor justo para cada ação que ele recomenda e deve estar convencido de que o preço não ultrapasse o máximo da faixa.

Eu me aventuro a prever que os mesmos eventos lógicos que levaram ao surgimento dos avaliadores de títulos de uma relutante SEC conduzirão aos avaliadores de títulos entre os igualmente relutantes analistas de Wall Street. Existem sinais desses desdobramentos no campo de serviços públicos, onde nossos analistas seniores estão atribuindo valores específicos para as ações de companhias concessionárias que estão prestes a se lançar no mercado, no futuro.

Esses valores calculados geralmente assumem a forma de um número mínimo e um número máximo – um expediente prudente e de bom-senso, já que nenhuma estimativa pode ser melhor do que a aproximação. A Comissão, sempre que possível, também prefere pensar em função de intervalos de valor; quando é obrigada a adotar um único número, ela, em geral, prefere o ponto médio do intervalo.

O método de análise de investimentos da SEC não está acima de crítica e, sem dúvida, ainda se encontra na etapa de desenvolvimento. O produto final – se existir algum – pode diferir significativamente de sua aparência atual. Mas devemos ser gratos aos analistas da Filadélfia, por lutarem corajosamente para enfrentar problemas que dizem respeito não apenas a eles, como também a nós.

NOTAS

1. De forma semelhante, no caso recente da American Gas & Power, a SEC deu mais ações para a ordinária do que a companhia havia proposto.
2. A Comissão fica girando em torno da questão menor de a reivindicação dos preferenciais ser ou não tomada ao par ou pelo preço de resgate – portanto, sua avaliação exata não pôde ser determinada com segurança.
3. Não queremos dizer que isso é representativo de todas as análises de Wall Street. Muitos trabalhos de reflexão feitos agora reconhecem plenamente o fator de preço do mercado. Mas a maioria é de caráter semiprivado – feitos, por exemplo, por analistas de fundos de investimento – e, portanto, raramente aparecem em meio à grande massa de circulares das casas corretoras.

PARTE II

Definindo a nova profissão

Os primeiros textos desta parte mostram outro lado de Benjamin Graham que poucos leitores conhecem: sua paixão por justiça e seu senso de indignação com a má governança corporativa. Ele não acredita que as empresas podem ser mal dirigidas apenas internamente; ele sabe que a má governança também vem de fora, sempre que os proprietários deixam de exercer seus direitos legítimos.

Na clássica série de três artigos que escreveu para a revista *Forbes*, no verão de 1932, Graham fulmina o comportamento imperial dos que atuam internamente nas corporações sem prestar atenção a seu público de acionistas.[1] Na esteira do Crash de 1929, as gestões corporativas mantiveram elevadas pilhas de dinheiro em caixa para servir de amortecedor contra futuras calamidades e para se proteger das consequências de seus próprios equívocos. Os acionistas, estupefatos com as próprias perdas e abertamente submissos à vontade da administração, não fizeram nada a respeito.

Graham descreve o problema em linguagem simples e resoluta, com lógica devastadora e a paixão de um profeta bíblico. Graham estava furioso com o fato de as empresas se sentarem sobre o caixa mesmo com o povo americano sofrendo as profundezas da Grande Depressão. "Os tesoureiros dormem profundamente nestas noites", ele escreveu, "enquanto os acionistas ficam dando voltas pelo chão, em desespero e preocupação".

Graham mostrou com clareza que a política em relação ao caixa das corporações é a questão central da governança corporativa. O caixa pertence aos acionistas, mas é controlado pela administração. Se os acionistas compreenderem seus direitos e responsabilidades, não poderão dar como certa a crença de que a administração das empresas agirá sempre corretamente em relação ao caixa.

Enquanto Graham mostra desprezo pela administração, vê a maior parte dos investidores com profundo desgosto por abdicarem de suas responsabilidades éticas. Em "Tesourarias infladas e ações deflacionadas: as corporações estão explorando seus proprietários?" Graham diz que os acionistas

> esqueceram que eles também são proprietários de uma empresa e não apenas donos de uma cota de ações. Já está na hora, mais do que na hora, de milhões de acionistas americanos tirarem os olhos do acompanhamento diário das cotações de mercado por tempo suficiente para dar alguma atenção às empresas em si mesmas das quais eles são proprietários e que existem em seu benefício e para sua satisfação.[2]

A atitude que Graham destaca é aquela que, algumas vezes, tem sido chamada de "Papai sabe o que é melhor para você": uma deferência crônica em relação à administração, mesmo por parte dos mais poderosos investidores institucionais, que assumem que aqueles que gerem as empresas por dentro sabem mais sobre como conduzir os negócios do que seriam capazes os de fora. Como Graham compreendeu, Papai pode saber mais, mas isso não significa que sempre agirá em conformidade com esse maior conhecimento.

Os alertas de Graham se resumem a uma única mensagem: para ser um investidor inteligente, você também precisa ser um proprietário inteligente. As responsabilidades do analista em compreender todas as informações relevantes sobre uma empresa não terminam no momento da aquisição; na verdade, esse é o momento em que elas finalmente começam a se tornar sérias. Tendo estabelecido o valor intrínseco da empresa, o analista precisa agora monitorar a qualidade das atitudes administrativas e a sabedoria de suas decisões sobre a alocação de capital.

É tentador acusar a administração pelas ações que prejudicam os acionistas, mas os analistas devem sempre se lembrar de que, quando apontam o dedo indicador para alguém, pelo menos três ou quatro de seus outros dedos provavelmente estão apontados para eles mesmos. Considerando apenas 2006 e 2007, as corporações não financeiras dos Estados Unidos tomaram emprestada a quantia aproximada de $1,3 trilhão – boa parte desse dinheiro com o propósito expresso de financiar a recompra de ações em um momento no qual seus preços estavam próximos dos recordes de alta.[3] Muito poucos analistas pediram que as administrações das empresas justificassem seus pontos de vista de que as ações estavam suficientemente baratas para que valesse a pena a recompra ou para explicar como esse enorme volume de empréstimos poderia ser considerado inteligente. Essa farra de recompra deixou muitas das principais empresas excessivamente endividadas e subcapitalizadas. A culpa deve recair sobre os que tomaram empréstimos ou sobre aqueles que permitiram – ou mesmo incentivaram – que as empresas pegassem esses empréstimos?

Outras empresas, apreensivas, se grudaram ao caixa que levantaram com suas operações e empréstimos. Em novembro de 2009, as corporações dos Estados Unidos estavam sentadas em não menos do que $840 bilhões em caixa e títulos negociáveis – um recorde de todos os tempos.[4] Muitos analistas parecem ter concluído que essas pilhas de dinheiro em caixa, como sacos de areia em uma inundação, protegeriam as empresas e seus acionistas. Mas mesmo um olhar de relance sobre os artigos de Graham referentes às profundezas da Grande Depressão mostra que existe uma linha tênue entre ser prudente e privar os investidores do direito de redistribuir seu capital da forma mais adequada. Estabelecer onde essa linha deve ser traçada não é trabalho apenas da administração: os investidores de fora, orientados por analistas, também precisam expressar sua opinião.

Em resumo, o trabalho dos analistas resume-se não apenas a avaliar se os títulos de uma empresa estão com preços justos, mas também avaliar se seus proprietários estão sendo tratados de forma justa. Como escreveu Graham em 1949:

> existem apenas duas questões básicas para as quais os acionistas devem voltar a atenção:
>
> 1. A administração é razoavelmente eficiente?
> 2. Os interesses do típico acionista *de fora* estão sendo reconhecidos de forma apropriada?[5]

Graham é, muitas vezes, visto por aqueles que não conhecem seu trabalho como um pensador doutrinário que acreditava que os títulos deveriam ser mecanicamente passados por filtros de avaliação. Nada poderia estar mais longe da verdade. Ao contrário disso, como revelam os outros textos desta parte, Graham era profundamente curioso, sempre flexível e estava constantemente em busca de novos pontos de vista e métodos melhores. Como qualquer bom cientista, ele revisava o próprio pensamento sempre que os fatos exigissem. À medida que Graham dava forma ao campo da análise de investimento nos anos em que estava sendo concebido, incentivava seus colegas (da mesma forma que ele fez) a olharem para os padrões prevalecentes em outras profissões respeitadas, como medicina, contabilidade e direito.

Graham recomenda a seus leitores a não pensarem somente em analisar cada título como um caso único; além disso, eles devem aplicar um conjunto consistente de critérios em cada um de seus julgamentos e em todas as suas ações. Ele insistia que essa seria a única maneira de uma profissão jovem transmitir seriedade e gerar respeito. Ainda mais importante: dizia que um processo sistemático é essencial para uma área progredir rumo ao status de "campo de estudo científico".

"Rumo a uma ciência da análise de investimento" é uma extensão dos ensaios incluídos na Parte I. Aqui, Graham assume como dado que os analistas devem ser guiados pelo método científico; em resumo, devem estabelecer fatos específicos pela observação, desenvolver teorias (ou "fórmulas") baseadas nessas observações e testá-las por meio de previsões de resultados futuros.

Graham cita quatro categorias de investimento, cada uma podendo ser analisada pelo método científico:

- Bônus
- Ações pelo valor
- Ações pelo crescimento
- "Oportunidades de curto prazo" (títulos com o potencial de geração de lucros em negociações rápidas)

Graham exclui a análise gráfica (que aqui ele chama de "análise de mercado de ações"), embora deixe em aberto a possibilidade de complementar a pesquisa básica.[6]

Mais uma vez, Graham enfatiza a importância de reunir – e preservar – grandes amostras de dados, sem as quais não seriam possíveis a observação, a teoria e o teste do método científico.[7] Em "Rumo a uma ciência da análise de investimento", ele escreve:

> A maior fraqueza de nossa profissão, acredito já há bastante tempo, é nossa falha em fornecer registros realmente abrangentes dos resultados de investimentos iniciados ou conduzidos por nós sob vários princípios e técnicas. Pedimos por estatísticas ilimitadas de outros cobrindo os resultados de suas operações, mas temos ficado bem para trás na compilação de estatísticas corretas e adequadas em relação aos resultados de nosso próprio trabalho.

Graham toca em um ponto profundo: a maioria dos profissionais de investimento não examina os trabalhos das próprias empresas com o mesmo rigor que analisam as companhias em que investem. Mas deveriam. Nesse mesmo artigo, ele avança dizendo que somente uma autoanálise contínua e sistemática pode "mostrar quais métodos e abordagens são sólidos e frutíferos e quais fracassam no teste da experiência".

Para dar apenas alguns exemplos: ao dizer que sua disciplina de vendas é eficaz, como você sabe disso? Sua empresa continua a monitorar o desempenho de todas as ações que você vendeu, *depois que as vendeu*, para medir se as vendas realmente adicionaram valor? Se você acredita que reuniões com a administração melhoram a seleção de títulos para investir, como ter certeza? Ao longo dos anos, você registrou sistematicamente os dados que pudessem comprovar ou não essa afirmação? Se você pensa que vale a pena se concentrar em empresas que investem pesadamente em pesquisa e desenvolvimento, tem certeza? As pesquisas empíricas publicadas demonstram uma correlação entre maior P&D e maior retorno sobre o patrimônio?

Graham também alerta, em um trecho marcante, que conclusões cientificamente fundamentadas com base em amplas amostragens de dados podem gerar decisões perigosas. Graham fala sobre o que agora chamamos de "prêmio de risco", ou o montante pelo qual os retornos das ações excedem os bônus e o dinheiro para compensar os investidores pelo risco maior em deter ações. Graham aponta que o prêmio vinha sendo consistentemente muito elevado no passado – uma conclusão que é "válida cientificamente e perigosa psicologicamente". Se todos vierem a acreditar na superioridade das ações, então os preços serão mantidos insustentavelmente elevados e os futuros retornos acabarão, na verdade, ficando automaticamente menores. Nenhuma quantidade de evidência histórica poderá significar que as ações são atraentes, "independentemente do elevado valor em que forem vendidas".[8]

Em "Duas abordagens ilustrativas de fórmulas de avaliação de ações ordinárias", Graham destaca que o valor presente de uma ação depende mais dos próprios aspectos, que ninguém nunca poderá saber com certeza: os lucros e dividendos futuros.

Graham desenvolve duas técnicas para estimar essas quantidades desconhecidas. A primeira defende uma visão histórica aplicando cinco fatores – crescimento dos lucros por ação, "estabilidade" (ou mínimo encolhimento dos lucros acumulados em tempos difíceis), pagamento de dividendos, retorno sobre capital investido e ativos líquidos por ação – e combina cada um deles com um peso de 20% para chegar a uma pontuação composta. Esse modelo pode parecer um instrumento muito rudimentar para funcionar, mas psicólogos experimentais mostraram que modelos simples geralmente funcionam melhor no mundo real do que aqueles mais complicados e teoricamente precisos – justamente porque as pessoas conseguem implantar de forma mais consistente os modelos simples sem alterar compulsivamente as variáveis e os pesos. A companhia de investimentos que zomba desse primeiro modelo simples de Graham deveria antes tentar adaptar a própria versão e testá-la; os resultados poderão ser surpreendentes.[9]

Graham reconhece que, na avaliação de títulos, o que realmente importa é o desempenho futuro esperado, que pode ser muito diferente daquele do passado. Ele reconhece que "os reais determinantes do valor" são "os lucros e dividendos futuros". O segundo método de Graham pressupõe que o próprio preço de mercado é o melhor meio de estimar o crescimento futuro. Ao longo do período que analisou, ele desenvolve uma fórmula para relacionar o crescimento dos lucros no passado com aquele previsto pelo mercado. Ele sugere o uso dessa fórmula como "ponto de partida" para avaliar se o preço de mercado está muito empolgado ou pessimista.

Em "A nova especulação em ações ordinárias", um discurso que Graham proferiu na convenção anual da National Federation of Financial Analysts Societies (Federação Nacional das Sociedades dos Analistas Financeiros – precursora do CFA Institute), em maio de 1958, ele volta a falar sobre a distinção que desenvolveu na década de 1930 entre "investimento" e "especulação". Sua definição original para especulação era pela negação: tudo que não atendesse aos critérios rigorosos que Graham estabeleceu para um investimento.[10] Entretanto, a especulação não era qualquer título que não tenha se qualificado como investimento: era a tentativa dos analistas de aplicar a certeza da matemática avançada sobre a profunda incerteza do futuro. Graham alerta que medir variáveis imprecisas com ferramentas altamente precisas não é melhor do que utilizar ferramentas rudimentares. Na verdade, pode ser pior porque fórmulas muito precisas tendem a desencadear excesso de confiança naqueles que as utilizam – criando a certeza em áreas em que nenhuma certeza é possível.

O alerta de Graham em "A nova especulação em ações ordinárias" adquiriu nova repercussão na esteira da devastação provocada pelos complexos derivativos na crise financeira de 2008-09:

> A combinação de fórmulas precisas com suposições altamente imprecisas pode ser usada para estabelecer, ou ainda para justificar, praticamente qualquer valor que se queira... A matemática é normalmente considerada geradora de resultados precisos e confiáveis; mas, no mercado de ações, quanto mais elaborada e de difícil compreensão for a matemática, mais incertas e especulativas serão as conclusões que extraímos dela. Em 44 anos de experiência e estudo em Wall Street, nunca vi cálculos confiáveis feitos a respeito de valores de ações ordinárias, ou relacionados com políticas de investimento, que tivessem ido além de simples aritmética ou da álgebra mais elementar. Sempre que for introduzido

o cálculo, ou a álgebra superior, você pode tomar isso como um sinal de alerta de que o operador está tentando substituir a experiência pela teoria, e geralmente para dar à especulação a aparência enganosa de investimento.

Cinco décadas antes de os investidores utilizarem a função de cópula gaussiana e outras fórmulas complexas para justificar a aquisição de um pacote de derivativos de hipotecas, Graham previu os perigos. Diante da menor falha nas hipóteses ou do menor erro nas medições, as fórmulas podem explodir.

Em "Situações Especiais", Graham descreve uma variedade de oportunidades de arbitragem e como analisá-las. Ele define uma situação especial como "uma no qual se conta com um desdobramento específico para produzir um lucro satisfatório no título, embora o mercado em geral não o antecipe". Reorganizações por falência, ações preferenciais com altos dividendos em atraso, fusões e aquisições, litígios significativos, divisão de holdings em função de regulamentação e arbitragem de bônus conversíveis são exemplos de situações especiais. Por um lado, Graham insiste que uma situação especial exige que "o desdobramento específico já esteja em andamento". Por outro lado, apesar dessa certeza, ele recomenda a seus leitores que devem estimar a probabilidade para o sucesso e a provável perda "na eventualidade de fracasso".

Graham começou cedo a analisar situações especiais e nunca perdeu seu interesse por elas. Quando tinha apenas 21 anos, a Guggenheim Exploration Company anunciou que seria dissolvida. A companhia possuía grandes participações em quatro minas de cobre negociadas em Bolsa; como parte do encerramento da companhia, ela distribuiria os interesses nessas minas para seus acionistas. Graham calculou que a soma das partes valia quase 11% mais do que o todo; então, comprou a Guggenheim e simultaneamente vendeu as participações nas quatro minas.[11] Quase quatro décadas depois, em 1954, Graham pediu que um brilhante novo analista de sua empresa, um rapaz chamado Warren Buffett, investigasse as possibilidades de arbitragem na Rockwood & Company. Esta indústria de chocolate, com sede em Brooklyn, Nova York, estava propondo uma oferta pouco usual: 40kg de cacau para cada participação ordinária. Graham gostou do acordo e enviou Buffett para comprar as participações e vender o cacau.[12]

Em "Alguns aspectos dos investimentos sobre acumulação através de participações", publicado em 1962, Graham analisa os argumentos alegando que "uma nova era no mercado de ações" justificava "o atual nível sem precedentes de preços de ações e multiplicadores sobre os lucros". Muitos investidores acreditavam que o mercado de ações era então abençoado com "um caráter e futuro permanentemente mudados", graças a fatores como um crescimento econômico robusto e estável, sólidas políticas monetária e fiscal, o reconhecimento de que as ações representavam uma proteção durável contra a inflação e os fluxos de dinheiro novo patrocinados pelos fundos mútuos e planos de pensão.

Graham explica pacientemente e de forma justa o argumento de que os que defendem a alta poderiam estar certos. Ele reconhece que existe pelo menos alguma validade para a alegação de que as ações merecem avaliações maiores do que no passado. No final, porém, ele conclui que "o caráter fundamental do mercado de ações deve ser tão imutável quanto a natureza humana".

Graham destaca que os mais recentes argumentos altistas não são, em essência, diferentes daqueles de "novas eras" anteriores, como no final dos anos 1920. Certamente, eles voltaram praticamente de forma idêntica em 1999 e 2000. E voltarão novamente entre futuros investidores – pelo menos para aqueles que não prestam atenção aos alertas de Graham.

Finalmente, ele analisa se a média de custo em dólar – a compra sistemática de quantidades iguais de ações a intervalos de tempo iguais – pode funcionar mesmo se forem realizadas quando o mercado estiver com valorização excessiva. Ele conclui que "esta política compensa em última instância, independentemente de quando ela for iniciada, *desde que* seja respeitada consciente e corajosamente sob todas as condições que venham a interferir". Como ele próprio salienta, isso exige uma extraordinária disciplina emocional. Para prevalecer no final o investidor que compra ao custo médio em dólar precisa "ser uma pessoa diferente de todos nós... não sujeito às alternâncias de euforia e de profunda melancolia". Graham compreendeu que nenhuma técnica ou ferramenta pode jamais impor uma completa disciplina externa sobre um investidor que não tenha uma disciplina interna.

NOTAS

1. Esses textos, escritos com raiva, constituem um primeiro esboço de trabalho para os argumentos mais lógicos e detalhados que Graham apresentou nos Capítulos 43 e 44 de sua edição de 1934 do *Security Analysis*.
2. Em itálico no original.
3. www.federalreserve.gov/releases/z1/Current/z1r-2.pdf, Tabela D2.
4. Comunicação pessoal, Howard Silverblatt, analista sênior de indicadores, Standard & Poor's, 16 de novembro de 2009.
5. Benjamin Graham, O *investidor inteligente* (Rio de Janeiro: Editora Nova Fronteira, 2007), p. 218.

6. Graham não chegou nem perto de ser bondoso em *Security Analysis* onde escreveu que "a leitura de gráficos provavelmente não poderá ser uma ciência", que "ainda não se mostrou no passado como um método confiável para gerar lucros no mercado de ações" e que "seus fundamentos teóricos repousam em uma lógica defeituosa ou então com base em mera afirmação" (Benjamin Graham e David Dodd, *Security Analysis*, Nova York: McGraw-Hill, 1934, p. 609).
7. *The Global Body of Investment Knowledge*, o compêndio de informações que é compilado e atualizado pelo CFA Institute corresponde aproximadamente ao pedido de Graham por "um contínuo e sempre crescente conjunto de conhecimentos e técnicas".
8. Para uma discussão mais recente destes assuntos, veja as atas do fórum do CFA Institute sobre prêmio de risco (www.cfapubs.org/toc/cp.1/2002/2002/7) e Rajnish Mehra (org.), *Handbook of the Equity Risk Premium* (Amsterdã e Oxford: Elsevier, 2008).
9. Ver, por exemplo, Robyn M. Dawes, "The Robust Beauty of Improper Linear Models in Decision Making", *American Psychologist*, v. 34, n. 7 (1979), pp. 571-582; artigo que foi citado mais de 1.600 vezes em publicações de psicologia, mas raramente (se é que foi citado alguma vez) na literatura sobre finanças aplicadas.
10. Graham e Dodd, *Security Analysis*, pág. 54.
11. Irving Kahn e Robert D. Milne, *Benjamin Graham: The Father of Financial Analysis* (Charlottesville, VA: The Financial Analysts Research Foundation, 1977), pág. 4; Benjamin Graham, *The Memoirs of the Dean of Wall Street* (Nova York: McGraw-Hill, 1996), p. 145.
12. Berkshire Hathaway Annual Letter to Shareholders, 1988 e 2007.

5

Rumo a uma ciência da análise de investimentos

O método científico

Como H.D. Wolfe salientou em seu estudo publicado na última edição do *Journal* ("Science as a Trustworthy Tool"),[1] o método científico inclui, entre outros fatores, a ampla observação e o registro dos eventos, a construção de fórmulas ou teorias plausíveis e racionais, e sua validação por meio de previsões mediana ou razoavelmente confiáveis. Existem muitas variedades de disciplinas científicas ou quase científicas, e o caráter da previsão baseada nelas variará muito de uma para outra.

Em um extremo, pegue o microfone. Um engenheiro elétrico que o tenha instalado com cuidado pode prever que uma palavra dita à frente dele será imediatamente amplificada. A previsão é precisa, a verificação é rápida e inquestionável. No outro extremo, vamos considerar a psicanálise – uma disciplina que às vezes é comparada com nossa própria análise de investimentos. Aqui, a previsão e a verificação são menos definidas. Um leigo que financie um tratamento psicanalítico para um de seus familiares é capaz de ficar ligeiramente no escuro sobre detalhes como a natureza da doença, o método e a duração do tratamento e a extensão da cura, se ela ocorrer. A única coisa que pode prever com certeza é quanto custará por hora. Entre esses dois extremos, está a ciência atuarial, que, segundo minha opinião, é mais relevante do que as outras para as possibilidades científicas da análise de investimentos. O atuário de seguro de vida faz previsões sobre taxas de mortalidade, taxa de ganhos em reservas investidas e fatores de custo e lucro – em todas as instâncias, com base, em grande parte, na experiência

Reimpresso do *The Analysts Journal*, v. 8, n. 4 (agosto de 1952): 96-98, com permissão.

passada cuidadosamente analisada, com tolerância para tendências e novos fatores. Além dessas previsões, com a ajuda de técnicas matemáticas, ele programa tabela de prêmios adequados para vários tipos de seguro. Para nós, o mais importante sobre esse trabalho e suas conclusões é que ele não lida com casos individuais, mas com o provável *resultado agregado* de numerosos casos similares. A diversificação está na essência da ciência atuarial.

Assim, nossa primeira questão prática sobre "análise de investimento científica" é se ela teria caráter atuarial e se a diversificação seria um ingrediente essencial. Uma resposta plausível seria que a diversificação é essencial para certos tipos e objetivos de análise de investimentos, mas não para outros. Vamos classificar as coisas que a análise de investimento tenta fazer e ver como o elemento de diversificação se aplica a cada uma delas. Ao mesmo tempo, podemos levantar outras questões sobre os métodos científicos e as previsões que operam em cada uma das classes.

Sugiro que o produto final de nosso trabalho recaia em quatro categorias diferentes, como segue:

1. A seleção de títulos seguros, do tipo dos bônus
2. A seleção de títulos subavaliados
3. A seleção de títulos em crescimento, isto é, ações ordinárias em que se espera aumento da lucratividade a uma taxa consideravelmente maior do que a média
4. A seleção de "oportunidades de curto prazo", isto é, ações ordinárias com perspectivas melhores do que a média de avanço no preço dentro, digamos, dos próximos 12 meses

Essa lista não inclui a análise de mercado de ações* e as previsões baseadas nela. Deixe-me comentar brevemente esse ponto. Se a análise de investimentos tiver de ser científica, ela o será por si própria, e não dependendo de técnicas de mercado. É fácil rejeitar completamente este ponto dizendo que se a análise de mercado é boa então não seria necessário uma análise de investimentos; e, se não for boa, a análise de investimentos não a quer. Mas isso seria uma atitude muito arrogante em relação a uma área de

---

**Nota do Tradutor*: Análise de mercado de ações é como Graham chama a análise gráfica.

atividade que envolve os interesses de um conjunto de reputados analistas de investimentos. A análise de mercado de ações e a análise de investimento, combinadas, poderiam produzir um trabalho melhor do que a análise de investimentos sozinha – essa é pelo menos uma proposição concebível e talvez plausível. Mas a dificuldade reside naqueles que pretendem defender essa tese para demonstrar isso aos demais de forma inequívoca e convincente. Certamente, os registros publicados são ainda muito escassos para justificar a admissão de um status científico para a combinação das duas análises.

Quatro categorias

Voltando às quatro categorias de análise de investimentos, a escolha de bônus seguros e de ações preferenciais é certamente a ocupação mais respeitável, se não a mais estimulante, de nossa corporação. Ela não apenas é mais importante em si mesma, como também pode propiciar analogias úteis e insights para outros ramos de nosso trabalho. A ênfase da análise de bônus está no desempenho do passado, misturada com uma visão conservadora de mudanças e perigos no futuro. Seu principal ponto de confiança está na margem de segurança que brota da pequena proporção do endividamento em relação ao valor total real da empresa. Ela requer ampla diversificação para assegurar um resultado geral representativo ou mediano. Esses pontos de vista têm tornado os investimentos em bônus, como praticado por nossas instituições financeiras, um procedimento profundamente científico. De fato, o investimento em bônus surge agora quase como um ramo da ciência atuarial. Existem semelhanças interessantes (assim como diferenças) entre fazer um seguro de vida de $1 mil para um homem contra um prêmio de $34 ao ano, e emprestar $1 mil através de um bônus de longo prazo também pagando $35 ao ano. A taxa de mortalidade calculada para os homens com idade de 35 anos é aproximadamente 4 em 1 mil, ou 0,4% ao ano. Uma "taxa de mortalidade" equiparável poderia ser aplicada às empresas que gozam de boa saúde financeira e operacional para estimar o risco atrelado ao investimento em bônus de primeira linha. Esse número, digamos 0,5%, poderia então medir apropriadamente o diferencial de risco e rendimento entre os mais fortes bônus corporativos e as obrigações do governo dos Estados Unidos.

Investimento em bônus: um procedimento científico

O investimento em bônus deverá assumir ainda mais um caráter de procedimento científico quando o monumental estudo sobre bônus corporativos conduzido pelo National Bureau of Economic Research (Agência Nacional de Pesquisa Econômica dos Estados Unidos) e outras agências for finalmente concluído, e a massa de dados estatísticos e de resultados estiver disponível para a análise de investimentos. A maior fraqueza de nossa profissão, acredito já há bastante tempo, é nossa falha em fornecer registros realmente abrangentes dos resultados de investimentos iniciados ou conduzidos por nós sob vários princípios e técnicas. Nós pedimos estatísticas ilimitadas de outros cobrindo os resultados de suas operações, mas temos ficado bem para trás na compilação de estatísticas corretas e adequadas em relação aos resultados de nosso próprio trabalho. Farei uma sugestão a respeito desse ponto um pouco mais à frente.

Seleção de títulos subavaliados

A seleção de títulos com valores baixos aparece em seguida na minha lista por sua relação lógica com o investimento em bônus seguros ou ações preferenciais. O conceito de margem de segurança é dominante em ambos. Uma ação ordinária está tipicamente com preço baixo se o analista puder estabelecer, com segurança, que a empresa como um todo vale bem mais do que o preço de mercado de todos os seus títulos. Existe estreita analogia neste ponto com a seleção de bônus, que também requer que a empresa tenha um valor bem superior à sua dívida. Mas as recompensas ao estabelecer que uma ação ordinária se apresenta abaixo de seu valor são, é claro, incomparavelmente maiores; pois, em um caso típico, toda ou boa parte da margem de segurança poderá, no final, ser realizada como lucro para o comprador de um papel com preço verdadeiramente subavaliado.

Em associação a isso, quero lançar uma ideia ampla e desafiadora: que, do ponto de vista científico, as ações ordinárias *como um todo* podem ser vistas como uma *forma de título* essencialmente subavaliada. Esse ponto surge da diferença básica entre risco individual e risco geral ou de grupo. As pessoas insistem em um retorno em dividendos substancialmente maior e um excesso ainda maior na rentabilidade para as ações ordinárias em comparação com os bônus, porque o risco de perda na ação ordinária *individual* média é indubitavelmente maior do que no bônus *individual* médio. Mas a comparação não tem sido verdadeira historicamente para um *grupo diversificado* de ações ordinárias, uma vez que as ações ordinárias consideradas em conjunto tiveram um viés de alta bem definido ou um movimento ascendente no longo prazo. Isso, por sua vez, é facilmente explicável em função do crescimento do país mais a constante reaplicação dos lucros não distribuídos na própria empresa, mais a forte tendência geral de inflação desde a virada do século.

Tarifas de incêndio e acidentes

A analogia aqui é com as tarifas de seguro contra incêndio e acidentes. As pessoas pagam quase o dobro por seguro de incêndio em relação ao que indicaria sua própria exposição obtida pelo cálculo atuarial – porque elas não podem, com segurança, bancar o risco individual sozinhas. Por razões similares, o retorno geral das ações ordinárias aparece como tendo sido pelo menos o dobro do exigido pelo seu verdadeiro risco geral. Surge uma relação interessante sobre esse ponto no gráfico de Keystone, mostrando a tendência da média Dow Jones Industrial desde 1899. Tanto a linha superior quanto a inferior cresce a uma taxa de um terço a cada 10 anos. Você reconhecerá isso como a taxa de juros composta de 2,90% obtida com os Títulos de Poupança dos Estados Unidos, Série E. Isso significa que aquele que investiu consistentemente no Dow Jones obteve o mesmo aumento no *valor do principal* que os títulos de poupança oferecem como juros; e, além disso, o investidor em ações do Dow Jones recebeu todos os dividendos anuais de sua carteira como rendimento extra acima da taxa de juros do bônus governamental.

Acredito que o raciocínio ao qual acabei de ceder é, ao mesmo tempo, cientificamente válido e psicologicamente perigoso. Sua validade depende da manutenção no mercado acionário da substancial disparidade entre os rendimentos dos bônus e os índices preço-lucro das ações. Se (como aconteceu na década de 1920) essa tese for convertida em slogan de que as ações ordinárias são investimentos atraentes, independentemente do preço elevado pelo qual estejam sendo vendidas, então vamos começar como cientistas e terminar como jogadores descuidados e azarados. Seria uma generalização correta afirmar que os níveis de máxima da maioria dos mercados de alta "normais" são caracterizados por uma tendência de igualar os riscos de ações com os dos bônus. Essas elevadas avaliações podem, de fato, ter alguma justificativa na teoria pura, mas a questão para termos em mente como analistas práticos é que, quando você paga o valor cheio por ações ordinárias, corre o risco de parecer mais tarde que pagou demais.

Ações individuais subavaliadas

Voltando agora ao campo das subavaliações *individuais*, entramos em terreno mais familiar. Nosso trabalho com este grupo admite de imediato os processos científicos de ampla observação e o teste das previsões ou hipóteses através de seus resultados. A teoria sobre papéis subavaliados requer necessariamente uma explicação para sua origem. As explicações são, na verdade, bastante variadas e, quando tomadas em conjunto, formam o que poderia ser chamado de "patologia dos preços de mercado". Elas variam de causas óbvias, como um dividendo excessivamente baixo ou um revés temporário nos lucros, a situações mais sutis e especiais como excesso de ordinárias na estrutura de capital ou ainda muito caixa em banco. Dentre elas, encontramos numerosas outras causas, como a presença de litígios importantes, ou a combinação de dois negócios diferentes, ou o uso da agora desacreditada estruturação de holdings.

A compreensão das origens da subavaliação

Hoje as origens da subavaliação são bastante bem compreendidas e poderiam, sem dúvida, ser estabelecidas em um estudo científico aceitável. Porém, não sabemos muito sobre a cura de subavaliações. Em que proporção dos casos a discrepância é corrigida? Como ou por que a correção ocorre? Quanto tempo dura o processo? Essas perguntas nos fazem lembrar, de alguma forma, aquelas que levantamos logo no início deste texto, sobre psicanálise. Mas sabemos algo importante: a aquisição de papéis subavaliados de uma maneira diversificada gera consistentemente resultados lucrativos. Assim, temos um campo em que vale a pena empreender maior investigação científica. Nesta questão, os estudos indutivos conduzidos de forma inteligente e sistemática por um período de alguns anos certamente produzirão resultados gratificantes.

Seleção de ações em crescimento

O terceiro objetivo da análise de investimento é a seleção de ações de empresas em crescimento. O quanto é científico esse procedimento agora e quão científico ele poderá vir a ser? Aqui entro em uma área difícil. Muitas empresas em crescimento estão fortemente ligadas ao progresso tecnológico; ao escolher suas ações, o analista de investimento se prende, por assim dizer, aos resultados da ciência. Nas mais de 40 inspeções de fábricas em seu estudo de campo que estão programadas para esta semana de convenção, sem dúvida a ênfase principal estará no desenvolvimento de novos produtos e de novos processos; eles, por sua vez, influenciarão fortemente suas conclusões sobre as perspectivas de preços das várias empresas. Mas, na maioria dos casos, isso é principalmente uma abordagem *qualitativa*. Seu trabalho neste campo poderia ser considerado verdadeiramente científico, a menos que fosse solidamente baseado em medições seguras, isto é, em projeções mínimas ou específicas de lucros futuros e uma capitalização de tais lucros projetados a uma taxa ou um multiplicador que possa ser chamado de razoavelmente conservador à luz da experiência do passado? Será possível colocar um *preço* definido sobre o crescimento futuro – abaixo do qual a ação é uma boa aquisição, acima do qual ela é cara ou em qualquer um dos casos ela é especulativa? Qual é o risco de que um crescimento esperado não se materialize? Qual é o risco de uma mudança importante para baixo na avaliação do mercado das perspectivas favoráveis? Será necessário muito estudo sistemático nesse campo antes de termos respostas confiáveis a essas questões.

Investimento em ações na fase pré-científica

Nesse ínterim, não posso deixar de sentir que o investimento em ações de empresas em crescimento ainda está na fase pré-científica. Ela é, ao mesmo tempo, mais fascinante e menos precisa do que a seleção de bônus seguros ou ações subavaliadas. No campo das ações em crescimento, o conceito de margem de segurança perde a clareza e a primazia de que goza naquelas outras duas classes de análise de investimento. É verdade que há segurança no crescimento e alguns de nós irão ainda mais longe a ponto de declarar que não pode haver uma segurança real, exceto no crescimento. Mas, para mim, isso soa mais como slogans do que como afirmações cientificamente formuladas e verificadas. Além disso, o elemento de seletividade no campo do crescimento é tão proeminente que chega a colocar a diversificação em posição secundária (e talvez ambígua). Pode-se discutir a questão de se colocarem todos os ovos de crescimento em uma única cesta ou em relativamente poucas cestas. Assim, nesse ramo de análise de investimento, pode estar faltando o elemento atuarial e essa circunstância milita indubitavelmente contra procedimentos e resultados verdadeiramente científicos.

Relações invertidas

Indubitavelmente, há uma relação orgânica, porém invertida, entre o conceito de ações em crescimento e a teoria dos títulos subavaliados. A atração do crescimento é como o repuxo das marés que causa maré alta em uma área, a das empresas assumidamente em crescimento, e maré baixa em outra área, das empresas que assumidamente não estão em crescimento. Em certo sentido, podemos medir cientificamente o efeito distorcido dessa influência utilizando como nosso padrão o *valor mínimo dos negócios* das empresas que fazem parte do grupo menos favorecido. A título de ilustração, vamos aplicar esse raciocínio em três empresas californianas. Pelo próprio desdobramento natural dos eventos, as cotas da Roos Brothers, uma empresa de varejo local, tenderão a ser negociadas abaixo do valor determinado do ponto de vista analítico, basicamente pelos mesmos motivos ligados à produção de um excesso de valorização nas cotas da Superior Oil ou Kern County Land.

Chego, por fim, à atividade padrão dos analistas de corretoras e serviços de consultoria, ou seja, a seleção de papéis favoravelmente situados para um avanço de curto prazo no mercado. A hipótese usual nesse caso é que, se os lucros vão melhorar ou se os dividendos irão aumentar, então o preço deverá subir. Assim, o processo consiste essencialmente em localizar e recomendar essas empresas que, eventualmente, terão aumento de lucros ou dividendos em curto prazo. Vocês todos conhecem os três perigos básicos envolvidos neste trabalho: que a melhoria esperada não ocorra; que a melhoria esperada já tenha sido descontada no preço atual; que por alguma outra razão ou por nenhum motivo conhecido, o preço não se altere da forma que deveria.

Apesar desses riscos, é possível obter resultados que, na média, valham a pena, a partir de competentes análises de curto prazo e de avaliações. Quem de nós pode dizer se isso é verdadeiro ou não? Em função da importância deste trabalho analítico, em relação a tempo, energia e custo financeiro, talvez não seja uma má ideia fazer uma avaliação completa desse método.

Buscando a autoavaliação

Isso me traz para minha conclusão e proposta concreta. A análise de investimentos atingiu agora o estágio em que está pronta para uma investigativa e contínua autoavaliação utilizando ferramentas estatísticas já estabelecidas. Devemos reunir os estudos e as recomendações de inúmeros analistas, classificá-los de acordo com seus objetivos (talvez nos quatro grupos sugeridos neste trabalho) e depois dar o melhor de nós para avaliarmos sua precisão e sucesso. A finalidade desse registro não seria mostrar quem é um bom analista e quem não é, mas sim mostrar quais métodos e abordagens são sólidos e frutíferos e quais falharam no teste da experiência.

Essa sugestão foi feita originalmente nos artigos publicados há seis anos sob o pseudônimo "Cogitator" no *The Analysts Journal*. Naquela ocasião, escrevi: "É improvável que a análise de investimentos possa desenvolver uma estatura profissional na falta de testes razoavelmente definidos e plausíveis sobre a solidez de recomendações individuais e de grupo."[2] A The New York Society está dando agora os primeiros passos positivos para estabelecer uma classificação ou título quase profissional para analistas de investimento que atendam aos requisitos especificados. É praticamente certo que esse movimento evolua no final para um status profissional de pleno direito para nossa vocação. O momento pode muito bem ser propício para que a federação e suas sociedades constituintes iniciem um acúmulo sistemático de histórias de casos, tornando possível a transmissão de um contínuo e sempre crescente corpo de conhecimentos e técnicas dos analistas do passado para os do futuro.

Quando este trabalho estiver em andamento, a análise de investimento pode começar de forma modesta, porém esperançosa, a se referir a si própria como uma atividade científica.

NOTAS

1. H.D. Wolfe, "Science as a Trustworthy Tool", *The Analysts Journal* (março de 1952): 45-49.
2. Cogitator, "On Being Right in Security Analysis", *The Analysts Journal* (primeiro Trimestre de 1946): 18-21, principalmente a p. 18, para o material citado.

6

Duas abordagens ilustrativas de fórmulas de avaliação de ações ordinárias

Das diversas abordagens básicas para a avaliação da ação ordinária, a mais amplamente aceita é aquela que estima os lucros e dividendos médios para um período de anos no futuro e capitaliza esses elementos a uma taxa apropriada. Essa afirmação é razoavelmente definida em sua forma, mas suas aplicações permitem o mais amplo conjunto de técnicas e hipóteses, inclusive a simples adivinhação. Primeiro, o analista tem uma ampla escolha sobre o período futuro que levará em conta; depois, deverá estimar os lucros e dividendos para esse período e, finalmente, selecionar a taxa de capitalização de acordo com suas ideias preconcebidas ou a seu critério. Podemos observar aqui que, em face da inexistência de uma regra *a priori* determinando o número de anos que o avaliador deve olhar à frente no futuro, é quase inevitável que, em mercados de alta, os analistas e investidores tendam a ver mais longe e esperançosamente adiante, enquanto em outros momentos não estejam tão dispostos a "ouvir o barulho de um tambor distante". Portanto, surge um alto grau de instabilidade inerente na avaliação de mercado para ações em crescimento, a tal ponto que é possível afirmar com alguma justiça que, quanto mais dinâmica for a empresa, mais inerentemente especulativo e flutuante será o histórico de suas ações no mercado.[1]

Quando se trata de estimar os lucros futuros, poucos analistas estão dispostos a se aventurar tanto quanto Colombo, em mares completamente desconhecidos. Eles preferem começar com quantidades conhecidas – por exemplo, lucros atuais ou passados – e processá-los de algum modo para

Reimpresso do *The Analysts Journal*, v. 13, n. 5 (novembro de 1957): 11-15, com permissão.

chegar a uma estimativa para o futuro. Em consequência, na análise de investimentos, o passado está sendo sempre jogado para fora pela janela da teoria e retornando pela porta dos fundos da prática. Seria uma piada sem graça de nossa profissão se todos os dados elaborados de operações passadas se mostrassem no final completamente independentes em relação aos determinantes reais do valor – os lucros e dividendos do futuro.

Sem dúvida, existem situações (talvez não poucas) em que isso infelizmente acaba se apresentando como um fato. Mas, em muitos casos, o relacionamento entre passado e futuro se mostra suficientemente significativo para justificar a preocupação do analista com os registros estatísticos. Na verdade, o trabalho diário de nossa prática consiste, em grande parte, no esforço de construir um quadro plausível do futuro de uma empresa a partir do estudo de seu desempenho no passado, com a última frase sugerindo inevitavelmente estudos intensivos similares conduzidos por devotados de uma disciplina bastante diferente. Quanto melhor for o analista, menos se limita aos números publicados e mais acrescenta a esses números os resultados de seu estudo especial sobre a administração da empresa, e suas políticas e possibilidades.

O estudante de análise de investimentos, na sala de aula ou em casa, tende a ter especial preocupação com o registro do passado, distinta do julgamento independente do futuro da empresa. Ele pode ser ensinado ou aprender a analisar o primeiro, mas lhe falta uma aparelhagem adequada para tentar o segundo. Em geral, ele busca algum método convincente pelo qual o registro dos lucros de uma empresa (incluindo alguns aspectos como média, tendência ou crescimento, estabilidade, entre outros) mais algum exame do atual balanço patrimonial possam primeiro ser transformados em projeção de lucros e dividendos futuros, e depois em avaliação baseada nessa projeção.

Um olhar mais próximo para esse processo desejado revelaria imediatamente que os lucros e dividendos futuros precisam ser computados de forma separada para produzir o valor final. Considere a apresentação mais simples:

1. Lucros passados vezes X é igual a lucros futuros.
2. Lucros futuros vezes Y é igual a valor presente.

Essa operação imediatamente nos remete a:

3. Lucros passados vezes XY é igual a valor presente.

É esse fator XY, ou multiplicador dos lucros passados, que meus alunos adorariam conhecer e calcular. Quando lhes digo que não há um método confiável para encontrar esse multiplicador, eles tendem a não acreditar ou a perguntar: "Então a análise de investimento é boa para quê?" Eles sentem que, se forem atribuídos pesos corretos a todos os fatores relevantes dos registros do passado, seria possível produzir pelo menos uma avaliação presente razoavelmente boa da ação ordinária – algo que levasse em conta os possíveis lucros futuros e que pudesse ser utilizado como guia para determinar a atratividade da ação, ou o reverso, a seu preço atual de mercado.

Neste artigo, proponho explicar duas abordagens desse tipo que foram desenvolvidas em um Seminário sobre Avaliação de Ações Ordinárias. Acredito que a primeira ilustrará razoavelmente bem como podem funcionar e ser aplicadas as operações com fórmulas desse tipo. Nosso esforço consiste em estabelecer um valor comparativo em 1957 para cada uma das 30 ações da média Dow Jones Industrial, relacionadas a uma base de avaliação de 400 e 500, respectivamente, para o composto ou grupo (o número 400 representa o "Valor Central" aproximado da média Dow Jones, como o encontrado separadamente por toda uma série de métodos que utilizam fórmulas derivadas de relações históricas. O número 500 é representado aproximadamente pela média do nível de mercado para os 12 meses anteriores).

Como veremos a seguir, as avaliações de cada componente levam em conta os quatro "elementos qualitativos" de lucratividade, crescimento, estabilidade e pagamento de dividendos, aplicando-os como multiplicadores para os lucros médios de 1947 a 1956. Acrescido a isso e inteiramente em separado, atribui-se o peso de 20% ao valor do ativo líquido.

A segunda abordagem é essencialmente o oposto da que acabamos de descrever. Enquanto o primeiro método tenta deduzir um valor independente para ser comparado com o preço de mercado, o segundo começa com o preço de mercado e calcula a partir dele a taxa de crescimento futuro esperado pelo mercado. Desse número, extraímos facilmente os lucros esperados para o período futuro (em nosso caso, de 1957 a 1966) e, consequentemente, o multiplicador para esses lucros futuros implícito no atual preço de mercado.

Faremos comentários detalhados sobre esses cálculos após desenvolvê-los e apresentá-los. Mas talvez seja bom apresentar a essência de minhas conclusões neste ponto:

1. Nossa própria "fórmula de avaliação" para ações individuais – e provavelmente quaisquer outras com essa mesma característica geral – tem pouca ou nenhuma utilidade em si mesma. Seria tolice afirmar que a Ação A "vale" somente metade de seu preço de mercado, ou que a Ação B "vale" o dobro de seu preço de mercado, porque esses números resultaram de nossas fórmulas de avaliação.
2. Por outro lado, eles podem ser sugestivos e úteis como composição das reflexões sobre o registro do passado, tomados em si mesmos. Podemos até dizer que eles representariam qual seria o valor assumindo que o futuro fosse uma continuação dos desempenhos passados.
3. O analista fica então diante de uma "discrepância" de magnitude definida, entre o "valor" da fórmula e o preço, tornando-se sua tarefa lidar com isso em função de seu conhecimento e julgamento superiores. O tamanho atual dessas discrepâncias e a atitude que podemos adotar em relação a elas são discutidos a seguir.

De forma semelhante, a abordagem que começa com o preço de mercado e produz um "fator de crescimento" implícito e um consequente multiplicador implícito pode ter interesse ao concentrar a atenção do analista apenas naquilo que o mercado parece esperar de cada ação no futuro, em comparação ou contraste com o que a empresa realmente realizou no passado. Aqui mais uma vez, seu conhecimento e julgamento são chamados para aceitar ou rejeitar as aparentes suposições do mercado.

MÉTODO 1. Uma Fórmula de Avaliação Baseada Somente no Desempenho Passado em Relação à Média Dow Jones Industrial como Grupo.

As hipóteses subjacentes a esse método são as seguintes:

1. Cada componente da média Dow Jones Industrial pode ser avaliado em relação ao valor-base da média como um todo por comparação dos registros estatísticos.
2. Os dados a serem considerados são os seguintes:
   a. *Lucratividade* – medida pelo índice de retorno sobre o capital investido (por conveniência, ela foi computada apenas para o ano de 1956).

b. *Crescimento do lucro por ação* – mostrado por duas medidas: lucros de 1947-56 em relação aos lucros de 1947, e lucros de 1956 em relação aos lucros de 1947-56.
(teria sido mais lógico utilizar a média 1954-56, em vez de unicamente o ano de 1956, mas a mudança teria um efeito pequeno nas avaliações finais)

c. *Estabilidade* – medida pelo maior encolhimento dos lucros nos períodos 1937-38 e 1947-56.
(cálculo é baseado na porcentagem de lucros acumulados no período de máximo encolhimento)

3. *Pagamento* – medido pela relação entre os dividendos e os lucros de 1956. Nos poucos casos em que os lucros de 1956 estiveram abaixo da média 1947-56, substituímos o último pelo primeiro para obter um número mais realista para o atual pagamento.

Esses critérios revelam a qualidade dos ganhos da empresa (e da política de dividendos) e, assim podem controlar o multiplicador a ser aplicado aos lucros. O número encontrado sob cada critério é dividido pelo número correspondente para o grupo Dow Jones como um todo, a fim de fornecer o desempenho relativo da empresa. Os quatro números relativos são então combinados com base em pesos iguais para fornecer um "índice de qualidade" final da empresa contra a qualidade geral do grupo.

O índice de lucro sobre o capital investido talvez seja a medida mais lógica do sucesso e da qualidade da empresa. Ele mostra o quanto os dólares investidos nos negócios são produtivos. Em estudos realizados no mercado relativamente "normal" de 1953, encontrei uma correlação surpreendentemente boa entre a taxa de lucratividade e o índice preço-lucro, após introduzir um ajuste importante para o dividendo pago e um ajuste menor (moderado) para o valor do ativo líquido.

Não é necessário enfatizar a importância do fator de crescimento para as pessoas do mercado acionário. Elas devem se perguntar por que não consideramos isso o fator determinante mais importante da qualidade e dos multiplicadores. Há poucas dúvidas de que o crescimento futuro esperado seja de fato a influência mais importante sobre os atuais índices preço-lucro, e essa verdade é completamente reconhecida em nossa segunda abordagem, que lida com expectativas de crescimento como reflexo dos preços no mercado. Mas a correlação entre multiplicadores de mercado e o crescimento passado não é nem um pouco próxima.

Alguns números interessantes calculados por Ralph A. Bing mostram isso com clareza.[2] A Dow Chemical, com crescimento do lucro por ação de 31% (1955 *versus* 1948), apresentava, em agosto de 1956, um índice preço-lucro de 47,3 vezes os ganhos de 1955. A Bethlehem Steel, com crescimento correspondente de 93%, tinha um multiplicador de apenas 9,1. A dispersão entre as duas relações chega a ser então de 14 para 1. Outros índices da tabela do Sr. Bing mostram, de forma semelhante, disparidades amplas entre o crescimento passado e os atuais multiplicadores.

É nesse ponto que o fator de estabilidade assegura sua importância. As empresas com elevados multiplicadores podem não ter tido o melhor crescimento em 1948-55, mas muitas possuem uma estabilidade nos ganhos maior do que a média ao longo das últimas duas décadas.

Essas considerações nos levam a adotar o procedimento aritmético simples de atribuir pesos iguais para o crescimento passado, a estabilidade passada e a atual lucratividade ao calcular o coeficiente de qualidade para cada empresa. O pagamento de dividendo não é, estritamente falando, uma medida da qualidade do poder de ganho, embora, no caso típico, os investidores provavelmente vejam, de algum modo, dessa forma. Em muitos casos, sua importância é irrefutável e, assim, torna-se conveniente e plausível atribuir peso igual e dispensar tratamento similar a cada um dos outros fatores já discutidos.

Finalmente, partimos da atitude usual de Wall Street e atribuímos um peso de 20% na avaliação final para os ativos líquidos por ação. É verdade que, no caso típico, o valor do ativo não exerce influência perceptível sobre o atual preço de mercado. Mas pode exercer algum efeito no longo prazo sobre o futuro preço de mercado e, assim, há uma justificativa que deve ser levada em conta seriamente em qualquer avaliação independente da empresa. Como já é bastante conhecido, invariavelmente os valores dos ativos desempenham uma função (algumas vezes, relevante) nas muitas variedades de avaliações legais de ações ordinárias, e que crescem nos casos de impostos, litígios por fusões e assemelhados. A justificativa básica para considerar o valor patrimonial nesse processo, embora possa ser ignorado no atual preço de mercado, reside na possibilidade de ele mostrar seu peso mais tarde, por meio de desdobramentos em função da concorrência, mudanças na administração ou em suas políticas, eventualidade de venda ou fusão etc.

Essa discussão explica, talvez não muito satisfatoriamente, por que os quatro fatores que entram no índice de qualidade e o quinto fator de valor do ativo recebem no final a mesma atribuição de peso de 20%, cada um deles.

A real aplicação de nosso método ilustrativo pode agora ser explicada ao trabalharmos com os números da primeira companhia do grupo, a Allied Chemical & Dye (ACD). Seguem os dados utilizados na computação do "valor" da ACD em relação aos valores 400 e 500 para a média Dow Jones Industrial:

	Média D.J. Indl.	Allied C. & D.	Fatores de "Qualidade": Relação da ACD com o D.J.
Lucro por ação em 1956	$36,00	$4,74	
1947-56	27,50	4,50	
1947-49	21,80	3,73	
1938 (não ajustado)	6,01	5,92	
1937 (não ajustado)	11,49	11,19	
Dividendos em 1956	23,15	3,00	
Valor do Ativo Líquido em 1956	275,00	40,00	
Lucratividade			
lucros de 1956/ ativos líquidos de 1956	13,0%	11,85%	91%
Crescimento A: 1947-56 *vs.* 1947-49	26,0%	21,00%	
B: 1956 *vs.* 1947-56	30,0%	5,00%	
A mais B	56,0%	26,00%	46,%
Estabilidade			
lucros de 1938/ lucros de 1937	52,3%	53,00%	101%
Pagamento			
dividendos de 1956/ lucros de 1956	64,3%	64,00%	100%
	Média dos Quatro Fatores de Qualidade		84%

Fórmula para produzir o valor 400 para a média D.J. Ind.:

"Valor" igual a 1/5 Ativos Líquidos mais 12,5 × lucros de 1947-56

ou 55 mais 12,5 × 27,5

ou 400

Avaliação Correspondente da Allied Chem. & Dye (incluindo o fator de qualidade 84%):

Valor igual a 1/5 × 40 mais 0,84 × 12,5 × 4,50

ou 55

Fórmula para produzir o valor 500 para a média D.J. Ind.:

"Valor" igual a 1/5 Ativos Líquidos mais 16,2 × lucros de 1947-56

ou 500

Avaliação Correspondente da Allied Chem. & Dye (incluindo o fator de qualidade 84%):

Valor igual a 1/5 × 40 mais 0,84 × 16,2 × 4,50

ou 69

Na Tabela 1, fornecemos o valor encontrado por esse método para cada uma das 30 ações da média Dow Jones Industrial. Nossa tabela inclui os vários fatores de qualidade, a média de lucros e os valores dos ativos utilizados para chegarmos aos números finais.

Tabela 1

Preços dos Papéis da Dow Jones Industrial Avaliados Através da Fórmula

Empresa	Fatores de Qualidade: Lucratividade	Fatores de Qualidade: Crescimento	Fatores de Qualidade: Estabilidade	Fatores de Qualidade: Pagamento	Fator Médio	Lucros 1947-56	Valor Contábil	Base de Valor Indicado: D. J. 400	Base de Valor Indicado: D. J. 500	Preço 5/8/1957
Allied Ch.	91	46	94	100	84	4,50	40	55	69	89
Am. Can	81	70	137	107	99	2,61	28	39	48	44
Am. S. & Ref.	101	39	100	81	80	5,43	51	65	85	54
Am. T. & T.	54	40	163	130	97	9,90	150	151	185	173
Am. Tob.	98	27	111	104	85	6,58	59	82	102	72
Beth. St.	95	138	–	97	83	2,88	31	36	45	49
Chrysler	*91	–	38	51	45	8,15	74	66	80	77
Corn. Prod.	100	65	114	98	94	1,96	40	31	37	31
Du Pont	154	198	100	109	140	5,60	51	107	136	199
East. Kod.	136	100	148	85	117	3,49	28	57	63	104
Gen. Elec.	139	129	84	127	120	1,87	14	31	39	68
Gen. Foods.	138	99	141	79	114	2,42	20	39	49	49
Gen. Motors	160	119	95	104	120	2,48	20	42	53	45
Goodyear T.	108	207	129	83	132	4,18	43	78	98	76
Int. Harv.	*58	–	91	98	62	3,70	49	39	47	35
Int. Nickel	164	263	119	90	159	3,86	31	83	105	92
Int. Paper	100	46	–	101	62	6,40	55	61	76	101
Johns Man.	93	96	44	100	83	3,07	29	38	47	45
Nat. Dist.	*73	–	62	118	63	2,47	26	25	31	26
Nat. Steel	95	96	101	88	95	5,71	68	79	99	75
Proc. & Gam.	110	46	105	103	91	2,61	21	34	42	49
Sears Roe.	112	56	144	84	99	1,82	15	26	32	28
S. O. Cal.	124	113	134	65	109	3,09	24	47	59	58
S. O. N.J.	130	166	97	80	118	2,85	24	47	59	67
Texas Corp.	126	171	81	66	111	3,48	34	56	70	74
Un. C. & C.	138	92	108	100	110	3,73	27	53	67	117
Un. Airer.	158	361	181	66	192	3,65	35	96	121	62
U. S. Steel	99	239	–	67	101	3,51	47	54	67	69
Westinghouse	*65	–	–	83	37	3,79	43	27	32	64
Woolworth	*69	–	116	109	74	3,58	40	41	51	42
Média D.J. Indl.	**(13,0)**	**(56)**	**(52,3)**	**(64,3)**	**100**	**27,50**	**275**	**400**	**500**	**500**

**Baseado na Média de Lucros de 1947-56* versus *Valor Contábil de 1956 mais ajustes.*

Em cerca de metade dos casos, essas "avaliações" diferiam bastante dos preços vigentes no último 5 de agosto, em cuja data a média D.J. foi realmente negociada a 500. Sete papéis estavam sendo negociados a 20% ou mais acima do valor obtido pela fórmula, e um número igual a 20% ou mais abaixo de tal valor. Nos extremos, encontramos a Westinghouse negociada com um "prêmio" de 100% e a United Aircraft com um "desconto" de cerca de 50%. A extensão dessas disparidades sugere que nosso método é tecnicamente ruim e que seria possível encontrar avaliações mais plausíveis – isto é, algumas mais congruentes com os preços de mercado – se fosse feita uma escolha melhor dos fatores e pesos que entram no método.

Foram aplicados alguns testes em nossos resultados para ver se seria possível "aperfeiçoá-los" por algumas mudanças plausíveis na técnica. Fornecer esses detalhes prolongaria desnecessariamente esse relatório. Basta dizer que eles foram improdutivos. Se o fator do valor do ativo tivesse sido excluído, teria resultado numa mudança bem pequena em favor dos papéis negociados com maiores prêmios sobre o valor obtido pela fórmula. Por outro lado, se déssemos maior ênfase ao fator de crescimento passado, alguns de nossos papéis aparentemente subavaliados receberiam valores maiores por meio da fórmula, pois a Tabela 1 mostra que mais desses percentuais de crescimento espetaculares ocorrem neste grupo do que em outros – por exemplo, United Aircraft, International Nickel e Goodyear.

Fica bastante evidente da Tabela 1 que o mercado acionário fixa seu preço para cada ação ordinária não com base em seu desempenho estatístico passado, mas em função do desempenho futuro esperado, que pode diferir significativamente do comportamento passado. Certamente, é bastante justificado que o mercado procure fazer uma avaliação independente sobre o futuro, e por essa razão qualquer rejeição automática do veredicto do mercado, por ele ser diferente do valor da fórmula, seria o máximo da loucura. Entretanto, não podemos evitar a observação de que as avaliações independentes no mercado acionário estão longe de ser infalíveis, como fica demonstrado, em parte, pelas rápidas mudanças às quais ficam sujeitas. Na verdade, é possível que elas sejam, em conjunto, um guia não muito confiável para o que o futuro irá produzir do que os "valores" encontrados por nosso processamento mecânico dos dados passados, com todos os seus óbvios defeitos.

MÉTODO 2. Vamos nos voltar agora para nossa segunda abordagem matemática, que se preocupa com o crescimento futuro, ou os lucros futuros, como parecem ser previstos pelos próprios preços de mercado. Iniciamos com a tese de que o preço de mercado de uma ação representativa, como qualquer uma que faça parte do grupo do Dow Jones, reflete os ganhos esperados para um período futuro, vezes um multiplicador que, por sua vez, se baseie no percentual do crescimento futuro. Assim, um papel para o qual se espere um crescimento maior do que a média terá esse fato demonstrado em grau duplo, ou "ao quadrado", em seu preço de mercado – primeiro, pelo número maior considerado por causa dos ganhos futuros e, em segundo lugar, no multiplicador maior aplicado a esses ganhos maiores.

Mediremos o crescimento comparando os lucros esperados para 1957-66 com os números atuais para 1947-56. Nossa fórmula básica diz, de certa forma arbitrariamente, que, onde não for esperado crescimento, o preço atual será oito vezes os ganhos de 1947-56 e os esperados de 1957-66. Se for esperado um crescimento G, expresso como a relação entre os ganhos de 1957-66 e 1947-56, então o preço reflete esses ganhos da próxima década multiplicados por oito vezes G.

Dessas hipóteses, obtemos a seguinte fórmula simples:

$$\text{Preço igual a } (E \times G) \times (8 \times G), \text{ ou } 8G^2 \times E,$$
$$\text{onde } E \text{ é o lucro por ação para 1947-56.}$$

Para encontrar G, a taxa de crescimento futuro esperada, temos apenas de dividir o preço atual por oito vezes os ganhos de 1947-56, e calcular a raiz quadrada.

Quando isso é feito para a média Dow Jones como um todo utilizando seu preço de 500 para 5 de agosto de 1957, chegamos ao valor de 1,5 para G – o que revela um crescimento esperado de 50% para os ganhos de 1957-66 em relação aos atuais de 1947-56. Isso antecipa uma média de $41 na próxima década, contra $27,50 nos 10 anos anteriores e cerca de $36 em 1956. Essa estimativa em relação ao nível 500 parece razoável para o autor (na verdade, ele começou com essa estimativa e fez a conta ao contrário para chegar ao multiplicador básico de 8 a ser aplicado às ações em que não se espera crescimento). O preço de 500 para a média D.J. representaria, por sua vez, um multiplicador de 8 × 1,5, ou 12, a ser aplicado para os ganhos futuros esperados de $41 (a propósito, com essas hipóteses, a média do valor atual da fórmula de cerca de 400 para a média Dow Jones refletiria expectativas de um crescimento década a década de 35%, ganhos médios de $37,1 para 1957-66 e um multiplicador atual de 10,8 para tais ganhos futuros).

Na Tabela 2, apresentamos os resultados da aplicação dessa segunda abordagem aos 30 papéis do Dow Jones (os números para a Am. Tel & Tel poderiam muito bem ser ignorados, pois as ações de empresas de serviços

Tabela 2

Cálculos da Fórmula do Crescimento Esperado de Lucros das Ações do Dow Jones Ind., como Indicado pelo Preço de 5 de agosto de 1957

Empresa	Preço 5/8/1957	Ganhos Médios 1947-56	Crescimento Esperado 1957-66 contra 1947-56	Ganhos Calculados 1957-66	Multiplicador Calculado*	Lucros de 1956	Aumento Esperado 1956-66 contra 1956	Crescimento Real 1956 contra 1947-56
Allied Ch.	89	$4,50	+58%	$7,22	12,6	$4,74	+52%	+6%
Am. Can	44	2,61	46	3,83	11,6	2,92	33	12
Am. S & R.	54	5,43	12	6,10	9,0	6,67	(-8)	23
Am. T & T.**	173	9,90	47	14,70	11,8	10,74	36	14
Am. Tob.	72	6,58	18	7,80	9,4	7,51	4	14
Berth. St.	49	2,88	44	4,15	11,5	3,83	8	33
Chrysler	77	8,95	4	9,28	8,30	2,29	(maior)	(–76)
Com Prod.	31	1,96	41	2,76	11,4	2,36	18	12
Du Pont	199	5,60	112	11,85	17,0	8,20	45	47
Eart. Kod.	104	3,49	93	6,62	15,4	4,89	36	37
Gen. Elec.	68	1,87	113	4,00	17,0	2,45	62	31
Gen. Food.	49	2,42	59	3,86	12,7	3,56	9	45
Gen. Motor	45	2,48	51	3,74	12,1	3,02	24	22
Goodyear, T.	76	4,18	42	5,96	11,4	6,03	(–1)	47
Int. Harv.	35	3,70	8	4,02	8,6	3,14	29	(–15)
Int. Nickel	92	3,86	62	6,30	13,0	6,50	(–3)	68
Int. Paper	101	6,40	40	9,03	11,2	7,05	28	11
John. Man.	45	3,07	36	4,21	10,9	3,50	20	14
Not. Dist.	26	2,47	15	2,86	9,2	2,11	36	(–15)
Nat. Steel	75	5,71	28	7,32	10,2	7,09	3	25
Proc. & Gam	49	2,61	53	3,99	12,2	3,05	30	20
Sears Roebuck	28	1,82	38	2,53	11,0	2,20	16	18
S. O. Cal.	58	3,09	55	4,78	12,4	4,24	12	39
S. O. N. J.	67	2,85	72	4,99	13,8	4,11	21	44
Texas Corp.	74	3,48	62	5,66	13,0	5,51	3	59
Un. C. & C.	117	3,73	99	7,43	15,9	4,86	53	32
Un. Air	62	3,65	45	5,31	11,6	7,66	(–32)	93
U. S. Steel	69	3,51	57	5,55	12,6	6,01	(–8)	73
Westinghouse	64	3,79	45	5,53	11,6	0,10	(maior)	(–97)
Woolworth	42	3,58	22	4,39	9,8	3,57	23	–
Média D.J. Indl.	**500**	**$27,50**	**50**	**$41,25**	**12**	**$35,80**	**15**	**30**

**Preço Dez. 1956: Ganhos Calculados 1957-66.*

***A fórmula básica é menos aplicável à A.T.& T. do que às ações industriais.*

públicos devem ter uma fórmula básica diferente). O principal interesse na tabela reside nas disparidades que ela indica entre o crescimento futuro esperado, implícito nos preços de mercado, e o real crescimento durante a década passada. Dez das empresas (mais a ATT) foram negociadas a preços que antecipavam pelo menos o dobro da taxa de crescimento para a média Dow Jones, comparando 1957-66 com 1956. Dessas, na verdade, apenas duas (Du Pont e General Electric) mostraram distintamente um crescimento melhor do que a média nos últimos 10 anos. Por outro lado, oito das empresas indicavam uma taxa de crescimento menor do que metade da média, incluindo cinco para as quais foram aparentemente previstas quedas reais dos níveis de 1956. Porém, dessas oito empresas, não menos do que cinco mostraram um crescimento bem maior do que a média na década passada.

Isso nos leva para nossa observação final, que coloca as duas tabelas em conjunto. As 10 empresas previamente mencionadas, para as quais se antecipa um crescimento rápido pouco usual, incluem sete daquelas mostradas na Tabela 1 negociadas significativamente acima do preço obtido pela fórmula. Da mesma forma, as oito para as quais se espera um crescimento abaixo do normal ou um não crescimento incluem seis negociadas substancialmente abaixo dos preços calculados pela fórmula.

Concluímos que grande parte das discrepâncias entre os valores cuidadosamente obtidos pelas fórmulas e os preços de mercado talvez se deva ao fator de crescimento, não porque as fórmulas subestimem sua importância, mas porque o mercado muitas vezes tem conceitos de mudança nos ganhos futuros que não podem ser derivados do desempenho passado das empresas. Os motivos para o mercado romper com o passado são, em geral, bastante claros. Os investidores não acreditam, por exemplo, que a United Aircraft irá duplicar seu brilhante resultado de 1947-56 porque consideram que uma empresa que tem o Departamento de Defesa dos Estados Unidos como seu principal cliente está inerentemente vulnerável. Eles têm uma visão oposta em relação à Westinghouse. Eles sentem que os números relativamente medíocres mostrados pela empresa em anos recentes decorrem de fatores temporários e que o crescimento da indústria elétrica é tão inerentemente assegurado que um grande fornecedor como a Westinghouse está fadado a prosperar no futuro.

Esses casos são bastante claros, mas não é fácil entender ou aceitar outras divergências apontadas em nossa tabela. Há uma diferença entre esses dois verbos. O mercado pode estar certo em seu sentimento geral sobre o futuro de uma empresa, mas a etiqueta de preço que estabelece para esse futuro pode ser muito pouco razoável, considerando qualquer uma das direções.

É aqui que muitos analistas encontram seu desafio. Eles podem não se satisfazer em meramente descobrir o que o mercado está fazendo ou pensando, e então explicar, para a alegria de todos. Eles podem preferir exercitar um julgamento independente – algo que não seja controlado pelo veredicto diário do mercado, mas pronto às vezes a tomar uma atitude definida com ele. Para esse tipo de atividade, um ou mais processos de avaliação (do tipo geral que estivemos ilustrando) pode servir para um propósito útil. Eles fornecem um quadro concreto e elaborado do resultado passado, que o analista pode utilizar como ponto de partida para sua exploração individual e descobertas no campo dos valores para investimento.

NOTAS

1. Sobre esse ponto, aqueles com inclinação filosófica podem buscar o recente artigo de David Durand sobre "Growth Stocks and the Petersburg Paradox", na edição de setembro de 1957 do *Journal Of Finance*. Sua conclusão é "que o problema de ações em crescimento não oferece grande esperança de uma solução satisfatória".
2. "Can We Improve Methods of Appraising Growth Stocks?" por R.A. Bing, *Commercial and Financial Chronicle*, 13 de setembro de 1956. Tabela da p. 24.

7

A nova especulação em ações ordinárias

Pedi que Hartley Smith, ao me apresentar para vocês, desse um grande destaque à minha idade avançada. O que tenho a dizer refletirá o fato de haver passado muitos anos em Wall Street, com sua concomitante variedade de experiências. Isso inclui o recorrente advento de condições novas, ou uma nova atmosfera, que desafia o valor da própria experiência. É verdade que um dos elementos que distinguem economia, finanças e análise de investimentos de outras disciplinas práticas é a duvidosa validade dos fenômenos do passado como guia para o presente e o futuro. Mesmo assim, não devemos rejeitar as lições do passado até que as tenhamos pelo menos estudado e compreendido. Minha apresentação hoje é um esforço no sentido de compreender um campo limitado – em particular, uma tentativa de apontar algumas relações contrastantes entre o presente e o passado em nossas atitudes fundamentais, em função de investimento e especulação em ações ordinárias.

Vamos começar com um resumo de minhas teses. No passado, os elementos especulativos de uma ação ordinária se situavam quase exclusivamente na própria empresa; eles se deviam a incertezas, ou elementos flutuantes, ou fraquezas evidentes no setor, ou à estrutura individual da empresa. Certamente, esses elementos de especulação ainda existem; mas é possível dizer que eles foram sensivelmente reduzidos por alguns desdobramentos no longo prazo aos quais me referirei. Mas, em contrapartida, foi introduzido na área das ações ordinárias um novo e importante elemento de especulação, de *fora* das empresas. Ele vem da atitude e da opinião do público comprador de ações e seus consultores – principalmente nós,

Reimpresso do *The Analysts Journal*, v. 14, n. 3 (junho de 1958): 17-21, com permissão.

analistas de investimentos. Essa atitude poderia ser descrita em uma única frase: ênfase principal sobre as expectativas futuras.

Nada parecerá mais lógico e natural para esta plateia do que a ideia de que uma ação ordinária deve ser avaliada e ter seu preço estabelecido principalmente com base no desempenho futuro esperado para a empresa. Porém, esse conceito aparentemente simples carrega consigo alguns paradoxos e armadilhas. De um lado, ele elimina boa parte das antigas e bem estabelecidas distinções entre investimento e especulação. O dicionário diz que "especular" vem do latim *specula*, uma observação ou torre de vigia. Assim, era o especulador que observava de sua elevada torre de vigia e que via os desdobramentos futuros, chegando antes das demais pessoas. Mas hoje, se o investidor for perspicaz e bem orientado, também precisa observar o futuro de sua torre de vigia ou, então, sobe na mesma torre de vigia, onde disputa ombro a ombro com o especulador.

Em segundo lugar, acreditamos que, em sua maioria, as empresas com melhores características para investimento – isto é, com a melhor classificação de crédito – são aquelas com probabilidade de atrair o maior interesse especulativo em suas ações ordinárias, uma vez que todos concluem que elas têm um futuro brilhante garantido. Em terceiro lugar, o conceito de perspectivas futuras, e principalmente de crescimento contínuo no futuro, convida à aplicação de fórmulas de matemática avançada para estabelecer o valor presente das ações favorecidas. Mas a combinação de fórmulas precisas com hipóteses altamente imprecisas pode ser usada para estabelecer, ou melhor, justificar, praticamente qualquer valor que se pretenda – embora elevado – para uma ação que se destaca. Mas, de forma paradoxal, examinando esse fato mais de perto, vemos que nenhum valor, ou faixa razoavelmente estreita de valores, pode ser considerado para estabelecer e se manter em si mesmo para uma dada empresa em crescimento; portanto, às vezes, o mercado pode, em tese, avaliar o componente de crescimento com um número surpreendentemente *baixo*.

Voltando para minha distinção entre os elementos especulativos mais antigos e mais novos nas ações ordinárias, podemos caracterizá-los usando duas palavras estranhas, porém convenientes, a saber: endógeno e exógeno. Deixe-me ilustrar, de forma sucinta, a especulação em ações ordinárias dos velhos tempos, distinguindo-a do investimento em ações, por meio de alguns dados relativos à American Can e à Pennsylvania Railroad em 1911-13 (eles aparecem em *Security Analysis*, edição de 1940, pp. 2-3).

Nestes três anos, a faixa de preço da "Pennsy" se moveu apenas entre 53 e 65, ou entre 12,2 e 15 vezes seus ganhos médios para o período. Ela mostrou lucros estáveis, estava pagando confiáveis $3 em dividendos e os investidores tinham certeza de que se apoiava em ativos tangíveis com valor nominal bem acima de $50. Em comparação, o preço da American Can variava entre 9 e 47; seus ganhos, entre $0,07 e $8,86; a relação entre o preço e os ganhos médios entre 1,9 e 10 vezes; ela não pagou dividendos; e os investidores sofisticados estavam bem cientes de que o valor nominal de $100 da ordinária não representava nada, era apenas "água", uma vez que a ação preferencial excedia os ativos tangíveis para ela. Assim, a ordinária da American Can era uma típica ação especulativa, pois a American Can Company, na época, funcionava como uma empresa capitalizada por especulação em um setor flutuante e incerto. Na verdade, a American Can teve um futuro no longo prazo mais brilhante do que a Pennsylvania Railroad; mas, naqueles dias, os investidores e especuladores não apenas não suspeitavam desse fato, como, se tivesse havido essa suspeita, ela provavelmente teria sido colocada de lado pelos investidores, considerada basicamente irrelevante para as políticas e os programas de investimento dos anos 1911-13.

Para tratar com vocês sobre a evolução ao longo do tempo da importância das perspectivas no longo prazo para os investimentos, gostaria de utilizar como exemplo nosso mais espetacular gigante industrial – nada menos do que a International Business Machines (IBM), que, no último ano, entrou no pequeno grupo das empresas com $1 bilhão em vendas. Posso introduzir uma ou duas notas autobiográficas para injetar um pouco de toque pessoal no que, de outra forma, seria uma excursão por números frios? Em 1912, deixei a faculdade por um período para assumir um projeto de pesquisa para a U.S. Express Co. Nós o iniciamos para descobrir o efeito nas receitas de uma proposta de um novo sistema revolucionário de computação em velocidade. Com essa finalidade, utilizamos as chamadas máquinas de Hollerith, alugadas, na época, pela Computing-Tabulating-Recording Co. As máquinas eram compostas por perfuradoras de cartões, separadoras de cartões e tabuladores – até então, ferramentas quase desconhecidas dos homens de negócios e com sua principal aplicação no Census Bureau.* Comecei em Wall Street em 1914 e, no ano seguinte, os bônus e as ações ordinárias da

*_Nota do Tradutor_: Órgão governamental responsável pelo censo nos Estados Unidos.

C-T-R Co. foram listados na Bolsa de Valores de Nova York. Eu nutria certo interesse sentimental por essa empresa, além de me considerar um tipo de técnico especialista em seus produtos e uma das poucas pessoas em finanças que os tinha visto e utilizado. Então, no início de 1916, dirigi-me ao chefe de minha empresa, conhecido como Sr. A.N., e apontei para ele que as ações da C-T-R estavam sendo negociadas na faixa de 40 (para 105 mil cotas); que ela havia lucrado $6,50 em 1915; que seu valor contábil – incluindo, para ser honesto, alguns intangíveis não segregados – era de $130; que havia começado com dividendos a 43; e que eu tinha em elevada conta os produtos e as perspectivas da empresa. O Sr. A.N. me dirigiu um olhar cheio de compaixão. "Ben", ele disse, "não mencione mais essa companhia para mim. Eu Não tocaria nela nem a 10m de distância [sua expressão favorita]. Seus bônus a 6% estão sendo negociados perto dos 80 e não são bons. Assim, como é que sua ação pode ser boa? Todo mundo sabe que, por trás dela, não há nada senão 'água'" (glossário: naqueles dias, essa era a condenação final. Significava que a conta de ativos do balanço patrimonial era fictícia. Muitas companhias industriais – notavelmente a U.S. Steel –, apesar de seu valor nominal de $100, representavam nada a não ser "água" escondida sob o registro contábil de instalações industriais. Como não tinham "nada" a oferecer além de poder de ganho e perspectivas futuras, nenhum investidor que se respeitasse pensaria nelas duas vezes).

Voltei para meu cubículo de estatístico, como se tivesse recebido um castigo. O Sr. A.N. não era apenas experiente e bem-sucedido, como também extremamente astuto. Fiquei tão impressionado com sua total condenação da Computing-Tabulating-Recording que nunca comprei uma cota dela em toda a minha vida, nem mesmo após seu nome ter mudado para IBM, em 1926.

Agora vamos dar uma olhada nessa mesma companhia com seu novo nome em 1926, um ano de mercados acionários bastante elevados. Naquela época, ela foi a primeira a revelar o item fundo de comércio em seu balanço patrimonial, uma soma considerável de $13,6 milhões. A.N. estava certo. Praticamente cada dólar do chamado patrimônio por trás da ordinária em 1915 não era nada além de "água". Entretanto, desde aquela época, a companhia obtivera um resultado impressionante sob a direção de T.L. Watson. Seu líquido crescera de $691 mil para $3,7 milhões – mais de cinco vezes –, um ganho percentual maior do que faria em qualquer outro período subsequente de 11 anos. Ela construiu um bom patrimônio tangível para as ordinárias e desdobrou suas ações a 3,6 para cada uma. Também estabeleceu um valor de dividendo de $3 para cada ação nova, enquanto os ganhos foram de $6,39. Você esperaria que o mercado de ações de 1926 estivesse bastante entusiasmado com uma empresa com tal histórico de crescimento e forte posição de negociação. Vejamos. A faixa de preço para aquele ano foi um mínimo de 31 e um máximo de 59. Pela média de 45, estava sendo negociada pelo mesmo multiplicador de sete vezes sobre os ganhos e pelo mesmo rendimento de dividendos de 6,9% que mostrara em 1915. Ao mínimo de 31, não estava muito longe de seu valor contábil tangível e, sob esse aspecto, estava com preço bem mais conservador do que o de 11 anos atrás.

Esses dados ilustram, da melhor forma, a persistência do ponto de vista dos velhos tempos sobre investimentos até os últimos anos do mercado de alta da década de 1920. O que aconteceu a partir de então pode ser resumido utilizando-se intervalos de 10 anos da história da IBM. Em 1936, o líquido expandiu-se para o dobro do número de 1926 e o multiplicador médio aumentou de 7 para 17,5. De 1936 a 1946, o ganho foi de 2,5 vezes, mas, em 1946, o multiplicador médio permaneceu em 17,5. Em seguida, o ritmo acelerou-se. O líquido de 1956 foi quase quatro vezes o de 1946, e o multiplicador médio subiu para 32,5. No último ano, com maior ganho no líquido, o multiplicador subiu mais uma vez para uma média de 42, se não considerarmos o patrimônio não consolidado nas subsidiárias do exterior.

Quando examinamos com cuidado esses preços recentes, vemos algumas analogias e contrastes interessantes com aqueles de 40 anos atrás. Aquela escandalosa "água" de antigamente, tão predominante nos balanços patrimoniais das companhias industriais, foi inteiramente eliminada – primeiro, pela sua divulgação e, depois, pela baixa na contabilidade. Mas um tipo diferente de "água" foi colocado de volta na avaliação do mercado de ações – pelos próprios investidores e especuladores. Quando a IBM é negociada agora a sete vezes seu valor contábil, e não a sete vezes seus ganhos, o efeito é praticamente o mesmo, como se ela não tivesse qualquer valor contábil. Ou a pequena porção do valor contábil pode ser considerada uma espécie de componente menor das ações preferenciais no preço, com o restante representando exatamente o mesmo tipo de compromisso que o especulador dos velhos tempos assumia quando comprava as ordinárias da Woolworth ou da U.S.Steel exclusivamente pelo seu poder de ganho e suas perspectivas futuras.

Seria importante ressaltar, de passagem, que, nos 30 anos em que vimos a IBM se transformar de uma empresa com sete vezes seu ganho para uma de 40 vezes seu ganho, boa parte do que chamei de aspectos especulativos endógenos de nossas grandes companhias industriais tendeu a desaparecer, ou pelo menos a diminuir significativamente. Suas posições financeiras são sólidas, suas estruturas de capital, conservadoras; elas são administradas de forma bem mais hábil e até mais honesta do que antes. Além do mais, as exigências de total divulgação removeram um dos elementos especulativos mais importantes de anos passados – os que derivavam da ignorância e do mistério.

Outra digressão pessoal neste ponto. Em meus primeiros anos em Wall Street, uma de minhas ações misteriosas favoritas foi a Consolidated Gas of New York, agora Consolidated Edison. Ela tinha como subsidiária a lucrativa New York Edison Co., mas registrava apenas os dividendos recebidos por essa fonte, e não os ganhos totais. Os ganhos não registrados da Edison alimentaram o mistério e o "valor oculto". Para minha surpresa, descobri que esses números fugidios estavam, na verdade, sendo arquivados a cada ano na Public Service Commission (Comissão de Serviços Públicos) do estado. Era uma simples questão de consultar os registros e apresentar os verdadeiros ganhos da Consolidated Gas em um artigo de revista (incidentalmente, a adição aos lucros não era espetacular). Na época, um de meus velhos amigos me disse: "Ben, você pode pensar que é um grande sujeito ao fornecer esses números que estavam faltando, mas Wall Street não vai lhe agradecer por isso. A Consolidated Gas com o mistério é mais interessante e mais valiosa do que sem ele. Vocês, jovens que querem meter o nariz em tudo, vão acabar arruinando Wall Street."

É verdade que os três Ms que na época forneciam bastante combustível para alimentar as chamas especulativas agora praticamente desapareceram. Eles eram: Mistério, Manipulação e Margens (estreitas). Mas nós, analistas de investimento, temos criado abordagens de avaliação que são tão especulativas em si mesmas que podem muito bem assumir o lugar daqueles velhos fatores especulativos. Não temos agora nosso próprio "três Ms" (a famosa Minnesota Mining and Manufacturing Co.) e suas ações ordinárias não ilustram perfeitamente a nova especulação em comparação com a antiga? Considere alguns números. Quando a ação ordinária da M.M.& M. foi negociada a 101 no ano passado, o mercado as estava avaliando a 44 vezes os ganhos de 1956 (o que não mostrou qualquer aumento significativo para ser mencionado em 1957). A empresa em si estava avaliada em $1,7 bilhão, dos quais $200 milhões estavam cobertos por ativos líquidos e importante $1,5 bilhão representado pela avaliação do mercado para o "fundo de comércio". Não sabemos qual foi o processo de cálculo que levou a essa avaliação do fundo de comércio; o que sabemos é que, alguns meses depois, o mercado revisou essa avaliação para baixo em algo próximo a $450 milhões ou cerca de 30%. Obviamente, é impossível calcular com precisão o componente intangível de uma empresa esplêndida como esta. Segue como uma espécie de lei matemática que, quanto mais importantes forem os fatores de fundo de comércio e de poder de ganho, mais incerto se torna o valor verdadeiro da empresa e, portanto, mais inerentemente especulativa fica a ação ordinária.

Pode ser bom reconhecer a diferença vital que se desenvolveu na avaliação desses fatores intangíveis quando comparamos os tempos antigos com os de hoje. Há mais de uma geração, era uma regra padrão reconhecida nos preços médios das ações e nas avaliações formais ou legais, que os intangíveis deveriam ser avaliados de forma mais conservadora do que os tangíveis. Pode-se exigir que uma boa companhia industrial lucre entre 6% a 8% sobre seus ativos tangíveis, representados tipicamente por bônus e ações preferenciais; mas seus ganhos excedentes, ou os ativos intangíveis que eles criam, deveriam ser avaliados sobre uma base de, digamos, 15% (você encontrará aproximadamente esses percentuais na oferta inicial de 1911 das ações Preferenciais e Ordinárias da Woolworth e de outras). Mas o que aconteceu desde os anos 1920? Pode ser visto agora essencialmente o inverso dessas relações. Em geral, uma empresa deve agora ganhar cerca de 10% sobre o patrimônio das ordinárias para que elas sejam negociadas no mercado normal pelo seu valor contábil cheio. Mas seus ganhos em excesso, acima de 10% sobre o capital, são, em geral, avaliados mais liberalmente, ou com multiplicador maior, do que a base de ganhos exigida para avalizar o valor contábil no mercado. Assim, uma empresa que ganha 15% sobre o patrimônio pode muito bem ser negociada a 13,5 vezes os seus ganhos, ou duas vezes seu ativo líquido. Isso significa que os primeiros 10% de ganhos sobre o capital são avaliados apenas a 10 vezes, mas os próximos 5% – que costumava ser chamado de excesso – são realmente avaliados a 20 vezes.

Porém, há uma razão lógica para essa reversão no procedimento de avaliação que está relacionada com a mais nova ênfase nas expectativas de crescimento. As empresas que têm um elevado retorno sobre o capital recebem essas avaliações liberais não apenas por conta de sua boa lucratividade e da relativa estabilidade a ela associada, mas talvez, de forma ainda mais convincente, porque os elevados ganhos sobre o capital geralmente caminham lado a lado com boas perspectivas e bons registros de crescimento. Assim, o que alguém está pagando hoje em dia no caso de empresas altamente lucrativas não é o fundo de comércio no sentido antigo e restrito de um nome estabelecido e de um negócio lucrativo, mas sim as expectativas assumidamente superiores de lucros crescentes no futuro.

Isso me conduz para mais um ou dois aspectos matemáticos da nova atitude em relação às avaliações das ações ordinárias, que mencionarei meramente na forma de sugestões breves. Se, como muitas provas demonstram, o multiplicador em relação aos ganhos tende a aumentar com a lucratividade – isto é, na proporção em que aumenta a taxa de retorno sobre o valor contábil –, então a consequência aritmética dessa característica é que o valor tende a aumentar diretamente em relação ao quadrado dos ganhos, mas *inversamente* em relação ao valor contábil. Assim, em um sentido muito real e importante, os ativos tangíveis se transformaram em um entrave para o valor de mercado normal, e não em sua fonte. Veja um exemplo bastante extremo. Se a empresa A lucra $4 por ação sobre um valor escritural de $20, e a empresa B também lucra $4 por ação sobre um valor escritural de $100, é quase certo que a empresa A venha a ser negociada com um multiplicador maior e, portanto, a um preço maior que a empresa B – digamos, $60 para as ações da empresa A e $35 para as ações da empresa B. Assim, não seria incorreto declarar que os $80 a mais de ativos por ação da empresa B são responsáveis por um preço menor de mercado de $25 por ação, desde que se assuma que os ganhos por ação são iguais.

Porém, mais importante do que isso é a relação geral entre a matemática e a mais nova abordagem dos valores das ações. Dados os três ingredientes, (a) hipóteses otimistas em relação à taxa de crescimento dos ganhos, (b) uma projeção suficientemente longa deste crescimento no futuro, e (c) os trabalhos milagrosos dos juros compostos, o analista de investimentos estará munido de um novo tipo de Pedra Filosofal que pode produzir ou justificar qualquer valor desejado para uma ação "realmente boa". Em um artigo recente no *The Analysts Journal*, comentei a respeito da moda de matemática superior em mercados acionários de alta, e citei a explicação de David Durand sobre a impressionante analogia entre os cálculos do valor para ações em crescimento e o famoso Paradoxo de São Petersburgo, que confundiu e desafiou os matemáticos por mais de 200 anos. O ponto que quero destacar é que existe um paradoxo especial na relação entre a matemática e as atitudes de investimentos em ações ordinárias, que é o seguinte: a matemática é, em geral, considerada geradora de resultados precisos e confiáveis; mas, no mercado de ações, quanto mais elaborada e de difícil compreensão ela for, mais incertas e especulativas são as conclusões que extraímos dela. Em 44 anos de experiência e estudos em Wall Street, nunca vi cálculos confiáveis feitos a respeito de valores de ações ordinárias, ou relacionados a políticas de investimento, que tivessem ido além de simples aritmética ou da álgebra mais elementar. Sempre que for introduzido o cálculo, ou a álgebra superior, você pode tomar isso como um sinal de alerta de que o operador está tentando substituir a experiência pela teoria, para dar à especulação a aparência enganosa de investimento.

As antigas ideias de investimento em ações ordinárias podem parecer bastante ingênuas para o sofisticado analista de investimentos atual. A grande ênfase era sempre naquilo que agora chamamos de aspectos defensivos da empresa ou ação – principalmente a certeza de que não reduziria os dividendos em tempos ruins. Assim, as fortes ferrovias, que se constituíam no padrão de investimento em ações ordinárias de 50 anos atrás, estavam sendo vistas quase da mesma forma que as ações ordinárias de concessionárias de serviços públicos em anos recentes. Se o registro do passado indicasse estabilidade, a principal exigência estava atendida; não se fazia muito esforço para antecipar mudanças adversas sobre um aspecto fundamental no futuro. Mas, de forma inversa, as perspectivas futuras especialmente favoráveis eram vistas por investidores astutos como algo para se buscar, e não para se pagar.

Na verdade, isso significava que o investidor não tinha de pagar nada substancial por perspectivas superiores no longo prazo. Ele obtinha isso quase sem custos extras, como recompensa por sua própria inteligência e julgamento superiores em escolher as melhores, e não apenas as boas empresas. As ações ordinárias com a mesma solidez financeira (registros de ganhos passados e estabilidade nos dividendos) eram todas negociadas aproximadamente pela mesma remuneração do dividendo.

Esse era, de fato, um ponto de vista míope, mas tinha a grande vantagem de tornar o investimento em ações ordinárias dos velhos dias em algo não apenas simples, como também basicamente seguro e altamente lucrativo. Deixe-me retornar pela última vez para uma nota pessoal. Por volta de 1920, nossa empresa distribuiu uma série de pequenos panfletos intitulados

"Lições para Investidores". Claro que era necessário contar com um analista impulsivo como eu, em seus vinte e poucos anos, para chegar a um título tão convencido e presunçoso. Mas em um dos papéis fiz uma afirmação casual: "Se uma ação ordinária é boa para investimento, também é boa para especulação". Porque (eu raciocinava), se uma ação ordinária fosse saudável de forma a carregar pouco risco de perda, normalmente também deveria ser boa a ponto de reunir excelentes possibilidades de ganhos futuros. Isso foi uma descoberta perfeitamente verdadeira e até mesmo valiosa, mas foi verdadeira somente porque ninguém prestou qualquer atenção a ela. Alguns anos mais tarde, quando o público acordou para os méritos históricos das ações ordinárias como investimentos no longo prazo, elas logo deixaram de ter qualquer mérito, porque o entusiasmo do público gerou níveis de preços que as privaram de suas margens de segurança intrínsecas, e assim as tiraram da classe de investimento. Depois, claro, o pêndulo foi para o outro extremo e logo vimos uma das autoridades mais respeitadas declarando (em 1931) que nenhuma ação ordinária *jamais* poderia ser um investimento.

Quando observamos em perspectiva esse experimento de longo alcance, encontramos outro conjunto de paradoxos na mudança de atitude dos investidores rumo a ganhos de capital, e não a rendimento. Parece óbvio dizer que o investidor em ações ordinárias dos velhos tempos não estava muito interessado em ganhos de capital. Ele comprava quase exclusivamente por segurança e rendimento, e deixava o especulador se preocupar com a valorização no preço. Hoje, poderíamos dizer que, quanto mais experiente e astuto for o investidor, menos atenção ele presta ao retorno em dividendos, e mais firmemente centra seu interesse na valorização no longo prazo. Ainda assim, alguém poderia argumentar, de forma perversa, que, como o investidor dos velhos tempos não se concentrava na futura valorização de capital, estava praticamente garantindo a si mesmo que a obteria, pelo menos no campo das ações industriais. E, inversamente, o investidor de hoje está tão preocupado em antecipar o futuro que já está pagando generosamente adiantado por isso. Assim, o que ele projetou com tanto cuidado e estudo pode, de fato, acontecer e não trazer qualquer lucro para ele. Se isso deixar de se materializar no grau esperado, ele pode, de fato, ser confrontado com uma grave perda temporária ou até mesmo permanente.

Que *lições* – voltando a utilizar o pretensioso título de meus panfletos de 1920 – o analista de 1958 pode aprender com essa ligação de atitudes do passado com as atuais? Nada de muito valor, alguém poderia dizer. Podemos olhar para trás nostalgicamente, para os bons velhos tempos, quando pagávamos somente pelo presente e conseguíamos obter o futuro por nada – uma combinação de "tudo isso e o céu também". Balançando tristemente a cabeça, murmuramos: "Aqueles dias se foram para sempre." Os investidores e analistas de investimento não comeram da árvore da sabedoria das boas e más perspectivas? Ao fazerem isso, eles não expulsaram permanentemente a si próprios desse Éden no qual as ações ordinárias promissoras a preços razoáveis podiam ser colhidas nos arbustos? Não ficamos condenados a sempre correr o risco de pagar preços excessivamente elevados por boa qualidade e perspectivas ou obter perspectivas e qualidades ruins quando pagamos o que parece ser apenas um preço razoável?

Certamente, parece ser dessa forma. Embora não possamos nem mesmo ter certeza desse dilema pessimista. Recentemente, fiz uma pequena investigação na história de longo prazo dessa gigantesca empresa, a General Electric – estimulado pelo interessante gráfico sobre o período de 59 anos de lucros e dividendos exibido em seu relatório de 1957, publicado há pouco tempo. Esses números não deixam de trazer algumas surpresas para o analista bem informado. Primeiro, eles mostram que, antes de 1947, o crescimento da GE foi relativamente modesto e bastante irregular. Os ganhos de 1946 ajustados por cotas foram somente 30% maiores do que em 1902 – \$0,52 contra \$0,40 – e em nenhum ano desse período os ganhos chegaram a dobrar os de 1902. Mesmo assim, o índice preço-lucro aumentou de 9 vezes em 1910 e 1916 para 29 vezes em 1936 e, mais uma vez, em 1946. Alguém poderia certamente dizer que o multiplicador de 1946 mostrava pelo menos a bem conhecida presciência dos investidores sagazes. Que nós, analistas, seríamos capazes de prever na época o realmente brilhante período de crescimento que surgiria na próxima década. Talvez. Mas alguns de vocês se lembram de que, o ano seguinte, 1947 – que estabeleceu uma impressionante nova alta para o lucro por ação da GE –, também foi marcado por uma extraordinária queda do índice preço-lucro. Com seu preço mínimo de 32 (antes do desdobramento a 3 por 1), a GE foi novamente negociada a somente 9 vezes seus ganhos atuais, e seu preço médio para o ano foi de cerca de 10 vezes os ganhos. Nossa bola de cristal certamente ficou encoberta no curto espaço de 12 meses.

Esse impressionante revés ocorreu apenas 11 anos atrás. Isso lança algumas pequenas dúvidas em minha mente sobre a total confiabilidade da crença popular entre os analistas de que as empresas proeminentes e promissoras serão agora sempre negociadas com altos índices preço-lucro (que isso é um fato fundamental da vida para os investidores e que eles poderão muito bem aceitar e gostar). Não tenho desejo de ser dogmático sobre essa questão. Tudo que posso dizer é que isso não está estabelecido em minha mente, e que cada um de vocês deve procurar resolver por si mesmo.

Mas, em minhas observações finais, posso dizer algo definido sobre a estrutura do mercado para os vários tipos de ações ordinárias em função de suas características, como investimento e especulação. Nos velhos tempos, o caráter de investimento de uma ação ordinária era mais ou menos o mesmo (ou proporcional) ao da própria empresa, como bem medido pela sua classificação de crédito. Quanto menor o rendimento de seus bônus ou preferenciais, maior a probabilidade de a ordinária atender a todos os critérios para um investimento satisfatório, e menor o elemento de especulação envolvido em sua aquisição. A relação entre a classificação especulativa da ação ordinária e o nível de risco para investimento da empresa poderia muito bem ser expresso graficamente como uma linha reta descendente da esquerda para a direita. Mas hoje em dia eu descreveria este gráfico com a forma de um U. Na esquerda, onde a própria empresa é especulativa e sua classificação de crédito, baixa, a ação ordinária é altamente especulativa, como sempre foi no passado. Na extremidade da direita, porém, onde a empresa tem a maior classificação de crédito, porque tanto os registros do passado quanto as perspectivas futuras são excelentes, percebemos que o mercado acionário tende a introduzir de forma mais ou menos contínua um elemento altamente especulativo nas ações ordinárias pelo meio simples de estabelecer um preço tão alto a ponto de carregar um grau de risco razoável.

Neste ponto, não posso deixar de introduzir uma citação surpreendentemente relevante, se não exagerada, sobre o assunto, que recentemente encontrei em um dos sonetos de Shakespeare. Ela diz:

> "Não vi moradores em função da aparência e do gosto
> perderem tudo e um pouco mais por pagarem muito aluguel?"

Voltando ao meu gráfico imaginário, seria na área central que o elemento especulativo na compra de ações ordinárias tenderia a atingir o mínimo. Nessa área, poderíamos encontrar muitas empresas fortes e bem estabelecidas, com um registro do crescimento no passado correspondente ao da economia nacional e com perspectivas futuras aparentemente da mesma natureza. Essas ações ordinárias poderiam ser compradas na maioria das vezes, exceto nas faixas superiores de um mercado acionário em alta, a preços moderados em relação a seus valores intrínsecos indicados. Na realidade, por conta da atual tendência dos investidores (como dos especuladores) de se concentrarem em ações mais charmosas, devo arriscar a opinião de que essas ações no meio de campo tendem a ser negociadas no conjunto bastante abaixo de seus valores determinados de forma independente. Elas têm, então, um fator de margem de segurança suprido pelas mesmas preferências e preconceitos do mercado que tendem a destruir a margem de segurança nos papéis mais promissores. Além do mais, nesse amplo conjunto de empresas, há bastante espaço para análises profundas dos registros passados e para selecionar a escolha na área de perspectivas futuras, ao que se pode adicionar a maior certeza da segurança conferida pela diversificação.

Quando Faetonte insistiu em dirigir a carruagem do Sol, seu pai, um experiente condutor, deu ao neófito alguns conselhos que ele deixou de seguir – em seu próprio prejuízo. Ovídio resumiu o conselho de Febo Apolo em três palavras:

> "*Medius tutissimus ibis.*"
> "Pelo meio, caminharás com mais segurança."

Acho que esse princípio permanece bom para os investidores e seus consultores e analistas de investimentos.

8

Situações especiais

O período de 1939-42 foi o ponto culminante para os operadores em termos de situações especiais e ações subavaliadas. Durante esses anos, a tendência foi desfavorável para os portadores de papéis padrão e o negócio de corretagem também estava no lado mais tranquilo. Em contraste, muitas ações industriais baratas registraram avanços substanciais – principalmente pelo fato de os primeiros anos da guerra terem trazido proporcionalmente maior aumento de negócios para as empresas de segunda linha do que para as líderes. Além disso, estavam tomando forma algumas reorganizações de ferrovias e de empresas de serviços públicos, e gerando bons lucros para aqueles que haviam comprado suas ações em um momento em que elas eram impopulares (consequentemente, a preços mais baixos).

Em 1942, muitos em Wall Street começaram a acreditar que seria possível obter um rendimento real e confiável em situações especiais. Como, em geral, acontece, essa generalização se mostrou imprecisa. Nos quatro anos seguintes, registraram-se bons lucros em quase tudo, e os retornos espetaculares apareceram mais tarde, em operações essencialmente especulativas, distintas das "especiais". Mas talvez tenha sobrado interesse suficiente por esse último tipo de atividade para justificar um artigo sobre o assunto.

O significado de situações especiais

Primeiramente, o que se quer dizer por "situação especial"? A convenção não foi suficiente para permitir uma definição clara e definitiva. Em sentido mais amplo, uma situação especial é aquela na qual se conta com um

Reimpresso do *The Analysts Journal*, v. 2, n. 4 (quarto trimestre de 1946): 31-38, com permissão.

desdobramento específico para produzir um lucro satisfatório, embora o mercado em geral não esteja subindo. Em sentido mais estreito, você não terá uma "situação especial", a menos que um desdobramento específico já esteja em andamento.

Essa distinção fica facilmente visível ao nos referirmos ao amplo campo de corporações falidas e às ações preferenciais com elevados dividendos em atraso. No primeiro caso, "o desdobramento específico" seria a reorganização; no último, seria o pagamento da dívida em atraso, normalmente por uma recapitalização. Muitos profissionais diriam que uma empresa em processo de recuperação da massa falida não representa uma situação especial até que um plano de reorganização tenha sido submetido de fato; de forma semelhante, deve haver um plano definido em andamento para cuidar da acumulação de dividendos. Assim, a preferencial da American Woolen pode ter tido interessantes possibilidades por anos, por conta de seus dividendos em atraso bastante elevados, mas se tornou uma verdadeira situação especial apenas quando o comprador soube que um plano de pagamento estava prestes a ser anunciado (ou já fora anunciado).

Existe uma importante razão lógica que favorece essa definição mais estreita de uma situação especial. Ao fazer isso, podemos conceber esses compromissos em função de um retorno anual esperado sobre o investimento. Como será visto, tal cálculo envolve uma quantidade razoável de estimativas em cada caso, e assim o número final guarda pouca semelhança com os rendimentos de bônus extraídos de um livro básico. No entanto, essa técnica é útil como guia para o operador em situações especiais, e isso permite que ele tenha uma atitude completamente diferente em relação às suas aplicações do que a do negociador, especulador ou investidor comum.

Em um aspecto, porém, o cálculo vai além da doutrina do livro de finanças. Se estivermos dispostos a assumir as hipóteses necessárias, a atratividade de qualquer situação especial poderá ser expressa através de um retorno anual calculado como percentual, com *tolerância para o fator de risco*. Segue a fórmula geral:

Seja **G** o ganho esperado em pontos, caso ocorra o sucesso;
F a perda esperada em pontos, caso ocorra o fracasso;
S a probabilidade esperada de sucesso, expressa em percentual;
A o tempo esperado de aplicação, em anos;
P o preço atual esperado para a ação.

Então:

$$\text{Retorno anual calculado} = \frac{GS - F(100 - S)}{AP}$$

Podemos tomar como exemplo atual a Metropolitan West Side Elevated 5s negociada a 23. Foi proposta a venda da propriedade para a cidade de Chicago em condições nas quais se espera gerar em dinheiro cerca de 35 para os bônus. Somente para fins ilustrativos (e sem responsabilidade), suponhamos (a) que, se o plano falhar, os bônus valerão 16; (b) que as chances de sucesso são de dois em três (isto é, 67%); (c) que o período de aplicação será de um ano, em média.

Então, pela fórmula:

$$\text{Retorno anual calculado} = \frac{12 \times 67 - 7 \times 33}{1 \times 23} = 24{,}7\%$$

Observe que a fórmula considera a probabilidade de sucesso e o montante da possível perda. Se for considerado somente o ganho possível, o retorno anual calculado seria de 34,5%.

Classes de situações especiais

Vamos agora nos voltar para uma discussão e descrição resumida dos vários tipos de situações especiais. Elas poderiam ser divididas em duas categorias principais: (I) Trocas ou distribuições de ações, (II) Pagamentos em dinheiro. Somente em um caso raro, uma situação especial, da forma como utilizamos a expressão, funciona em um mercado maior sem que ocorra, em algum momento, no cenário a distribuição em ações ou dinheiro. Entretanto, uma classificação mais convencional servirá melhor para nosso atual propósito.

Classe A: Arbitragens padrão, baseadas em um plano de reorganização, recapitalização ou fusão

Em reorganizações por conta de falências, principalmente aquelas das ferrovias, a operação consiste em comprar as ações velhas e vender as novas "quando emitidas". A arbitragem em ferrovias teve uma história curiosa nos últimos cinco anos. Em mais de metade dos casos, os planos foram consumados e os lucros esperados foram realizados – embora quase sempre após um período de tempo mais longo do que fora inicialmente previsto. Nos demais, os planos foram alterados ou abandonados, e as trocas por novas emissões, canceladas; ou, então, esse cancelamento é esperado agora principalmente em consequência da Lei Wheeler. No entanto, muitos operadores de arbitragem realizaram grandes lucros, mesmo nos casos de planos malsucedidos, porque as ações velhas tiveram grande elevação de preços em relação aos valores pagos, apesar do fracasso do plano. Assim, aquilo que se pretendia ser uma arbitragem à moda antiga se transformou em uma bem-sucedida especulação em bônus.

Essa experiência ilustra um aspecto agradável da operação de uma situação especial, em que, se seu negócio funcionar, você tem certeza de lucrar, mas, se não funcionar, você ainda realiza um lucro. Os riscos de uma arbitragem aumentam à medida que o nível do mercado em geral sobe, pois suas possibilidades de perda em caso de fracasso do plano se tornam proporcionalmente maiores. A essa medida importante, muitos tipos de situações especiais estão ligados a condições gerais do mercado; mas ainda é verdade que, na média ou em um caso representativo, o resultado depende da empresa, e não da evolução do preço de mercado.

As arbitragens em indústrias geralmente crescem em fusões ou recapitalizações e envolvem a venda das ações existentes, e não as ações a serem emitidas. Na recente fusão Raytheon-Submarine Signal, alguém poderia comprar a Submarine Signal e vender a Raytheon no anúncio da fusão com uma margem de lucro calculada em cerca de 18%. Essa arbitragem foi concretizada com êxito em 60 dias. De forma semelhante, quando o plano de recapitalização da General Cable foi anunciado, alguém poderia comprar uma cota das ações A a 52 e vender quatro cotas da ordinária por 59 – uma margem de cerca de 13% – com realização em 45 dias. Entretanto, essas operações têm como pré-requisito a capacidade de tomar a ação por empréstimo pelo período de duração da arbitragem. Sob as condições atuais sem negociações com margem,* tais empréstimos são tão difíceis que chegam a impedir boa parte desses negócios (embora não todos).

**Nota do Tradutor*: Operações de alto risco de compra de ações com dinheiro emprestado.

No campo das concessionárias de serviços públicos, arbitragens de alguma forma parecidas têm estado disponíveis como resultado de ofertas de trocas apresentadas pelas companhias holding para suas ações preferenciais. Exemplos recentes são a United Corporation e a American Superpower.

Certamente existem vários riscos envolvidos em todas essas arbitragens. Dentre eles, podemos incluir a rejeição pelos acionistas; possíveis ações judiciais por minoritários; possível desaprovação pela SEC, entre outros. O operador experiente não ignora esses riscos, mas tenta medi-los cuidadosamente nas circunstâncias específicas de cada caso.

Observa-se que as arbitragens industriais, de concessionárias de serviços públicos e de ferrovias recaem, respectivamente, em três classes distintas com respeito ao elemento tempo. Poderíamos dizer que a primeira é questão de semanas; a segunda; de meses; e a terceira, de anos.

Uma exceção a essa regra foi a arbitragem da United Light & Power. Nesse caso, comprou-se uma cota da velha preferencial e venderam-se cinco cotas da nova ordinária quando emitida contra ela com uma margem líquida inicial de cerca de 10%. Por causa do litígio que chegou à Suprema Corte, essa recapitalização de uma empresa concessionária levou dois anos completos entre a proposta e a conclusão. Embora tivesse gerado os lucros esperados em dólar, o elemento tempo fez o resultado ficar longe de brilhante.

Classe B: Pagamentos em dinheiro em recapitalizações ou fusões

Um exemplo recente desse tipo é a preferencial da Central and Southwestern Utilities 2nd. Sob um plano de recapitalização e fusão apresentado para a SEC em 5 de fevereiro de 1946, deu-se uma opção aos aplicadores de resgate total do valor em dinheiro ou o equivalente em novas ações ordinárias ao preço de oferta do consórcio. O atual valor de resgate era de $220 por cota, contra o preço de mercado de 185. Assim, o lucro esperado seria de 19% mais juros de aproximadamente 3% ao ano pelo período de duração da operação. As dificuldades a serem superadas incluíam (a) aprovação pela SEC; (b) aprovação pelo tribunal; (c) capacidade de assegurar uma subscrição das novas ações ordinárias a um preço mínimo especificado; (d) diversos atrasos, mais frequentemente causados por litígios. Se o plano falhar, o comprador arrisca uma queda no preço de suas cotas; mas, em caso contrário, na típica situação de pagamento de ações preferenciais ou bônus, praticamente não há possibilidade de se obter mais do que o valor de resgate negociado sob o plano. Precisamos reconhecer aqui uma fraqueza inerente neste tipo de operação.

O analista experiente sabe que a chance de uma perda final diminui na medida em que a ação preferencial é amortecida pela presença de um capital proporcionalmente grande em ação ordinária. Assim, ele deve se sentir de forma diferente com relação à preferencial da Cities Service 1st negociada a 132, com crédito total de 181 (ou 193 pelo preço de resgate), se comparada com a preferencial da American Power & Light $6 negociada a 117 com crédito total de 145 (ou 160 pelo preço de resgate). O ganho máximo calculado para a preferencial da Cities Service é 46% contra 37% para a preferencial da American P. & L. Esta última, porém, tem em primeiro lugar a vantagem de pagar um dividendo ($4,50) e, em segundo lugar, de possuir um plano concreto arquivado para saldar a emissão. Do outro lado do cenário, está o fato importante de que cada dólar pago pelas preferenciais da Cities Service está agora (5 de outubro) lastreado por $1,20 em valor de mercado da ação ordinária, enquanto cada dólar pago pela preferencial da American P. & L. está lastreado somente por $0,20 de dólar da ação ordinária. Se a continuidade do fraco mercado de ações resultar no adiamento definitivo do plano da American P. & L., o comprador da preferencial da Cities Service se sairá melhor.

Classe C: Pagamentos em dinheiro na venda ou liquidação

Em muitos casos em que a empresa vende seu negócio para outra ou liquida pouco a pouco seus ativos, o montante final recebido pelo detentor de ações excede o preço de mercado da época em que a venda ou a liquidação foi proposta (essa condição ocorre independentemente da natureza dos fatores que compõem o preço no mercado de títulos; não temos espaço para discutir as razões em detalhes). No caso de uma venda em dinheiro com base na continuidade dos negócios, os grandes lucros são, com mais frequência, feitos por aqueles que compraram antes do início ou da conclusão das negociações. Mas, mesmo depois de os termos serem anunciados, há geralmente uma margem interessante a ser realizada se a venda for consumada.

Um grande número dessas vendas ocorreu recentemente, no setor da indústria têxtil. Neste momento, o exemplo mais recente é uma oferta de \$365 por cota para as ações da Luther Mfg. Co., desde que aceita por não menos de 95% das ações. Uma semana antes de a oferta de compra se tornar pública, a ação estava cotada a \$150 para compra. A maior parte dessas ofertas de compra, embora sujeita à aceitação pela maioria, se concretizou; e aquelas que não se concretizaram geralmente fracassaram porque vieram ofertas ainda maiores de outros quadrantes.

Um voto para liquidar os ativos pouco a pouco é muito pouco frequente, exceto se tivermos algumas dessas liquidações de empresas concessionárias de serviços públicos sob pressão estatutária. Em casos assim, o montante em dinheiro a ser realizado pelos ativos, menos as dívidas e despesas corporativas, está sujeito a estimativa e consequente erro. Quando as estimativas são feitas pela administração, costumam ficar do lado conservador. Em muitos casos, o preço de mercado na época do voto de liquidação se mostra apreciavelmente menor do que o montante recuperado. Uma prolongada liquidação desse tipo vem ocorrendo na Ogden Corp., o que mostra um percentual de lucro bastante bom para aqueles que compraram em estágio inicial. A Brewster Corp. é um exemplo do setor industrial. No momento em que escrevia este trabalho, as obrigações fiscais da Brewster não haviam sido determinadas. Contra um valor contábil estabelecido de 5 e um preço de mercado de aproximadamente 4,25, a atual estimativa "especializada" para a liquidação final varia entre 5,5 e 6.

Classe D: Questões de litígio

Há um número grande de casos em que o valor de um título depende, em grande parte, do resultado de um litígio. Isso pode envolver uma ação judicial por danos ou subordinação (por exemplo, International Hydro Electric, Inland Gas Co.); contestação de imposto de renda (por exemplo, Gold and Stock Telegraph, Pittsburgh Incline Plane); um recurso contra um plano de reorganização eliminando a emissão de ações (por exemplo, St. Louis Southwestern Ry., New Haven R.R.). Em geral, o mercado subavalia uma demanda judicial como ativo e o supervaloriza como obrigação. Assim, os estudiosos destas situações geralmente têm a oportunidade de comprá-las por preços abaixo de seu valor real e realizar lucros atraentes – em média – quando o litígio é encerrado.

Classe E: Quebras de concessionárias de serviços públicos

Em anos recentes, esse tem sido um grupo bastante importante de situações especiais. Eles representam um fenômeno essencialmente temporário, pois ficarão fora de cogitação quando a conformidade da Public Utility Holding Company Act (Lei das Empresas Concessionárias de Serviços Públicos) com o Capítulo 11* estiver concluída para o setor.

Sua característica exclusiva é que o lucro delas depende do princípio de que uma empresa concessionária vale mais morta do que viva – isto é, de que seus ativos em separado, líquidos, serão negociados por mais do que as ações da empresa controladora. Isso tem provocado uma situação paradoxal em que as ações de empresas concessionárias combatendo amargamente a dissolução – presumivelmente, em prol de seus proprietários, os acionistas – veem o preço se reduzir por essa valente batalha e subir quando perdem a luta.

A característica técnica que coloca essas situações em separado de outras é o fato de que normalmente dependem de uma estimativa ou previsão do valor de mercado das ações que serão distribuídas e que ainda não são negociadas. Em alguns casos, existe um mercado estreito para as atuais cotas minoritárias, mas ele pode não estar muito informado em relação às condições depois que as cotas majoritárias vieram ao mercado (um exemplo disso é a Philadelphia Co., que é o fator central na avaliação das ações preferenciais da Standard Gas and Electric. O contido preço de mercado para a participação minoritária de 3,2% pode ou não ser representativo do valor de toda a emissão).

O aperfeiçoamento na arte da análise de serviços públicos, favorecido pela relativa raridade de situações inesperadas para a evolução neste campo, torna possível calcular de forma bastante confiável sob que valor qualquer ação de empresa concessionária será negociada nas atuais condições do mercado. Assim, o risco de explorar essas situações de quebra resulta, em grande parte, do elemento incerto do tempo, com a possibilidade concomitante de uma mudança desfavorável nas condições de mercado antes de as distribuições serem recebidas.

**Nota do Tradutor*: Lei sobre falências nos Estados Unidos.

Classe F: Outras situações especiais

Essa categoria genérica inclui tudo aquilo que ainda não classificamos. Não há necessidade de tentar tornar nossas descrições completas, pois boa parte depende da definição pessoal de cada um sobre o que é uma "situação especial". Podemos sugerir duas variedades adicionais somente como forma de exemplo. Uma situação peculiar seria a do setor cada vez maior de operações de proteção ("hedge") – de forma mais característica, a venda de uma ação ordinária *versus* a posse de um bônus conversível ou uma ação preferencial (neste caso, a característica de troca de títulos opera mais para proteger contra a perda do que para gerar lucro). Outra situação, mais limitada, seria a compra de um título garantido, na expectativa de que, mais tarde, ele possa ser trocado em termos atrativos por um bônus para economizar um pesado imposto de renda de pessoa jurídica (isso ocorreu no caso das ações de linhas alugadas da Delaware and Hudson and D.L. & W.).

Conclusão

No início deste artigo, colocamos juntos as situações especiais e os títulos subavaliados. O leitor deve ter notado que não consideramos esses termos sinônimos – embora seja possível sustentar que as situações especiais constituem uma grande subdivisão dos títulos subavaliados. A essência de uma situação especial é um desdobramento corporativo (não de mercado) esperado dentro de um período de tempo que pode ser estimado à luz da experiência passada. Assim, neste ponto, como em qualquer outro na área de finanças, a ampla experiência é um fator importante para o sucesso duradouro; ele precisa ser complementado por um estudo cuidadoso de cada situação e a posse de uma sólida capacidade de julgamento, embora, de certa forma, especializado.

As situações especiais, da forma como as definimos, recorrem muito a uma classe de temperamento pelo simples motivo de que deixam outras pessoas indiferentes. Elas não têm uma natureza charmosa, não geram efeito especulativo espetacular ou perspectivas de crescimento mais sóbrias. Mas fornecem ao analista a oportunidade de lidar com valores de títulos de forma muito semelhante àquela como os mercadores lidam com seus estoques: calculando antecipadamente seu lucro médio e o período médio para obtê-lo. Nesse sentido, elas ocupam um interessante terreno intermediário entre compras de títulos para especulação ou investimento em ações ordinárias e compra de títulos para revenda em operações de distribuidoras ou de consórcios.

9

Alguns aspectos dos investimentos sobre acumulação através de participações

I

Os termos de referência para este estudo dizem respeito a planos sistemáticos para economizar ou acumular através de ações ordinárias. Esses planos podem incluir (a) planos de pensão concentrados em participações, tais como os arranjos CREF (College Retirement Equity Fund – Fundo de Pensão dos Professores Universitarios); (b) a mecânica muito similar do plano recém-desenvolvido "anuidades variáveis";* (c) compras sistemáticas de fundos mútuos ou cotas de fundos de investimento fechados; e (d) um plano individual de aplicação periódica, como o programa de aquisição mensal da Bolsa de Valores de Nova York.

O presidente me pediu para analisar os aspectos de investimento desses planos em uma perspectiva mais longa e expressar meus pontos de vista sobre as seguintes questões: Quais resultados podem ser esperados deles no futuro em comparação com os resultados de curto prazo do passado – isto é, desde 1949 – ou do passado de longo prazo, voltando para o último século ou mais? As ações ordinárias representarão boa proteção contra a inflação no futuro? A aplicação periódica pode contar com a infalibilidade para produzir resultados satisfatórios? Mais especificamente: é possível

Nota do Tradutor: Equivalente ao plano de pensão no Brasil contar com o fato de que o desempenho muito melhor das ações ordinárias em relação aos bônus se repita nos próximos 15 anos?

Deixarei a probabilidade e os efeitos de uma guerra atômica de fora da discussão a seguir, exceto por algumas observações em relação à indefinida continuação da Guerra Fria. Com qual dos dois períodos do passado o futuro mercado de ações se parecerá mais: com aquele de 1949-61 ou o de, digamos, 1871-1961?

Este último compreende os 90 anos para os quais temos índices de lucros, dividendos e preços de ações ordinárias, compiladas primeiro pela Comissão Cowless e depois continuadas pela Standard & Poor's. Ao discutir a experiência em investimento em função do comportamento futuro desses índices, estamos assumindo que os vários planos de acumulação de participações ao nosso alcance têm a probabilidade de mostrar resultados, no agregado, aproximados aos daqueles da S&P Composite ou Índice 500--Stock.* Parece bastante fácil igualar esses resultados médios; bastaria uma diversificação representativa "em todo o espectro" e sem aquela seletividade, que é uma palavra de ordem de hoje em dia. Mas, de forma paradoxal, se é fácil igualar as médias, parece quase impossível que o investidor medianamente hábil as supere.

Temos informações bastante completas sobre as operações e os resultados dos fundos de investimentos. Para o período de 1949-60, como nos anos iniciais, eles não conseguiram como grupo superar o S&P 500-Stock Composite. Pode ser que os fundos gerenciados profissionalmente componham uma parte muito grande do quadro total para conseguir superar o mercado como um todo; também pode ser verdade, como eu suspeito, que certas fraquezas em seus princípios básicos de seleção de ações tendem a compensar o treinamento, a inteligência e o esforço superior que trazem para essa tarefa. Mas nosso principal ponto é estabelecer que aquilo que ocorre para o mercado em geral acontecerá para o investidor típico ou mediano em participações, por meio de qualquer plano ou sob quaisquer auspícios.

Vamos tentar resumir as principais características dos dois períodos de mercado para os quais estamos nos voltando em busca de pistas para o futuro e dentre os quais precisaremos escolher. A Tabela 1 fornece alguns dados que

---

**Nota do Tradutor*: Índices de ações equivalentes aos do BOVESPA, da Bolsa de Valores de São Paulo.

Tabela 1*

Um Quadro do Desempenho do Mercado Acionário, 1871-1960 e 1947-61

							Taxa de Crescimento Anual**	
Período	Preço Médio	Lucros Médios	Índice P/L Médio	Dividendo Médio	Rendimento Médio (%)	Pagamento Médio (%)	Lucros (%)	Dividendos (%)
1871-80	3,58	0,32	11,3x	0,21	6,0	67		
1881-90	52,00	0,32	15,6	0,24	4,7	75	-0,64	-0,66
1891-1900	4,65	0,30	15,5	0,19	4,0	64	-1,04	-2,23
1901-10	8,32	0,63	13,1	0,35	4,2	58	+6,91	+5,33
1911-20	8,62	0,86	10,0	0,50	5,8	58	+3,85	+3,94
1921-30	13,89	1,05	13,3	0,71	5,1	68	+2,84	+2,29
1931-40	11,55	0,68	17,0	0,78	5,1	85	-2,15	-0,23
1941-50	13,90	1,46	9,5	0,87	6,3	60	+10,60	+3,25
1951-60	39,20	3,00	13,1	1,63	4,2	54	+6,74	+5,90
1951	22,34	2,45	9,1	1,41	6,3	58	......	......
1961(H)	72,20	3,10	23,2	1,97	2,7	64	+2,5	+3,5
1947-49	15,71	2,18	7,1	0,97	6,4	45	......	......
1953-55	31,64	3,02	10,1	1,51	4,8	50	+5,7	+7,8
1959-61	59,70	3,24	18,3	1,91	3,2	58	+3,5	+5,9

*Esses dados se baseiam, em grande parte, nos números que aparecem no artigo de N. Molodovsky, "Stock Values and Stock Prices", *Financial Analysts Journal*, maio de 1960. Estes, por sua vez, foram extraídos do livro da Comissão Cowles, *Common Stock Indexes* para os anos anteriores *a 1926*, e da subdivisão do Índice Standard & Poor's 500-Stock Composite de 1926 até hoje.

** Os números da taxa de crescimento anual são compilações de Molodovsky que cobrem períodos sucessivos de 21 anos, terminando em 1890, 1900 etc. Os valores mais baixos de taxa de crescimento cobrem os 10 anos terminados em 1961, os 6 anos terminados em 1953-55 e os 12 anos terminados em 1959-61. O preço de 1961 é o maior até 7 de dezembro.

cobrem o comportamento dos três fatores de ganhos, dividendos e preços. Dividimos o período 1949-61 em duas metades de seis anos. O período mais longo pode ser trabalhado de várias maneiras; decidimos fornecer os valores médios para cada uma das nove décadas entre 1871 e 1961.

Um estudo superficial de nossa tabela revela algumas diferenças marcantes entre os valores exibidos para os dois períodos. Molodovsky demonstrou que o ganho geral para os investidores para os 88 anos (1871-1959) atingiu uma média de 5% ao ano em retorno por dividendos e 2,5% ao ano em valorização de preço – ambos tomados em face dos preços anuais de mercado. O aumento anual no preço de mercado de 2,5%, composto, foi quase equiparável às taxas de crescimento anual tanto dos lucros quanto dos dividendos.[1]

Mas, entre 1947-49 e 1959-61, as taxas de crescimento para os vários componentes foram bastante diversas, e também variaram acentuadamente entre a primeira e a segunda metade do período. Assim, obtemos indicações bastante diferentes do desempenho recente se considerarmos os lucros, e não os preços de mercado, e se levarmos em conta os últimos 6 anos, e não os últimos 12.

O comportamento do próprio mercado acionário tem sido significativamente diferente nos últimos 12 anos do que qualquer período anterior de igual tamanho coberto por nossos registros. Temos experimentado o que parece ser um único mercado de alta começando em 13,55 para o índice composto e subindo até a atual alta de 72. O avanço foi interrompido por três recessões, cada uma da ordem de uns 20%. Sob a terminologia usual, eles seriam caracterizados como correções ou recuos em um mercado de alta.

Como é bem conhecido, a história no longo prazo do mercado acionário tem sido completamente diferente. O quadro mostrado na Tabela 2 é o de uma sucessão de mercados de alta e de baixa, de durações e amplitudes variadas. Entre 1899 e 1949, houve 10 desses ciclos bem definidos, tendo, portanto, uma média de 5 anos de duração (o período mais longo entre picos foi de 10 anos, de 1919 a 1929, e o mais curto foi de 2 anos, de 1899 a 1901 e de 1937 a 1939). A maior parte das reduções das médias setoriais foi na faixa de 40% a 50%; nos primeiros anos, a média composta teve perdas um pouco menores. A maior, claro, foi a chocante queda do Índice Composto de 31,92 em 1929 para um mínimo de apenas 4,40 em 1932 (uma perda de 86%). Uma queda proporcional aproximadamente igual foi apresentada pela média Dow Jones Industrial.

Deve-se destacar que as oscilações do mercado acionário no passado não podem ser corretamente consideradas como tendo ocorrido em torno de uma linha de tendência ascendente persistente e bem definida, inclinada a 2,5% ao ano. Tanto o registro do preço quanto o registro dos lucros revelam uma linha de tendência mais irregular do que regular. Isso fica evidente ao inspecionarmos nossas sucessivas médias de 10 anos entre 1871 e 1950 e as respectivas taxas de crescimento de Molodovsky anexas.

Os índices preço-lucro também revelaram ampla flutuação. Uma vez que os lucros têm sido ainda mais instáveis do que os preços – por causa dos periódicos ciclos econômicos –, houve uma clara tendência de que os maio-

Tabela 2

Principais Oscilações do Mercado de Ações entre 1871 e 1949

	Cowles-Standard 500-Composite			Média Dow Jones Industrial		
Ano	Máxima	Mínima	Percentual de Queda	Máxima	Mínima	Percentual de Queda
1871		4,74	......	......	......	......
1881	6,58	......	......	......	......	......
1885	......	4,24	28	......	......	......
1887	5,90	......	......	......	......	......
1893	......	4,08	31	......	......	......
1897	......	......	......	......	38,85	......
1899	......	......	......	77,6		
1900	......	......	......	......	53,5	31
1901	8,50	......	......	78,3	......	......
1903	......	6,26	26	......	43,2	45
1906	10,03	......	......	103	......	......
1907	......	6,25	38	......	53	48
1909	10,30	......	......	100,5	......	......
1914	......	7,35	29	......	53,2	47
1916	10,21	......	......	110,2	......	......
1917/18	......	6,80	33	......	73,4	33
1919	9,51	......	......	119,6	......	......
1921	......	6,45	32	......	63,9	47
1929	31,92	......	......	381	......	......
1932	......	4,40	86	......	41,2	89
1937	18,68	......	......	197,4	......	......
1938	......	8,50	55	......	99	50
1939	13,23	......	......	158	......	......
1942	......	7,47	44	......	92,9	41
1946	19,25	......	......	212,5	......	......
1949	......	13,55	30	......	161,2	24

res multiplicadores sobre os lucros tivessem se estabelecido em anos de recessão, quando os lucros tenderam ao ponto de desaparecimento. Nossas médias decenais suavizaram esse tipo de variação; mas não mostram a tendência ascendente nos índices preço-lucro que poderíamos ter esperado que acompanhassem a melhoria da força subjacente de nossas corporações e a confiabilidade dos números publicados em relação aos lucros. Na verdade, o índice de 6,2 vezes para 1949-1950, no início do atual mercado de alta, foi o menor para qualquer período de dois anos em nossa história de 90 anos de preços e lucros de mercado. Um devoto da teoria pendular dos fenômenos econômicos poderia muito bem explicar o atual recorde de máximo multiplicador como uma reação ao extremo oposto da depreciação dos lucros em dólar de 1949-50.

II

Com esses dois quadros bastante diversos do mercado acionário diante de nós, vamos analisar quais seriam os respectivos argumentos para considerar o período 1949-61 uma continuação integral do intervalo 1871-1949 ou por reconhecê-lo como uma nova distribuição que determinará o caráter dos mercados no futuro. Não é muito difícil para o estudante enquadrar o padrão do mercado recente naquele do passado mais longo. É verdade que tanto a duração quanto a extensão de sua ascensão já são maiores do que as de qualquer outro.[2] Mas já é esperado que o padrão de muitas décadas possa estabelecer novos registros de vários tipos de tempos em tempos. Um novo registro não cria um novo padrão ou caráter.

É possível, então, que estejamos vivendo uma versão modificada, mas não essencialmente diferente, da experiência da década de 1920? Que devam existir diferenças marcantes, isso não é necessário dizer, pois, de outra forma, todos nós ficaríamos tão impressionados com a semelhança incipiente que tornaríamos impossível sua continuidade. O que pode ser mais provável – falando em termos abstratos – é que as diferenças originais nos convenceram de que a experiência de 1929 é irrelevante, mas que, depois, as semelhanças foram se desenvolvendo gradual e tão insidiosamente a ponto de nos encontrarmos psicologicamente incapazes de reconhecê-las. Vamos tentar enumerar as principais diferenças e semelhanças entre o atual mercado e aquele da década de 1920, como elas se mostram para este observador.

As duas maiores diferenças internas estão relacionadas com a manipulação financeira de vários tipos e ao empréstimo excessivo para especulação.

Os picos do mercado de alta de 1929 foram possíveis pela enorme onda de compra com margens mais estreitas do que seriam permitidas hoje. Os empréstimos de corretoras cresceram de $2,769 milhões em 1926 para $8,549 milhões em 1929, que na época representaram cerca de metade dos empréstimos dos bancos membros. Em comparação, o correspondente crescimento até hoje tem sido relativamente bastante menor (empréstimos com menores margens de garantia através de outras fontes são, sem dúvida, significativos no presente, mas não o suficiente para mudar o quadro geral). No campo das práticas financeiras, os maiores abusos da década de 1920 consistiam na grosseira manipulação dos preços das ações por grupos especulativos e em pirâmides corporativas através de camadas sucessivas de sociedades gestoras de participações de vários tipos. Tanto a manipulação do mercado acionário quanto a manipulação na estrutura corporativa foram enormemente restringidas pela legislação da SEC e por uma supervisão mais rigorosa da bolsa de valores. O montante que não é detectado é comparativamente pequeno, em minha opinião. Embora as várias investigações que estão em andamento agora produzam algumas revelações surpreendentes, quaisquer abusos que existam agora não chegam a permear todo o tecido das finanças, como foi o caso ocorrido há 30 anos.

Uma exceção para a afirmação tranquilizadora acima tem de ser feita na área das novas ofertas de ações ordinárias. Aqui penso que se desenvolveu um conjunto de práticas pelo menos semimanipulativas no manuseio das chamadas emissões quentes. O número dessas ofertas tem crescido regularmente nos últimos dois anos, e sua qualidade tem retrocedido em igual proporção. É nessa área especulativa que percebo um paralelo mais próximo entre as condições internas do mercado no final dos anos 1920 (em especial, em 1919) e aquelas de hoje. Se o financiamento de mérito duvidoso para as novas emissões vai se mostrar tão pesado em termos de dólares agregados a ponto de no final virar a balança do mercado definitivamente para baixo, não me aventuro a adivinhar. Não seria um desdobramento impossível.

A crença generalizada de que estamos em uma nova era do mercado acionário, diferindo em seu caráter essencial das sequências de alta e baixa do passado, baseia-se em algumas diferenças alegadas entre aquela época e hoje. Elas iriam bem além das reformas na negociação de ações e nas práticas financeiras corporativas. A defesa para justificar o atual nível sem precedentes dos preços das ações e de multiplicadores sobre o lucro é essencialmente aquela que justifica o conceito de um caráter e um futuro permanentemente alterado para o mercado acionário. Imagina-se que, hoje em dia, a segurança e a atratividade do investimento em ações ordinárias estejam solidamente fundamentadas em um complexo de fatores favoráveis. Entre eles, estão (a) o crescimento garantido da população e do PIB; (b) uma taxa de expansão mais rápida do que antigamente, criada pelo progresso tecnológico e a rivalidade com a Rússia; (c) uma garantia contra grandes recessões, fornecida pela nova responsabilidade do governo a fim de evitar ou rapidamente eliminá-las; (d) o reconhecimento público de que o investimento em ações ordinárias é uma proteção necessária contra a inflação continuada; e (e) o surgimento dos fundos mútuos, fundos de pensão e outros investidores institucionais como principal fonte de demanda e contínua sustentação das ações ordinárias.

Aqueles que estudarem os registros dos anos 1920 encontrarão que as razões similares à maioria – mas não todas – das mencionadas foram lançadas para justificar o malfadado crescimento do mercado daqueles anos. A doutrina de "Ações Ordinárias como (os Melhores) Investimentos no Longo Prazo" surgiu em 1924 e se transformou na pedra angular da filosofia do mercado e de seus excessos. Havia o mesmo otimismo sobre o futuro crescimento do país e talvez uma confiança mais fundamentada sobre a participação dos lucros das ações ordinárias neste crescimento (a taxa de retorno sobre o capital investido se manteve melhor entre 1922 e 1929 do que entre 1950 e 1961). Antigos padrões de valor – principalmente a relação que havia sido normal entre rendimentos dos bônus e rendimentos das ações ordinárias – foram colocados de lado naquela época como agora, com base em que não teriam relevância para o novo clima econômico. Havia também grande confiança na estabilidade futura das empresas e de sua imunidade contra recessões graves. Isso estava fundamentado na ideia de que a administração científica, o cuidadoso controle de estoques, a falta de inflação, entre outros fatores, ajudariam nossos líderes empresariais a evitar os custosos erros do passado.

Em minha visão, existem três grandes diferenças entre a realidade econômica dos anos 1920 e a do presente. A primeira tem a ver com o fator inflação, a segunda com a Guerra Fria e a terceira com o papel do governo nos negócios. O mercado de alta da década de 1920 seguiu seu curso sem a ajuda da inflação nos preços das commodities; a subida do mercado desde

1949 tem sido acompanhada por um avanço irregular, porém praticamente contínuo, dos preços ao consumidor e no atacado. É difícil dizer se a atual ênfase do investidor sobre as possibilidades futuras da inflação deva ser levada em conta principalmente como reconhecimento de sua parte sobre o fato objetivo ou como uma reação fortemente *subjetiva* a um elemento que não é, de forma alguma, novo no cenário financeiro. Tivemos mais inflação nos preços do atacado de 1900 a 1910 do que de 1950 a 1960; o crescimento de 1900 a 1920 também foi maior do que de 1940 a 1960 (o equivalente a 36 para 100 contra 51 para 120). Muitos acreditam que a inflação é o caminho de menor resistência para os governos, líderes sindicais e empresariais, e que, por conseguinte, ele será seguido. Mas o registro do passado não nos ajudará muito a determinar qual será o montante de inflação sobre décadas futuras, se seu curso será regular ou intercalado por acentuadas deflações como em 1921 e 1932, e se os investidores permanecerão tão conscientes no futuro em relação à inflação como estão hoje. A reação quanto à inflação, como praticamente qualquer outra atitude de investimento e especulação, parece mais resultar do comportamento do mercado acionário do que ser a causa dele.

Minha opinião sobre os efeitos da Guerra Fria sobre os valores das ações ordinárias é bastante pessoal e tenho certeza de que não é compartilhada por muitos. Em primeiro lugar, penso que ela contribuiu, em grande parte, para a expansão dos negócios e a relativa estabilidade da década passada. Mas, em sentido contrário, não consigo ver como o tipo de Guerra Fria que estamos vivendo agora possa continuar durante "nossa vida e a de nossos filhos". Em algum momento desta década, será necessário encontrar uma forma de terminar com a Guerra Fria ou ela se transformará em hostilidades em grande escala, com todas as suas implicações nucleares. Se nossa prosperidade desde 1949 se baseou, de fato, fortemente em gastos de defesa e se, na verdade, muito em breve não teremos guerra ou guerra nuclear no lugar da Guerra Fria, então a situação internacional de hoje não pode ser chamada de "mais favorável" para as ações ordinárias do que aquela mais desanuviada de 1929.

O compromisso do governo de evitar o desemprego em larga escala e as recessões graves é um fator novo e de grande importância. O motivo mais lógico para esperar um tipo diferente de ciclo de mercado acionário no futuro do que no passado de longo prazo parece ser por analogia com os ciclos econômicos. O registro desde 1949 confirma essa tese. O novo material sobre "Business Cycle Developments"* agora disponível mensalmente, mostra quatro períodos de contração nos negócios desde 1948 – em 1949, 1953-54, 1957-58 e 1960. Todas elas foram bastante moderadas se comparadas com a forte recessão de 1937-38 e as grandes depressões depois de 1919 e de 1929. As três quedas dos índices acionários de cerca de 20% cada, desde 1950, parecem ter uma correspondência bastante boa com os três recuos de cerca de 10% no índice de produção industrial. Se entramos agora em uma nova era que exclui as recessões dos negócios dos antigos tempos, parece razoável deduzir que também nos encontramos em uma nova era que elimina os mercados em baixa, que estão fora de moda.

III

Minha análise e meus instintos me alertam: pode haver uma pegada nesse paralelo plausível e tranquilizador. Se o quadro recente tem sido o de avanço do mercado acionário em sintonia com o produto nacional e também em estreita proporção com ele, então o observador poderia concluir – de certa forma, para seu espanto – que não apenas a economia foi reformada, como também a natureza humana. Mas aqui os fatos se afastam das hipóteses. O nível do mercado de ações não tem sido governado em primeiro lugar pelo nível dos negócios, e sim pelo desenvolvimento de novas teorias e atitudes nos investimentos e pelo típico crescimento da atividade e do interesse especulativo. Alguns dos antigos abusos financeiros que caracterizaram os antigos mercados de alta foram, de fato, praticamente eliminados. Mas alguns voltaram a mostrar a cabeça e outros novos apareceram e estão se espalhando rapidamente. Eles estão na área de relatórios corporativos, finanças corporativas, qualidade das empresas oferecidas para venda ao público e nas formas como as novas emissões de ações ordinárias são oferecidas e, subsequentemente, negociadas.

Igualmente importante e perigoso, segundo minha visão, é a rápida aceitação pelos analistas de investimento dos atuais níveis do mercado

---

**Nota do Tradutor*: Publicação mensal do Departamento de Comércio dos Estados Unidos com dados econômicos sobre contratos de construção, taxas de desemprego, índices de preços etc.

e multiplicadores em relação aos lucros como padrões apropriados de valor e comparação para qualquer papel em estudo. Os novos conceitos analíticos para a avaliação das ações em crescimento, de "fluxo de caixa", da conveniência de dividendos livres de impostos de empresas que conseguem triunfantemente relatar déficits de ganhos – todos eles têm plausibilidade suficiente e falta de disciplina interna para levar tanto os investidores quanto os especuladores para bem longe dos objetivos pretendidos. Em suma, as novas técnicas e teorias de investimento me fazem lembrar muito de 1928-29, e a expansão de emissões de ações ordinárias de empresas secundárias e de menor grau igualmente me faz lembrar de 1919. Se a relativa estabilidade dos negócios em geral e dos lucros corporativos produz entusiasmo e demanda ilimitados por ações ordinárias, então isso pode, no final, produzir *instabilidade* nos preços das ações. Já vimos como funciona esse paradoxo na área de ações de empresas em crescimento. O preço de uma empresa bem-sucedida e promissora como a Texas Instruments pode ficar tão alto pela ênfase especulativa em suas perspectivas que a reação que se seguiu cortou o preço pela metade – sem mudança no valor intrínseco do negócio. Exemplos desse tipo são agora numerosos. Podemos conceber que esse comportamento das emissões na classe de ações em crescimento acabe nos dando uma prévia do comportamento final do mercado em geral – representado pelas médias totais – se o investimento em ações ordinárias ficar essencialmente idêntico à sua especulação. Nesse caso, o mercado acionário terá seu próprio ciclo de vida, independente dos ciclos econômicos. O ciclo do mercado mostrará mais uma vez que é o ciclo da natureza humana; seu contexto econômico terá mudado, mas não seu caráter básico ou as consequências de seu caráter.

Esses argumentos contra um novo caráter para o mercado acionário não são necessariamente argumentos de que os atuais níveis sejam muito elevados, embora certamente teriam sido julgados dessa forma pelos padrões mais antigos. De forma concebível e até provável, novos fatores na estrutura econômica moveram para cima os valores centrais de dólar médio dos ganhos corporativos e justificam uma relação mais favorável do que até então entre os rendimentos das ações e os rendimentos dos bônus. Isso certamente seria verdadeiro se pudéssemos contar com o fato de que o quadro dos negócios em geral continuasse indefinidamente com a relativa imunidade à recessão que vinha demonstrando desde 1941. Não estamos preocupados aqui com o futuro valor central do mercado de ações, e sim com a amplitude e as consequências das possíveis variações futuras em torno desse valor.

Para amenizar a possível cobrança de um velho conservadorismo e preconceito contra os novos padrões de valor, aproveitarei este parágrafo para mostrar como o recente nível recorde do preço das ações pode ser justificado por alguns cálculos plausíveis. Vamos supor que o investidor queira um retorno geral anual de 7,5%, como uma composição entre o rendimento por dividendos e a valorização média do mercado (essa meta de 7,5% foi tomada a partir do registro de longo prazo de rendimentos com dividendos e avanços nos preços; ela parece ser razoável como guia para o futuro). Em seguida, imagine que os lucros e dividendos crescerão num futuro indefinido a uma taxa anual de 4,5%, que parece ser a projeção para esta década. Então, o investidor ficaria satisfeito com um retorno sobre dividendos de 3%. Isso justificaria o nível atual de 65 para o S&P Composite, apenas 10% abaixo do recente máximo. Um pequeno ajuste aqui ou lá nos colocaria nesse valor.

Não é nem um pouco impossível assumir uma taxa de crescimento permanente de 4,5%; tem-se dito que precisamos que nosso PIB cresça mais rápido do que isso ou perderemos a corrida com a Rússia. A objeção básica é que essa é apenas uma hipótese, pois a experiência de um passado mais longo coloca esse número em 2,5%, e que a diferença nesse cálculo entre 4,5% e 2,5% significa a diferença entre 65 e 39 no valor da S&P Composite. Minha experiência me faz prever que a ação do mercado comandará a escolha do investidor em relação às prováveis futuras taxas de crescimento, e não vice-versa.

Isso completa minha argumentação a favor e contra uma nova era e um novo caráter para o mercado de ações. Se o mercado desde 1949 prenuncia os mercados acionários do futuro, os aspectos de investimento da acumulação de participações são incrivelmente favoráveis. Será necessário apenas que os fundos comprem um conjunto representativo de ações ordinárias e que tenham paciência para aguardar durante os períodos de reação mais branda. A taxa anual composta de retorno geral para a 500-Stock Composite tem sido de aproximadamente 13% – curiosamente, esse tem sido um percentual quase igual ao da média de uma lista selecionada de ações em crescimento.[3] Uma taxa anual muito menor, sem graves interrupções, se mostrará amplamente recompensadora.

IV

Mas e se, como julgo mais provável, o caráter fundamental do mercado de ações seja tão imutável quanto o da natureza humana, então a pessoa que acumule participações que comece hoje é confrontado com uma perspectiva bastante diferente. A nova aparência da variável anuidade sugere ampla analogia com a década de 1920. Foi durante esse mercado de alta que os fundos de investimento tiveram seu primeiro importante desenvolvimento neste país. A maioria dos argumentos a seu favor eram os mesmos daqueles agora utilizados para a venda de cotas de fundos mútuos e para a acumulação de participações em geral. O colapso de 1929 resultou em um grave e prolongado recuo no mecanismo de fundos de investimento, como parte de uma ampla perda de confiança nas ações ordinárias em geral. É verdade que muitos (embora talvez menos da metade) conseguiram sobreviver à amarga experiência subsequente e se restabelecer de forma mais consistente do que antes na estima do público. Além do mais, o princípio do "custo médio em dólar" – que é a técnica mais sistemática de acumulação de participações – foi capaz de se afirmar no final, depois talvez de 20 anos de resultados insatisfatórios a medíocres.[4]

Os cálculos feitos da experiência teórica de médias em dólar no passado nos incentivam a prever que essa política dará retorno no final, independentemente de quando ela seja iniciada, desde que o investidor se mantenha nela consciente e corajosamente, sob todas as condições intervenientes. Isso não é de forma alguma uma condição menor. Ela pressupõe que o investidor pelo custo médio em dólar será um tipo diferente de pessoa em relação ao restante de nós, que não ficará sujeito às alternâncias de euforia e profunda melancolia que têm acompanhado as viradas do mercado por gerações passadas. Disso, eu tenho muitas dúvidas – principalmente porque a maioria dos investidores pelo custo médio em dólar de que estamos falando serão membros típicos do público, persuadidos a embarcar em um programa de acumulação de participações pelas artes de vendas, agora tão bem desenvolvidas na área de fundos mútuos.

Deixe-me voltar mais uma vez ao problema da perspectiva apropriada para ver o caráter do mercado acionário e dos aspectos de investimento da acumulação de participações. No início, apresentei uma comparação estatística do comportamento do mercado ao longo dos últimos 12 anos e ao longo dos últimos 90 anos. Mas nosso conhecimento sobre o comportamento no mercado acionário vai bem além de 90 anos – de fato, um total de dois séculos e meio até os primórdios da South Sea Company em 1711. Em nossa primeira edição do *Security Analysis*, publicada em 1934, caracterizamos a loucura do mercado acionário da década de 1920 como uma repetição ou reapresentação da Bolha do South Sea. Em comparação, o comportamento de nosso atual mercado parece mais racional, digno e tranquilizador. Ninguém hoje, nem mesmo os mais conservadores (como este orador), espera consequências para este mercado e para a economia nem mesmo vagamente semelhantes à catástrofe de 1929-32. Ainda que eu tenha a sensação de que o mundo financeiro se tornou muito complacente a respeito do futuro, estou muito confiante sobre a invulnerabilidade das ações ordinárias como um todo para uma drástica mudança em seu destino.

Uma grande corporação pode resistir a grandes vicissitudes; o mesmo é verdadeiro para as grandes instituições, dentre as quais a não menos importante é o investimento em ações ordinárias e a acumulação de participações ao longo de um período de tempo. Mas um mercado de alta nunca se tornou uma instituição financeira, e tenho grandes dúvidas se essa evolução atraente é uma possibilidade admissível, quando a fragilidade da natureza humana é levada em conta.

Minha própria imagem para o atual mercado de ações é a de uma instituição que abandonou os antigos padrões de valor sem ter encontrado novos padrões confiáveis (a esse respeito, o investimento dos dias atuais pode estar praticamente na mesma posição da pintura contemporânea). O mercado pode voltar às antigas medidas de valor central ou (como talvez seja mais provável) estabelecer no final uma nova base mais liberal para avaliar participações. Se o primeiro acontecer, as ações ordinárias se mostrarão altamente decepcionantes em um longo período para muitos investidores em participações. Se esses níveis de valores mais novos e maiores se estabelecerem em bases sólidas, vislumbro isso acontecendo por um processo de tentativa e erro, cobrindo um período que não conseguimos calcular e alguns movimentos pendulares de magnitude imprevisível. Não sei se os bônus farão melhor do que as ações nos próximos 15 anos, mas sei que as pessoas por trás do CREF são eminentemente sábias ao insistirem que seus beneficiários tenham pelo menos uma fatia igual em dólar tanto em bônus quanto em investimento em ações.

NOTAS

1. Ver N. Molodovsky, "Stock Values and Stock Prices", *Financial Analysts Journal*, março de 1960.
2. Essas afirmações se referem ao índice S&P Composite. O percentual de crescimento nas indústrias foi um pouco maior de 1921 a 1929 do que de 1949 até hoje porque começou de um nível relativamente menor.
3. Ver, por exemplo, J.F. Bohmfalk Jr., "The Grow Stock Philosophy", *Financial Analysts Journal*, novembro de 1960, Tabela A.
4. Para valores calculados de resultados de "custo médio em dólar" para períodos finais de 10 anos de 1929 até 1952, ver Lucile Tomlinson, *Practical Formulas for Successful Investing* (Nova York: Wilfred Funk, 1953), Tabela 3, p. 62.

10

Tesourarias infladas e ações deflacionadas: as corporações estão explorando seus proprietários?

Vendendo os Estados Unidos por 50 centavos para cada dólar

Mais de um terço de todas as ações das indústrias estão sendo negociadas no mercado por menos do que o ativo líquido realizável no curto prazo das empresas.

Lotes de ações ordinárias estão sendo negociados por menos do que o caixa proporcional na tesouraria das empresas.

As corporações que representam bons riscos para empréstimos comerciais não precisam de empréstimos; elas ainda possuem grandes saldos não utilizados em caixa, fornecidos por seus acionistas nos dias da Nova Era.

Os tesoureiros das empresas dormem profundamente, enquanto os acionistas ficam andando em círculos, preocupados.

Os bancos não emprestam mais diretamente para as grandes corporações; emprestam aos acionistas que financiaram em excesso as empresas por meio de direitos de compra de ações a preços inflacionados.

Quais são as responsabilidades da empresa, de seus diretores e de seus acionistas? Qual é a saída apropriada? Os acionistas são coproprietários de suas empresas ou são apenas explorados?

Este artigo é o primeiro de uma série em três partes intitulada “Is American Business Worth More Dead Than Alive?” (As empresas americanas valem mais mortas do que vivas?). Reeditado com permissão da Forbes Media LLC © 1932. Reimpresso da *Forbes* (1 de junho de 1932).

As empresas devem reverter o método de 1929 – dar ao acionista o direito de vender de volta as ações que comprou, reduzir a capitalização e equilibrar a carga entre a companhia e o acionista?

Se as cotações de mercado descontam enormes reservas em dinheiro por conta de prováveis perdas futuras de longa duração, então o acionista não deveria solicitar a liquidação antes de seu dinheiro ser dissipado?

As empresas estão jogando limpo com seus acionistas?

Suponha que você seja o proprietário de uma grande empresa industrial. Como muitas outras pessoas, você perdeu dinheiro em 1931; as perspectivas imediatas não são encorajadoras; você se sente pessimista e disposto a vender o negócio – *barato*. Um possível comprador pergunta por sua situação. Você lhe mostra um balanço patrimonial bastante saudável. Ele parece algo como isto:

Caixa e Bônus do Governo dos EUA	$8.500.000
Recebíveis e Mercadorias	15.000.000
Fábricas, Imóveis etc.	14.000.000
	$37.500.000
Menos passivo circulante	1.300.000
Patrimônio Líquido	$36.200.000

O comprador olha casualmente para o demonstrativo e lhe faz uma oferta de $5 milhões por seu negócio – o caixa, bônus do governo e tudo o mais incluído. Você venderia? A pergunta parece uma piada, admito. Ninguém, em seu perfeito juízo, trocaria $8,5 milhões em caixa por $5 milhões, para não dizer nada a respeito dos $28 milhões a mais em outros ativos. Mas embora essa transação pareça absurda, os muitos proprietários de cotas da White Motors que as venderam por um valor entre $7 e $8 por ação fizeram exatamente isso – ou o mais próximo disso que conseguiram chegar.

Os números apresentados acima representam a situação da White Motors no último 31 de dezembro. A $7,37 por ação (o menor preço), as 650 mil ações da empresa foram negociadas por $4,8 milhões – cerca de 60% apenas do caixa e equivalentes, e apenas *um quinto dos ativos líquidos rea-*

lizáveis no curto prazo. Não havia futuras obrigações em relação ao capital para as ações ordinárias, e as únicas dívidas eram aquelas mostradas acima, na forma de passivo circulante a pagar.

O espetáculo de uma grande e antiga empresa estabelecida negociada no mercado por uma fração tão pequena de seus ativos de curto prazo é indubitavelmente assustador.

Mas o quadro fica ainda mais impressionante quando observamos que existem literalmente dezenas de outras empresas que também possuem um valor cotado abaixo do caixa em bancos. Ainda mais significativo é o fato de que um percentual surpreendentemente grande de todas as empresas industriais está sendo negociado por menos do que apenas seus ativos realizáveis no curto prazo – deixando inteiramente de fora suas fábricas e ativos fixos.

Isso significa que um grande número de empresas americanas está cotado no mercado por muito menos do que seu valor de liquidação e que, segundo a avaliação de Wall Street, esses *negócios valem mais mortos do que vivos*.

Pois a maioria das empresas industriais deve gerar, em liquidações *bem organizadas*, pelo menos tanto quanto seus ativos realizáveis no curto prazo. Admitindo que as fábricas, os imóveis etc. não conseguissem nem chegar perto de seus preços contabilizados, sua venda ainda geraria o suficiente para compensar o encolhimento dos resultados em função dos recebíveis e mercadoria abaixo dos números contabilizados. Se isso não for uma suposição razoável, então deve haver algo radicalmente errado no que se refere aos métodos contábeis de nossas grandes corporações.

Um estudo feito na Columbia University School of Business, conduzido pelo autor, abrangendo mais de 600 companhias industriais listadas na Bolsa de Valores de Nova York, revelou que mais de 200 delas, ou aproximadamente uma em cada três, vêm sendo negociadas por preços abaixo de seus ativos líquidos de curto prazo.

Mais de 50 delas foram negociadas abaixo do que apenas o caixa e os títulos negociáveis. Veja na Tabela 1, é fornecida uma lista parcial que compreende as empresas mais representativas nessa última categoria.

Qual é o significado dessa situação? O financeiro experiente certamente responderá que as ações sempre são negociadas por preços excessivamente baixos após o colapso de um período de grande alta.

Tabela 1

Algumas Ações Que Estão Sendo Negociadas por Menos de Seus Ativos em Caixa

Empresa	Preço Mínimo na Bolsa 1932	Valor de Mercado da Empresa ao Preço Mínimo	Caixa e Títulos Negociáveis	Ativo Circulante Menos Todas as Dívidas	Ativos em Caixa por Ação	Ativos Líquidos de Curto Prazo por Ação
		(multiplicar por mil)				
*Am. Car & Fdry	20,25	$9.225	$14.950	$32.341	$50	$108
*Am. Locomotive	30,25	14.709	14.829	22.630	41	63
*Am. Steel Foun.	60	8.021	8.046	11.720	128	186
*Am. Woolen	15,25	8.354	14.603	40.769	30,50	85
Congoleum	7	10.078	10.802	16.288	7	12
Howe Sound	6	2.886	4.910	5.254	10	11
Hudson Motors	4½	6.377	8.462	10.712	5,50	7
Hupp Motors	2	2.664	7.236	10.000	5½	7½
Lima Locomotive	8,50	1.581	3.620	6.772	19	36
Magma Copper	4½	1.836	3.771	4.825	9	12
Marlin Rockewell	7½	2.520	3.834	4.310	11½	13
Motor Products	13	2.457	2.950	3.615	15½	19
Munsingwear	10,88	1.805	2.888	5.769	17	34
Nash Motors	10	27.000	36.560	37.076	13½	14
N. Y. Air Brake	4½	1.170	1.474	2.367	5	9
Opp'hm Collins	5	1.050	2.016	3.150	9½	15
Reo Motors	1½	2.716	5.321	10.332	3	5½
S. O. of Kansas	7	2.240	2.760	4.477	8½	14
Stewart Warner	2,38	3.023	4.648	8.303	3½	7
White Motors	7,75	4.938	8,620	22.167	13	34

**Ação preferencial*

Como testemunhou o presidente da Bolsa de Valores de Nova York: "Em tempos como estes, pessoas assustadas acabam dando de graça os Estados Unidos."

Dito de outra maneira, isso acontece porque aqueles com espírito empreendedor não possuem dinheiro, e aqueles com dinheiro não possuem espírito empreendedor para comprar ações quando estão baratas. Esse mesmo fenômeno não deveria ter acontecido em mercados de baixa anteriores – por exemplo, 1921?

Entretanto, os fatos são bem diferentes. As ações eram negociadas a preços baixos na grave depressão do pós-guerra, mas poucas eram compradas na Bolsa por menos do que seus ativos de curto prazo, e nenhuma por menos do que o caixa disponível.

Os números comparativos para os dois períodos, cobrindo empresas representativas, são pouco menos que surpreendentes, principalmente quando se observa que não exibiam resultados operacionais materialmente piores em 1931 do que em 1921. Hoje, essas empresas estão sendo negociadas no agregado por metade de seu capital de giro; há 10 anos, o capital de giro era apenas metade dos preços mais baixos. Com respeito aos ativos em caixa, os preços atuais são relativamente seis vezes menores do que em 1921.

Devemos reconhecer, então, que a situação existente hoje *não* é típica de todos os mercados em baixa. De forma geral, ela é nova e sem precedentes. É um desdobramento estranho e irônico da loucura da Nova Era de 1928-29. Ela reflete os extraordinários resultados das mudanças profundas, mas pouco compreendidas, da atitude financeira das pessoas e do tecido financeiro do país.

Duas ideias plausíveis e aparentemente inocentes – a primeira, de que ações boas são bons investimentos; a segunda, de que os valores dependem do poder de ganho – foram distorcidas e exploradas em um frenético evangelho financeiro que terminou por converter todos os investidores em especuladores, enriquecendo nossas corporações e empobrecendo seus acionistas, revertendo a importância relativa dos empréstimos comerciais e dos empréstimos em Wall Street, produzindo confusão nas políticas contábeis e padrões de valor totalmente irracionais –, que, em grande medida, foi responsável pela paradoxal desvalorização nos preços em que nos encontramos submersos.

Por trás do simples fato de que uma grande quantidade de ações esteja sendo negociada por muito menos do que seu capital de giro, encontra-se um complexo de causas, resultados e implicações. O restante deste artigo lidará com as causas da atual situação única, enquanto outros aspectos a ele ramificados serão desenvolvidos nos artigos subsequentes.

O atual contraste entre preços de mercado e ativos líquidos se deve, em grande medida, ao enorme fluxo de dinheiro novo que em anos recentes os acionistas vêm colocando nas tesourarias de suas empresas pelo exercício dos direitos de subscrição. Esse fenômeno, que foi um dos aspectos diferenciadores do mercado de alta de 1928-29, teve duas consequências bastante opostas. Por um lado, os fundos adicionais recebidos aumentaram muito a posição de caixa e de capital de giro das empresas; por outro lado, as cotas adicionais emitidas aumentaram muito o suprimento de ações, enfraquecendo sua posição técnica e intensificando sua queda no mercado. Portanto, a mesma circunstância serviu tanto para aumentar os *valores* por trás das ações quanto para diminuir seu *preço*.

É duvidoso, porém, que as quedas tivessem atingido as extraordinárias dimensões dos atuais valores se durante a última década os investidores não tivessem perdido o hábito de olhar os balanços patrimoniais. Muitas das negociações de ações do ano passado se deveram mais ao medo do que à necessidade. Se esses tímidos investidores estivessem totalmente cientes de que negociavam por apenas uma fração dos ativos líquidos por trás de suas cotas, muitos talvez tivessem agido de forma diferente.

Mas desde que o valor ficou associado exclusivamente ao poder de ganho, o acionista deixou de prestar qualquer atenção ao que a empresa possui – não olha nem mesmo o dinheiro no banco.

Sem dúvida, é verdade que o investidor dos velhos tempos dava ênfase demais aos valores contábeis e muito pouca aos rendimentos do investimento. Foi um passo salutar ignorar os números pelos quais as fábricas foram contabilizadas nos livros, a menos que mostrassem um poder de ganho proporcional.

Mas, da mesma forma que a maioria das boas ideias em Wall Street, essa foi levada longe demais. Ela resultou em excessiva ênfase depositada nos lucros divulgados – que poderiam ser apenas temporários ou mesmo ilusórios – e o esquecimento completo daquilo que sempre foi visto como fator vital no valor dos títulos, ou seja, a posição de capital de giro da empresa.

Os negócios passaram a ser avaliados em Wall Street em bases completamente diferentes daquelas aplicadas aos empreendimentos privados. Nos bons tempos, os preços pagos na Bolsa de Valores eram fantasticamente elevados; agora, pela lei da compensação, os ativos dessas mesmas empresas estão sofrendo uma desvalorização igualmente fantástica.

Um terceiro motivo para as ações agora serem negociadas abaixo do valor de seus ativos líquidos é o temor de futuras perdas operacionais. Muitos leitores concordarão que essa é a causa oculta para o atual nível baixo no mercado. Essas cotações não refletem apenas a falta de poder de ganho, mas a existência de uma "perda de poder" que ameaça dissipar o capital circulante por trás das cotas atuais.

É verdade que uma em cada três empresas americanas está destinada a continuar perdendo dinheiro até que os acionistas não tenham mais qualquer participação restante? É isso que o mercado acionário está dizendo.

Provavelmente, ele está errado, como sempre esteve errado em seus principais julgamentos sobre o futuro. A lógica de Wall Street é proverbialmente fraca. É pouco consistente, por exemplo, para se desesperar com as ferrovias porque os caminhões tomarão boa parte de seus negócios e, ao mesmo tempo, ser tão desanimada em relação ao setor de caminhões a ponto de se desfazer de cotas em suas maiores empresas por uma pequena fração apenas de seu capital líquido. Mas, considerando que, mesmo em tempos prósperos, muitos empreendimentos ficam pelo caminho, é certo que o número desses empreendimentos infelizes deve agora ter um grande aumento. As empresas em situação frágil perceberão que é difícil, ou até mesmo impossível, sobreviver. Assim, em alguns casos individuais, a profecia de extinção feita pelo mercado irá se confirmar. Entretanto, ainda existe um erro básico nessa venda de cotas no atacado por uma pequena fração do valor de liquidação.

Se uma empresa está fadada a perder dinheiro, por que continuar com ela? Se seu futuro é tão sem esperanças que ela vale menos como empresa em funcionamento do que se fosse encerrada, por que não liquidá-la?

Certamente, os proprietários de uma empresa têm uma alternativa melhor do que se desfazer de seu caixa atual, por temer que ele venha a se dissipar mais tarde. Estamos de volta ao contrato entre o acionista da White Motors e o proprietário individual da fábrica, com o qual iniciamos nosso artigo.

O assunto é meramente uma questão de lógica simples. A White Motors vale mais como empresa em funcionamento do que seu caixa em banco, ou não. Se ela vale mais, o acionista é tolo em vendê-la por muito menos do que seu caixa, a menos que esteja sendo forçado a fazê-lo. Se ela não vale mais do que o caixa, o negócio deve ser liquidado e cada acionista ter sua cota paga pelo caixa mais o que eventualmente se arrecadar com os outros ativos.

Evidentemente, os acionistas se esqueceram de mais coisas do que olhar para os balanços patrimoniais: também se esqueceram de que são *proprietários de um negócio*, e não apenas proprietários de uma cotação em uma lista de ações. Já está na hora (mais do que na hora) de os milhões de acionistas americanos pararem de olhar os relatórios diários do mercado de ações por um tempo suficiente para que deem alguma atenção às empresas em si, das quais são proprietários e que existem para seu benefício e prazer.

A supervisão desses egócios deve, evidentemente, ser delegada a diretores, e sua operação, a funcionários pagos. Mas se o dinheiro dos proprietários deve ser dissipado por perdas operacionais ou se deve ficar amarrado de forma improdutiva em excessivos saldos de caixa enquanto eles mesmos estiverem com extrema necessidade de fundos, essas são questões de política que cada acionista precisa ponderar e decidir por si próprio.

Esses não são problemas administrativos; são *problemas de propriedade*. Sobre essas questões, a opinião da gestão pode ser pesada, mas não é definitiva.

Hoje, os acionistas precisam não apenas estar *conscientes em relação aos balanços patrimoniais*, porém mais do que isso: precisam se tornar *proprietários conscientes*. Se percebessem seus direitos como proprietários das empresas, não teríamos diante de nós esse espetáculo insano de tesourarias empanturradas de caixa e seus proprietários em uma luta selvagem para se desfazer de seus interesses sob quaisquer termos que consigam obter. Talvez a própria empresa acabe comprando de volta as cotas que eles jogam no mercado.

Agora vamos às questões de vital importância enfrentadas por acionistas, gerentes e banqueiros. Trataremos disso nos próximos artigos.

11

As corporações ricas deveriam devolver o dinheiro dos acionistas?

Em nosso primeiro artigo, a atual disparidade entre a posição de caixa de muitas empresas e o preço de suas ações foi atribuída, em parte, às enormes emissões de cotas adicionais que transferiram dinheiro dos bolsos dos acionistas para as tesourarias das corporações. De acordo com a compilação feita pela Bolsa de Valores de Nova York, entre 1926 e 1930 os fundos absorvidos dessa forma somente pelas empresas listadas atingiram nada menos do que $5 bilhões.

Nesse período, a venda total ao público de títulos de corporações superou $29 bilhões, dos quais talvez uma pequena parte tenha sido entregue a particulares, mas a maior parcela foi aplicada aos negócios, em gastos para ampliação da fábrica ou adicionada ao capital de giro.

Também não se deve esquecer que outra soma enorme foi acumulada na forma de lucros não distribuídos. Depois dessa tremenda injeção de caixa, não surpreende que as tesourarias das empresas ainda estejam repletas, apesar de todo o dinheiro que foi gasto, perdido ou pago em dividendos.

Mas e as pessoas que forneceram a maior parte desse dinheiro, os investidores que compraram novas ofertas, o acionista que subscreveu as cotas adicionais? Eles não estão nadando em dinheiro hoje em dia, nem dispõem de uma abundância de fundos ociosos. Eles se privaram de dinheiro para enriquecer as tesourarias de suas empresas; pegaram empréstimos de grandes somas de dinheiro para que essas corporações conseguissem pagar suas dívidas.

Este artigo é o segundo de uma série em três partes intitulada "Is American Business Worth More Dead Than Alive?" (As empresas americanas valem mais mortas do que vivas?).

O resultado grotesco é que as pessoas que possuem essas ricas empresas americanas são, elas mesmas, pobres; que o acionista típico esteja sobrecarregado por problemas financeiros, enquanto sua empresa nada em dinheiro. Os tesoureiros dormem profundamente nessas noites, enquanto os acionistas ficam andando em círculos pela sala, em desespero e preocupação.

É verdade que o público tem mais certificados de ações representando as novas cotas pelas quais pagou, e cada certificado carrega a propriedade do caixa mantido pela empresa. Mas, de alguma forma, isso não ajuda muito o acionista. Ele não pode tomar emprestado do banco, ou garantir os empréstimos existentes com base no caixa por trás de suas cotas. Se ele quiser vender, precisará aceitar o veredicto da cotação do momento. Se apelarem aos funcionários da empresa por um pouco de seu próprio dinheiro, eles provavelmente acenariam para que fossem embora, com um sorriso de comiseração. Ou talvez fossem razoavelmente caridosos para comprar suas ações de volta ao preço atual do mercado – que representa uma pequena fração do valor justo.

Enquanto isso, a pródiga transferência de dinheiro do público para as empresas nos dias da Nova Era não apenas trouxe infinitos problemas para os portadores de títulos, como também desmoralizou seriamente nossa estrutura bancária. Os empréstimos comerciais sempre foram a alma e o suporte de nosso sistema de crédito. Os empréstimos sobre títulos têm sido secundários em volume e drasticamente subordinados em sua idoneidade.

Mas o que as empresas e o público fizeram entre si nos últimos anos? Eles pagaram a nata dos empréstimos comerciais do país e os substituíram por empréstimos sobre títulos. Em vez de emprestarem diretamente às grandes empresas, os bancos foram forçados a emprestar aos acionistas com a garantia de suas cotas, ou comprar títulos por sua própria conta.

Podemos ter uma ideia da extensão dessa acomodação bancária pelos números comparativos do relatório dos bancos-membros do Federal Reserve System [ver Tabela 2].

O desfecho se mostrou bastante desastroso para os acionistas e muito preocupante para os bancos. A melhor forma de emprestar foi substituída pela pior. A segurança dos empréstimos – e, em alguma extensão, a solvência dos bancos que os fizeram – foi colocada à mercê das flutuações do mercado acionário, em vez de se apoiar na força financeira de nossas grandes corporações.

Tabela 2

Mudança na Composição dos Recursos Bancários, 1920-32 (em milhões)

	Empréstimos Comerciais	Empréstimos sobre Títulos	Total
Outubro de 1920	$9.741	$7.451	$17.192
Maio de 1932	6.779	12.498	19.277

Milhares de acionistas – os proprietários dos negócios de suas empresas – encontram-se hoje em posição absurda. O valor de mercado de sua ação pode ser, por exemplo, somente $10 milhões, e seu valor para empréstimo, no máximo de $8 milhões. No entanto, a empresa pode não apenas possuir $15 milhões em tesouraria, como também pode tomar emprestado grandes somas adicionais contra seus muitos milhões de outros ativos de curto prazo. Se os proprietários do negócio realmente controlassem a empresa, poderiam sacar não apenas os $15 milhões em dinheiro, mas também outros $5 milhões de empréstimos bancários e ainda ter um negócio em condições sólidas e com um patrimônio substancial.

Os próprios bancos que hesitaram em emprestar $10 por cota de ações provavelmente ficariam felizes em emprestar para a empresa o suficiente para que ela pagasse $15 por cota para os acionistas.

Considere, por um lado, uma empresa padrão típica, com seus enormes recursos em caixa e crédito; depois, considere as pessoas que possuem essa empresa e que colocaram milhões em sua tesouraria, incapazes de realizar ou emprestar mais do que uma miserável fração do valor do caixa de sua propriedade.

Esse é o resultado da indevida generosidade dos acionistas em relação às suas empresas nos bons tempos – e a indevida parcimônia das empresas em relação a seus acionistas hoje.

Os bancos podem parecer um dos vilões nessa situação, mas, na verdade, eles também são vítimas das circunstâncias – limitados por um sistema solidamente concebido que está em desarmonia com a atual situação. Eles foram preparados e dirigidos para dar muita importância aos empréstimos comerciais.

Mas agora quem são os tomadores de empréstimos comerciais? Fortes corporações com bons registros no passado (se não recentes), pedindo dinheiro por motivos sazonais? De forma nenhuma. Essas corporações não precisam dos bancos; elas levantaram de seus acionistas todo o dinheiro que poderiam utilizar, quando a captação foi boa.

Sobraram três classes de tomadores de empréstimos dos bancos: (a) empresas pequenas ou privadas – talvez boas ou talvez nem tanto; (b) grandes corporações industriais com números ruins, mesmo com a recente prosperidade; (c) ferrovias e concessionárias de serviços públicos que precisam de uma acomodação temporária (caixa) a ser paga com financiamentos permanentes – uma frutífera fonte de problemas de todo tipo.

Precisamos reconhecer, portanto, que a troca dos bons empréstimos comerciais por empréstimos com garantia em ações tem sido prejudicial tanto para nosso sistema bancário quanto para o vasto exército de acionistas. Existe remédio para essa situação? Certamente que sim, e é algo bastante simples:

Deixem que as empresas devolvam a seus acionistas o caixa excedente não necessário para a condução normal de seus negócios.

O resultado imediato desse movimento seria em benefício do acionista individual, colocando fundos em suas mãos para fazer frente às suas necessidades urgentes ou para utilizá-los como bem lhe aprouvesse. O resultado secundário seria melhorar o preço das cotas afetadas e do mercado acionário em geral, à medida que o público fosse tomando conhecimento (por essa forma forçada) dos enormes valores atualmente em caixa por trás das empresas americanas. O terceiro resultado seria melhorar o equilíbrio de nossa estrutura bancária, aumentando a proporção de empréstimos comerciais sólidos (principalmente quando os negócios voltarem a se expandir) e permitindo o resgate de certa quantidade de empréstimos sobre títulos que apresentam baixa liquidez.

Como essa devolução de caixa poderia ser realizada? Preferencialmente, retrocedendo os passos financeiros que levaram à difícil situação atual. Em vez de direito de compra de ações, que as empresas ofereçam a seus acionistas o direito de venda de ações em uma proporção fixa e a um preço estabelecido! Esse preço estaria acima do atual mercado, mas, em muitos casos, abaixo dos ativos líquidos de curto prazo por cota e, portanto, bem abaixo do valor contábil. Do ponto de vista das empresas, o resultado dessas recompras com desconto seria o aumento no superávit e no ativo circulante líquido por cota para as ações restantes.

Algumas empresas seguiram esse procedimento. Uma das primeiras foi a Simms Petroleum. Recentemente, a Hamilton Woolen ofereceu a compra de um sexto das cotas em circulação ao preço de $65 *pro rata*, que é quase igual ao ativo líquido de curto prazo e consideravelmente acima dos preços anteriores de mercado. Isso representa a devolução de grande parte do dinheiro novo integralizado pelos acionistas em 1929.

Outras empresas têm devolvido o excesso de caixa para os acionistas na forma de distribuições especiais sem cancelamento das ações. A Peerless Motors é um caso desse tipo; outro é a Eureka Vacuum Cleaner, que acompanhou sua atitude com uma declaração que recomendava um movimento semelhante de outras empresas para ajudar a aliviar a depressão. Algumas empresas, notadamente os oleodutos da Standard Oil e alguns moinhos de New England, devolveram aos acionistas o capital excedente em caixa reduzindo o valor nominal da ação.

Todos esses métodos cumpriram o mesmo propósito, e as diferenças entre eles são meramente técnicas. A recompra de cotas *pro rata*, que recomendamos, é mais prática na maioria dos casos do que a redução no valor nominal, e apresenta algumas vantagens contábeis sobre o pagamento direto de dividendos especiais. Além do mais, como reversão direta do processo de tomar dinheiro dos acionistas por meio da emissão de direitos de subscrição, esse método, sem dúvida, tem forte apelo lógico.

Um número considerável de empresas tem empregado os fundos em excesso para adquirir ações através de compra na Bolsa. Isso também representa transferência de fundos corporativos para os acionistas. Sem dúvida, ela é útil para os preços de mercado e, portanto, para aqueles que se veem forçados a vender, e a recompra das cotas a preços de pechincha presumivelmente beneficia os acionistas remanescentes. Certamente, as empresas que utilizam o excesso de caixa dessa maneira estão agindo de forma mais liberal do que aquelas que ficam segurando rigidamente cada dólar no banco.

Mas essa forma de procedimento está aberta a todo tipo de objeção. Se o preço pago é considerado muito alto, os diretores ficam sujeitos a críticas por parte daqueles que continuam representando, enquanto aqueles que se beneficiaram não estão mais interessados neles ou na empresa. Se, para evitarem esse perigo, comprarem apenas quando os preços forem excessivamente baixos, não conseguirão evitar a aparência de ter obtido injusta vantagem sobre as necessidades de seus acionistas. Além disso, essas operações de mercado reservadas podem oferecer oportunidades de lucros questionáveis para diretores e pessoas com informações privilegiadas.

A Bendix Aviation Company recentemente deixou de pagar seus dividendos e, ao mesmo tempo, anunciou sua intenção de comprar um grande bloco de cotas no mercado acionário. Outras empresas ricas em caixa seguiram a mesma política, embora, em geral, sem chegar a revelar publicamente seu plano de compra de ações. Esse procedimento contém possibilidades de graves injustiças aos acionistas. Quando existem superávit acumulado e excesso de caixa disponível, a primeira obrigação dos diretores é utilizar o caixa livre para manter dividendos razoáveis.

O principal motivo para acumular superávits nos bons anos foi tornar possível a continuidade dos dividendos em anos ruins. Isso porque a falta de lucros não é em si mesma uma justificativa para deixar de fazer todos os pagamentos aos acionistas. Reter o dinheiro dos proprietários através da suspensão dos dividendos e depois utilizar esse mesmo dinheiro para comprar de volta suas ações a um preço anormalmente baixo provocado por isso é uma atitude que se aproxima perigosamente de uma prática desleal.

Essas considerações devem esclarecer por que o autor não vê as compras no mercado acionário como o melhor método para devolver o dinheiro corporativo aos acionistas. A retirada de ações *pro rata* não envolve conflito de interesses entre aqueles que vendem e os que permanecem; e não oferece oportunidade para erros de julgamento sobre táticas injustas por parte da administração.

O exame da lista parcial de empresas negociadas no atual mercado por menos do que seus ativos líquidos de curto prazo e a referência à Tabela 1 oferecida em nosso primeiro artigo publicado na edição passada (ver página 126) revelam muitos exemplos em que os caixas disponíveis são claramente excessivos. Se os acionistas exercerem forte pressão sobre seus administradores, poderão assegurar o retorno de boa parte desse caixa em excesso, com grandes benefícios para sua própria posição, para os humores do mercado acionário e para a situação bancária em geral.

Para obter os resultados desejados, os acionistas precisam primeiro estar cientes de que existe excesso de caixa; e depois precisam pelo menos dar uma folheada nos balanços patrimoniais das empresas. Em anos recentes, os escritores da área financeira têm sido unânimes em apontar como são pouco importantes os valores do ativo em comparação com o poder de ganho; mas nenhum deles parece ter percebido que o fato de ignorar os ativos e de dar ênfase aos ganhos pode ser – e tem sido – levado longe demais, com resultados bastante desastrosos.

Toda a loucura da Nova Era e das ações de primeira linha resulta dessa preocupação exclusiva com a tendência de ganhos. O mero aumento de $1 nos lucros, de $4 para $5 por cota, elevou o valor de uma ação de $40 para $75 sob o pressuposto otimista de que uma nova tendência de alta se estabeleceu, justificando um multiplicador de 15, e não de 10. Assim, a base de cálculo dos valores se torna arbitrária e principalmente psicológica, resultando que todo mundo se sente livre para apostar sem limites sob o respeitável título de "investimento".

Foi a atração dos investidores para essa desenfreada especulação que tornou possíveis a duração e a extensão sem precedentes da subida de preços de 1928-29, que, da mesma forma, tornou desastroso o colapso que se seguiu e que – como, mais tarde, ficou claro – levou a estrutura dos negócios à ruína, junto com o mercado de ações.

Um desdobramento peculiar da obsessão com os ganhos é a nova prática de contabilizar os ativos fixos por $1 para eliminar os custos de depreciação e, assim, registrar lucros maiores. A teoria é que, ao destruir os valores dos ativos, podemos aumentar a lucratividade e, portanto, aumentar o valor de mercado. Já que ninguém presta atenção nos ativos, por que carregar quaisquer ativos nos livros contábeis? Esse é outro exemplo de lógica financeira do tipo "Alice no País das Maravilhas".

Isso representa um contraste interessante com a prática muito criticada da geração passada, no sentido de inflar artificialmente as ações. Naqueles dias, os ativos fixos eram registrados arbitrariamente para aumentar os valores contábeis e, assim, facilitar um preço fictício de mercado. No lugar de inflar artificialmente os ativos, agora inflamos artificialmente os ganhos. Os procedimentos são opostos, mas o objeto e o artifício subjacente são idênticos.

Por causa da supersticiosa reverência agora concedida tanto pelos investidores quanto pelos especuladores aos demonstrativos de resultados, amplas variações nos preços de mercado podem ser ocasionadas por diferenças de métodos de contabilização puramente arbitrárias. As oportunidades para evidentes desonestidades são enormes – e nem são ignoradas.

Recentemente, uma empresa listada na Bolsa de Valores de Nova York converteu uma perda operacional em lucro pelo simples expediente de aumentar seu fundo de comércio e adicionar a diferença aos ganhos, sem se importar em mencionar esse pequeno detalhe. A administração aparentemente confiou, e não sem razão, no fato de que os acionistas não examinariam com suficiente atenção os balanços patrimoniais a ponto de conseguir detectar esse charmoso artifício.

O descaso em relação aos ativos também introduziu alguns novos truques em reorganizações e fusões. Não se permite mais aos credores receberem diretamente o caixa disponível para pagamento de seus direitos; os acionistas são forçados a consolidações que dão direitos prioritários sobre o caixa a outros títulos que anteriormente eram deles.

A Fisk Rubber Co., por exemplo, mostrava cerca de $400 em caixa disponível para cada $1 mil de dívida vencida, e quase $900 em ativos líquidos de curto prazo, excluindo as fábricas etc. Mesmo assim, o plano de reorganização proposto não oferece qualquer dinheiro a esses credores; oferece apenas ações na nova companhia.

De forma semelhante, enquanto os acionistas da Prairie Pipe Line estavam confortáveis com o fato de que, ultimamente, parecia haver por trás de sua ação $12 por cota em caixa equivalente, de repente se viram proprietários de cotas em outra companhia que não tinha caixa diretamente aplicável às suas aplicações; além do mais, essa nova ação possuía um valor total de mercado correspondente a menos da metade do caixa equivalente que detinham anteriormente.

Na opinião do autor, todos esses estranhos acontecimentos têm origem no fato de o acionista não perceber que ocupa a mesma posição fundamental e goza dos mesmos direitos legais que um sócio-proprietário de uma empresa privada. O arsenal e as pirotecnias de Wall Street obscureceram esse fato simples. Se isso apenas pudesse ficar mais claro para os milhões de investidores por todo o país, um grande passo seria dado na direção de práticas corporativas mais sólidas e de uma atitude lúcida em relação aos valores das ações.

12

As corporações ricas mas com prejuízos devem ser liquidadas?

Estamos diante de um espetáculo sem precedentes em que uma proporção superior a uma em três companhias industriais está sendo negociada por menos de seus ativos circulantes líquidos, com muitas cotadas abaixo de seu caixa disponível. Em nossos artigos anteriores, apontamos três causas possíveis: (a) ignorância dos fatos; (b) compulsão para vender e inabilidade para comprar; e (c) falta de disposição para comprar com receio de que os atuais ativos líquidos se dissipem.

Nos artigos anteriores, discutimos as duas primeiras causas e suas numerosas implicações. Porém, nem a ignorância nem a estreiteza financeira do público conseguem explicar integralmente os atuais níveis do mercado.

Se fosse possível comprar *moedas de dólar em ouro por 50 centavos sem a imposição de qualquer tipo de obrigação*, muita propaganda e muito poder de compra seriam rapidamente mobilizados para aproveitar a pechincha. Neste momento, estão disponíveis muitas *empresas moeda de ouro* ao preço de 50 centavos de dólar ou menos – mas elas possuem amarras. Embora pertençam ao acionista, ele não as controla. Ele precisa sentar e vê-las definharem e desaparecerem, na medida em que as perdas operacionais provocam prejuízo. Por esse motivo, o público recusa até o caixa disponível das empresas por seu valor de face.

Na verdade, o leitor prático deve estar se perguntando impacientemente: “Por que todo esse falatório sobre valores de liquidação se as empresas

Este artigo é o terceiro de uma série em três partes intitulada “Is American Business Worth More Dead Than Alive?” (As empresas americanas valem mais mortas do que vivas?). Reeditado com permissão da Forbes Media LLC © 1932. Reimpresso da *Forbes* (1º de julho de 1932).

não estão sendo liquidadas? Da parte dos acionistas, seu interesse na conta de caixa da empresa é tão teórico quanto na conta de instalações industriais. Se o negócio fosse dissolvido, os acionistas receberiam o dinheiro; se a empresa fosse lucrativa, as instalações industriais valeriam o que está contabilizado. Se tivéssemos algum caixa etc. etc."

Essa crítica tem força, mas existe uma resposta a ela. Os acionistas não têm o poder de tornar lucrativo o negócio, mas têm o poder de liquidar a empresa. No fundo, essa não é uma questão teórica, afinal; o assunto é bastante prático e urgente.

Essa questão também é altamente controversa. Ela inclui um indubitável conflito de *julgamento* entre a gestão corporativa e o mercado acionário, e um provável conflito de *interesses* entre os gestores corporativos e seus acionistas.

Em termos mais simples, a questão resume-se ao seguinte: os administradores estão errados ou o mercado está errado? Esses preços baixos resultam meramente de um medo injustificado ou transmitem uma severa advertência para liquidar enquanto é tempo?

Hoje, os acionistas estão deixando a resposta para esse problema, assim como para todos os outros problemas corporativos, nas mãos de seus administradores. Mas no momento em que o julgamento desses últimos é violentamente desafiado pelo veredicto do mercado acionário, parece uma infantilidade deixar que os gestores decidam se é o mercado ou se são eles que estão certos. Isso é particularmente verdadeiro quando o assunto envolve um forte conflito de interesses entre os diretores que recebem salários da empresa e os proprietários cujo capital está em jogo. Se você fosse dono de uma mercearia que estivesse indo mal, não deixaria para o gerente contratado decidir sobre a manutenção ou o encerramento dos negócios.

A impotência natural do público em face desse problema crítico fica agravada por sua aceitação de duas doutrinas perniciosas no campo da administração empresarial. A primeira é que os diretores não têm responsabilidade, ou interesse, pelo preço de suas ações no mercado. A segunda é que os acionistas de fora não sabem nada sobre os negócios e, portanto, suas opiniões não merecem consideração, a menos que sejam apoiadas pela administração.

Em função da primeira afirmação, os diretores conseguem evadir-se de todas as questões baseadas no preço de mercado de suas ações. O princípio número dois é evocado como excelente trunfo para esmagar qualquer acionista (que não esteja no controle) que tenha a ousadia de sugerir que aqueles no comando podem não estar procedendo sabiamente ou no melhor interesse de seus empregados. Os dois juntos garantem perfeita proteção aos administradores contra a necessidade de justificar aos acionistas a continuidade dos negócios quando o peso de uma opinião sólida aponta melhor resultado para os proprietários por meio da liquidação da empresa.

A noção aceita de que os diretores não precisam se preocupar com o preço de suas ações no mercado é falaciosa e hipócrita. Não é necessário dizer que os administradores não são responsáveis pelas flutuações do mercado, mas eles têm de tomar conhecimento dos níveis de preço excessivamente altos ou indevidamente baixos para as ações. Eles têm o dever de proteger seus acionistas contra desvalorizações no preço de mercado que possam ser evitadas (desde que ele esteja razoavelmente a seu alcance), assim como têm o dever de protegê-los contra perdas nos ganhos ou nos ativos que possam ser evitadas.

Se esse dever fosse admitido e houvesse uma insistência nesse sentido, nunca teria surgido a atual relação absurda entre preços cotados e valores de liquidação dos negócios. Tanto os diretores quanto os acionistas reconheceriam que o valor real de suas ações não deveria, em circunstância alguma, ser inferior ao valor de liquidação dos negócios, cujo montante, por sua vez, não seria menor do que os ativos líquidos de curto prazo.

Reconheceriam ainda que, *se a empresa como negócio em andamento não vale o montante que seria obtido pela sua liquidação, então deve ser encerrada.* Finalmente, os diretores ficariam cientes de sua responsabilidade de não permitir a redução do valor realizável da empresa e de evitar, tanto quanto razoavelmente possível, o estabelecimento de um nível de preços contínua e substancialmente abaixo do valor de liquidação.

Assim, em vez de observar com filosófica indiferença o colapso de suas ações até níveis extremamente baixos, os diretores deveriam encarar essas quedas como desafio para atitudes construtivas. Em primeiro lugar, eles devem envidar todos os esforços possíveis para manter um dividendo pelo menos proporcional ao valor mínimo real da ação. Com esse propósito, poderiam sacar livremente dos superávits acumulados, desde que a posição financeira da empresa permanecesse ilesa. Em segundo lugar, não deveriam hesitar em chamar a atenção dos acionistas para a existência de valores mínimos de liquidação em excesso no mercado e de reafirmar sua confiança na realidade desses valores. Em terceiro lugar, deveriam, sempre que possível, ajudar os acionistas, devolvendo o excesso de capital em caixa por meio de retirada de circulação ou participação *pro rata* a preço justo (como advogamos em nosso artigo anterior).

Por fim, estudariam cuidadosamente a situação e as perspectivas da empresa a fim de assegurar que o valor de realização das cotas não ficasse sujeito a uma substancial diminuição. Se considerarem que existe perigo de graves perdas futuras, deveriam analisar, de forma séria e imparcial, se os interesses dos acionistas não seriam mais bem atendidos pela venda ou a liquidação dos negócios.

Entretanto, por mais que o mercado acionário esteja forçando seu desejo pela liquidação, não há sinais de que os administradores estejam considerando seriamente o assunto. De fato, a pouca frequência de dissoluções voluntárias pelas empresas com pulverização de acionistas pode muito bem ser objeto de admiração ou de cinismo. No caso de empresas privadas, a retirada dos negócios é uma ocorrência diária. Porém, com companhias cuja posse das ações é pulverizada, esse é um dos desdobramentos corporativos mais raros.

A liquidação *após* a insolvência é, naturalmente, mais frequente, mas a ideia de fechar o estabelecimento antes da chegada do xerife parece repugnante para os cânones de Wall Street. Uma coisa pode ser dita de nossos gestores corporativos: eles não desistem. Como Josh Billings,* que, com zelo patriótico, estava pronto a sacrificar todas as suas relações com a esposa no altar de seu país, os diretores estão dispostos a sacrificar até o último dólar de seus acionistas para manter as empresas funcionando.

Mas não é verdade que os administradores pagos estão sujeitos às decisões do conselho de diretores que representam os acionistas e cujo dever é defender os interesses dos proprietários, se necessário contra os interesses dos gestores operacionais? Em tese, isso não pode ser negado, mas não funciona na prática.

As razões apareceriam em qualquer análise de uma diretoria típica. Nela, constataríamos: (a) os administradores pagos que estão, em primeiro lugar, interessados em seus empregos e depois nos acionistas; (b) os bancos de investimento cujo primeiro interesse é subscrever lucros; (c) os ban-

---

**Nota do Tradutor*: Pseudônimo do famoso humorista americano do século XIX, Henry Wheeler Shaw (12/4/1818 a 14/10/1885).

cos comerciais, cujo primeiro interesse é fazer e proteger empréstimos; (d) pessoas que fazem negócios de vários tipos com a empresa; e, finalmente (quase sempre em escassa minoria), (e) diretores interessados apenas no bem-estar dos acionistas.

Mesmo esses últimos estão, em geral, presos por laços de amizade aos funcionários (que é como vieram a ser nomeados), de modo que todo o ambiente de uma reunião do conselho não conduz a qualquer afirmação dos direitos dos acionistas contra os desejos dos gestores operacionais. Os diretores não são desonestos, mas são humanos. O autor, sendo ele mesmo membro de vários conselhos, conhece algo a esse respeito a partir da própria experiência pessoal.

A conclusão que se impõe é que a liquidação é um assunto caracteristicamente dos acionistas. Ela não apenas deve ser decidida pela preferência e o julgamento independentes deles, como, em muitos casos, a iniciativa e a pressão para efetuar a liquidação devem partir dos acionistas, e não do conselho de diretores. Em relação a isso, acreditamos que o reconhecimento do seguinte princípio seria extremamente útil:

O fato de as cotas de uma empresa estarem persistentemente sendo negociadas abaixo de seu valor de liquidação deveria justamente levar à questão de a liquidação dos negócios ser aconselhável ou não.

Por favor, observe que não estamos sugerindo que o preço baixo prova a conveniência da liquidação. Ele meramente justifica que qualquer acionista possa levantar a questão, e faz sua opinião merecer uma atenção respeitosa.

Isso quer dizer que os acionistas devem considerar o assunto com mente aberta e decidir com base nos fatos apresentados e de acordo com seu julgamento individual. Não há dúvida de que, em muitos desses casos (talvez na maioria deles), uma análise imparcial mostraria que a liquidação seria injustificada. Em condições normais, o valor dos negócios em andamento seria tão grande quando comparado com a soma realizável na liquidação a ponto de justificar atravessar a recessão, apesar das perdas operacionais atuais.

Entretanto, há que se considerar que, sob as atuais condições difíceis, os proprietários de muitas empresas poderiam concluir que fariam melhor liquidando do que continuando com os negócios. Qual seria o significado desse movimento para a situação econômica como um todo? Isso significaria mais recessão, mais desemprego, maior redução do poder de compra? Os acionistas estariam prejudicando a si mesmos? Superficialmente, pode parecer que sim, mas podem ser apresentados fortes argumentos no sentido oposto.

Podemos considerar a operação de empresas com situação pouco sólida em detrimento, e não em benefício, da nação. Sofremos não apenas pelo excesso de capacidade, mas também pela desordenada concorrência de empresas que não têm a chance de sobreviver, embora, apesar disso, continuem a existir, para o prejuízo de seus acionistas e a perturbação de seus setores de atividade.

Sem conseguir gerar qualquer lucro para si, elas destroem as possibilidades de lucro de outras empresas. O encerramento de suas atividades permitiria melhor ajuste da oferta à demanda e maior produção, com consequente redução de custos para as empresas que permanecessem. Um esforço para alcançar esse resultado está sendo feito agora no setor de tecidos de algodão.

Do ponto de vista do emprego, a demanda do produto não é reduzida pelo fechamento das unidades não lucrativas. Assim, a produção é transferida para outro lugar e o emprego no agregado pode não diminuir. Não podemos negar que haveria grandes dificuldades individuais, nem devemos minimizá-las; mas, de qualquer forma, as condições de emprego em uma empresa fundamentalmente instável devem ser extremamente precárias. Admitindo que os empregados devem ser levados em consideração, é justo destacar que nossos princípios econômicos não incluem a destruição do capital dos acionistas com o único propósito de prover empregos.

Ainda não encontramos maneira alguma de evitar que a recessão nos estrangule em meio à nossa superabundância. Mas, inquestionavelmente, existem formas de aliviar o problema atual dos acionistas, que, embora possuam tanto, só conseguem realizar muito pouco. Um ponto de vista renovado sobre essas questões poderia operar maravilhas para o infelizmente desmoralizado exército de acionistas americanos.

PARTE III

Ampliando a profissão

Benjamin Graham sempre achou que o analista tinha a responsabilidade de não apenas estudar investimentos, mas a situação do mundo. Para ele, não fazia sentido conhecer tudo sobre a árvore e nada sobre a floresta.

Entre as questões que Graham analisa nesta parte, estão: que tipo de relacionamento é apropriado com as administrações das empresas? Como a tributação poderia ser aperfeiçoada? Seria prático ou sábio que a "democracia na empresa" operasse pelos mesmos princípios da democracia política? Qual é o efeito provável da inflação do período de guerra sobre os preços das ações? Como os legisladores e funcionários do governo deveriam administrar os problemas de desemprego, déficit comercial e enfraquecimento do valor do dólar?

Graham não se fez de rogado ao se aventurar para fora de seu campo usual de conhecimento. Escreveu dois livros sobre economia internacional, *Storage and Stability* e *World Commodities and World Currency*, argumentando que atrelar os valores da moeda a uma cesta diversificada de commodities poderia ajudar a controlar a inflação e minimizar as flutuações nas taxas de câmbio.[1] Mesmo o grande John Maynard Keynes endossou o ponto de vista de Graham, ao se dispor a escrever uma nota pessoal informando a Graham que "você e eu somos fervorosos cruzados defendendo o mesmo lado".[2] Em 1943, Friedrich von Hayek elogiou o plano de Graham dizendo que era "importante... muito simples e eminentemente prático".[3] Décadas depois, Jan Tinbergen, que dividiu o primeiro Prêmio Nobel de Economia em 1969, mais uma vez fez uma citação favorável à proposta de Graham.[4] É impressionante que Graham, cujo estudo formal em economia se limitou a quatro semanas de um curso introdutório durante o segundo ano na faculdade, fosse elogiado por eminentes macroeconomistas por um trabalho fora de sua especialidade.[5]

Em "Um Questionário sobre o Relacionamento Acionista – Administração", Graham relata os resultados de uma pesquisa que realizou com 573 membros da New York Society of Security Analysis (Sociedade dos Analistas de Investimento de Nova York) em 1947. Graham estabeleceu cuidadosamente suas questões para concluir como os analistas definiam competência em gestão empresarial e quais passos viam como apropriados para serem tomados quando a gestão ficasse aquém das expectativas. De fato, o texto é um manifesto pela ação, um chamado capitalista às armas: pelas próprias respostas dos analistas, fica claro que eles acreditam existir algo que podemos chamar de gestão ruim, que não se deve passivamente permitir que péssimos administradores destruam as empresas e que os analistas têm o dever afirmativo de intervir agindo em conjunto para depor os gestores incompetentes.

Porém, como Graham destacou com crescente aborrecimento ao longo dos anos, os investidores adoram reclamar da péssima gestão empresarial, mas odeiam fazer algo a respeito disso. Uma coisa é conseguir que centenas de analistas e investidores concordem com o fato de que muitas vezes é apropriado agir; outra completamente diferente é fazer um único deles tomar qualquer atitude.

Em 1949, no livro *O investidor inteligente*, Graham escreveu com deliberada ferocidade:

> Em nossa opinião, nada em finanças é mais tolo e superficial do que a atitude firmemente estabelecida de investidores em ações ordinárias e seus consultores de Wall Street com relação às questões de gestão empresarial. Esta atitude pode ser resumida na frase: "Se você não gosta da administração, venda sua ação"... Os investidores como um todo não fizeram nada para melhorar as administrações que necessitavam de correção... Os acionistas são um completo fracasso. Analisados como classe, não demonstram nem inteligência nem vigilância. Eles votam como rebanho por qualquer coisa recomendada pela administração, não importando quão ruim possa ser o histórico de realização dessa administração... Anos de experiência nos ensinaram que a única maneira de incentivar o acionista americano médio a assumir *independentemente* uma ação perspicaz seria explodindo um rojão sob ele.[6]

As constatações da pesquisa que Graham fez com os analistas em 1947 provavelmente não seriam muito diferentes do que um questionário equivalente revelaria hoje. Vale a pena destacar os resultados específicos:

- 97% dos participantes acreditavam que a determinação da competência da administração é parte do trabalho do analista.
- 50% achavam que metade de todas as empresas conta com uma gestão insatisfatória.
- 61% apoiavam o voto agrupado para diretores.
- 72% acreditavam que pelo menos uma "minoria substancial" de diretores deveria ser independente, com 51% de todos os analistas preferindo que fosse a maioria.
- 94% achavam que o registro de lucros ruins "requer uma investigação por parte dos acionistas".
- 57% acreditavam que os diretores deveriam estabelecer dividendos em um nível que refletisse o valor intrínseco da ação.
- 83% concordavam que a administração tem o dever de informar os acionistas sobre "qualquer oferta de compra de um número substancial de cotas acima do atual preço de mercado".

Um termo requer explicação aqui. Sob "votos agrupados", os acionistas podem dividir seus votos por procuração da forma que escolherem. O dono de 10 mil cotas, por exemplo, podia lançar todos os 10 mil votos a favor (ou contra) um único diretor, ou dividi-los entre os diretores, se desejasse. Bastante comum nos Estados Unidos na época de Graham, o voto agrupado tem sido eliminado em décadas recentes pelos legisladores estaduais. Na ocasião, o voto agrupado foi abusivamente utilizado por *greenmailers** e outros que obtinham grandes blocos de cotas para assegurar tratamento especial para seus próprios interesses, gerando divisões e tumulto nas reuniões de diretoria. Porém, também era uma forma altamente efetiva de os investidores inteligentes exercitarem seu legítimo direito de influenciar as empresas que possuíam. Graham era favorável a ela – principalmente como meio de trazer pessoas independentes de fora para dentro de um conselho entrincheirado, com o propósito expresso de monitorar a competência e equidade da administração. Hoje, Graham ficaria pensando por que mais investidores não consideraram forçar a restauração de pelo menos alguns direitos dos votos agrupados como lei estadual.[7]

Em "Acionistas Controladores *versus* Acionistas de Fora", Graham explora o quebra-cabeça do motivo da não existência de uma democracia empresarial em uma demo-

---

**Nota do Tradutor*: *Greenmailing* é a prática de adquirir uma quantidade suficiente de cotas de uma empresa para ameaçar a mudança de controle acionário e, assim, forçar a empresa a comprar de volta essas cotas com um prêmio ou ágio para suspender a aquisição.

cracia política. Graham lista as condições que precisariam ser atendidas antes que "a massa" de investidores pudesse "escolher os líderes e rejeitar políticas importantes" nas empresas, da mesma forma que fazem nas cabines eleitorais:

- Primeiro, que nenhum grupo ou indivíduo possua a maioria das ações.
- Segundo, que os que apoiam a gestão não tenham o controle administrativo (ou mais do que 20% das cotas).
- Terceiro, que "o acionista de fora seja capaz e esteja disposto a formular julgamentos independentes sobre questões específicas das empresas".

Teoricamente, nada mais é exigido. Mas, alerta Graham, "para traduzir o poder teórico em ação democrática efetiva, será necessário um grande avanço na educação dos acionistas". Os analistas devem assumir um papel preponderante em ajudar os investidores a compreenderem que a política de dividendos está no centro da luta entre os proprietários controladores e os de fora. Os acionistas controladores têm interesse pessoal em manter os dividendos baixos para evitar o atual imposto de renda sobre suas grandes participações. Além do mais, para minimizar os impostos estaduais e sobre doações, eles geralmente ficam bastante felizes ao deixarem que o valor de mercado das ações permaneça em valores baixos; o valor reduzido do preço das ações também permite que eles ampliem suas participações ou transformem a empresa em privada a um custo bem baixo. Assim, os acionistas controladores e os de fora acabam detendo interesses diametralmente opostos. Graham fornece um exemplo surpreendente de duas empresas com valores contábeis semelhantes e com preços de mercado drasticamente diferentes; os investidores favoreciam a empresa que pagava dividendos, embora as duas fossem similares em todos os outros aspectos.[8]

Dinheiro é poder e os dividendos tiram o caixa do controle dos acionistas que estão dentro das empresas e o distribuem aos investidores de fora. Assim, o dividendo é um dos únicos meios efetivos de nivelar o campo de jogo. Graham apresenta o argumento notável de que a definição de obrigação fiduciária deveria ser estendida para proteger os acionistas minoritários de "graves perdas em razão de uma política de dividendos essencialmente arbitrária ou egoísta". Enquanto isso, as empresas deveriam tornar transparente sua política de dividendos – explicando antecipadamente qual a proporção dos ganhos que os investidores poderiam esperar receber como dividendos, em circunstâncias normais.

A necessidade de vigilância não se extingue assim que você compra uma ação; ela acaba somente depois que você vende. Como escreveu Graham em 1951:

> Um investimento sólido em ações ordinárias requer comportamentos e atitudes sólidas por parte dos acionistas... Se um acionista pretende enxergar a si mesmo como coproprietário da empresa em que colocou seu dinheiro, em alguns momentos ele precisa estar pronto para agir como um verdadeiro dono e tomar as decisões associadas à propriedade. Se ele quiser que seus interesses sejam plenamente protegidos, precisa estar disposto a fazer algo por si próprio nesse sentido.[9]

Graham nunca deixou de acreditar que um investidor inteligente precisa também ser um proprietário inteligente. Porém, com tristeza, Graham parou de acreditar que algum dia conseguiria persuadir os investidores a exercitarem seus direitos. À medida que os anos foram passando, Graham desistiu do esforço de falar para os analistas e investidores monitorarem as políticas, ações e remunerações dos administradores das empresas que possuíam.

Em 1949, Graham dedicou mais de um oitavo da primeira edição de *O investidor inteligente* a uma discussão dos direitos e responsabilidades dos acionistas. Até a última revisão durante sua vida, em 1972, Graham havia reduzido essa mensagem a uma superficial explicação de oito páginas sobre dividendos. Após décadas insistindo com os investidores para que reivindicassem seus legítimos direitos, somente para ver suas palavras continuamente ignoradas, Graham finalmente jogou a toalha.

A nós, resta a esperança de que uma nova geração de analistas e investidores venha a intensificar e seguir as sugestões de Graham, no sentido de que a administração das empresas em todos os lugares seja mantida com métricas simples e consistentes de desempenho e remuneração. Podemos também ter esperanças de que sempre que a administração ficar aquém das expectativas, os acionistas escolherão votar pensando com a cabeça, em vez de correr com os pés.

Em "Qual o caminho para aliviar a dupla tributação dos lucros das empresas?", Graham ataca um problema que ainda está conosco quase meio século depois: como eliminar a pesada dupla tributação sobre os dividendos das empresas. Ele escreveu em uma época de maior taxação de imposto de renda das empresas e muito maior imposto de renda de pessoas físicas do que hoje, mas pouco foi mudado. Graham se preocupava com o fato de que as empresas se movimentassem para substituir o patrimônio por dívida em sua estrutura de capitais – uma vez que, como os bancos de investimento gostavam de dizer, a dedução das despesas de juros na declaração de imposto de renda tornava os "bônus mais baratos do que o patrimônio" para o emissor. Ele tinha a expectativa de que as empresas utilizassem mais "bônus sobre rendimentos" (dívida de longo prazo cujos pagamentos de juros variavam com os ganhos líquidos do emissor), como forma de minimizar a carga tributária. Os bônus de rendimento parecem nunca ter tido o renascimento que Graham esperava.[10] Mas o tratamento desigual na tributação de ações e de bônus continuou a distorcer o comportamento dos emissores e dos investidores – por exemplo, fazendo as empresas acumularem dívidas para recomprar as cotas, em vez de pagar dividendos. Graham oferece várias soluções, mas nenhuma delas foi completamente adotada. Em um mundo no qual as pressões fiscais podem forçar maiores alíquotas de impostos – mas no qual também o capital tenderá a fluir para os mercados com as regras fiscais menos punitivas –, os analistas podem achar que vale a pena estudar como os juros e os dividendos são tributados em diferentes domicílios.

Em "A economia de guerra e os valores das ações", Graham dispara sua artilharia contra os pessimistas de todas as eras, inclusive a nossa. Na época, como agora, o mundo estava na iminência da turbulência e do terror. A Guerra da Coreia, em uma península distante, era a menor das preocupações dos Estados Unidos; a Guerra Fria entre os Estados Unidos e a União Soviética representou a possibilidade real de extermínio da raça humana. Como escreveu Graham: "Os Estados Unidos enfrentam o novo e angustiante perigo de destruição física em larga escala e vítimas civis de magnitudes incalculáveis." Naquele mesmo ano, ele também escreveu:

> A possibilidade de uma terceira guerra pesa enormemente em todas as nossas mentes... O efeito dessa guerra sobre nós e nossas instituições é incalculável. Mas no campo da análise de investimento precisamos considerar somente sua influência sobre a escolha entre vários investimentos em títulos e entre vários investimentos em títulos e dinheiro (papel)... Uma vez que a guerra e a inflação são inseparáveis, papel-moeda e títulos pagáveis em montantes específicos de papel-moeda parecem oferecer menos proteção básica ou financeira do que ações ordinárias bem escolhidas, que representam a posse de ativos tangíveis e produtivos.[11]

Assim, conclui Graham, a subida do mercado acionário desde o início da Guerra da Coreia é racional. Em vez de entrarem em pânico, como geralmente fizeram no início de outras guerras, os investidores estão sensivelmente incorporando hipóteses de uma futura inflação mais alta em suas expectativas sobre os valores das ações (em outro lugar, ele observa que nem a Primeira nem a Segunda Guerra Mundial tiveram "impacto excepcional sobre os preços das ações").[12] Graham observa também que, no longo prazo, a inflação crescente e o dólar em queda parecem estar correlacionados aos maiores preços das ações, embora as ações não sejam uma proteção perfeita contra a inflação. Assim, ele conclui, os investidores estão certos em aumentar as ações em face da guerra; ele acabou acertando, pois os anos 1950 se revelaram como uma das décadas com maiores movimentos de alta da história do mercado acionário.

Em "Algumas relações estruturais que influenciam o pleno emprego" e "Nosso balanço de pagamentos: a 'conspiração do silêncio'", Graham aborda dois assuntos de política macroeconômica do ponto de vista de um analista de investimentos.

No primeiro, Graham constata que, no longo prazo, a produtividade cresceu ainda mais rapidamente do que o consumo. Assim, conclui, o problema não é que a economia dos Estados Unidos não consiga fornecer empregos suficientes; o problema é que muitos americanos estão trabalhando ainda mais arduamente do que precisariam. Ele sugere que a solução seria encurtar a semana de trabalho, abrindo espaço para mais trabalhadores.[13] A semana de 35 horas de trabalho tentada na França por alguns anos contribuiu pouco para reduzir o desemprego naquele país, mas a análise de Graham se aplica especificamente a economias com elevado crescimento perto do pico da capacidade de utilização. Sua ideia ainda tem potencial para reduzir o desemprego em países que estejam se expandindo rapidamente.

No segundo, Graham argumenta que políticos e comentaristas entenderam mal as causas da deterioração do balanço de pagamentos dos Estados Unidos – que levou a uma queda do valor do dólar. Ele sustenta que ela surgiu não dos desequilíbrios comerciais básicos ou dos excessivos gastos dos EUA no exterior, mas sim do rápido aumento no ritmo de investimentos estrangeiros feitos por empresas e cidadãos americanos. Em outras palavras, os Estados Unidos não estiveram consumindo nem importando em excesso do exterior; estiveram investindo em excesso. Graham destaca que os investimentos feitos no exterior devem ser vistos como ativos, e não como passivos. Ele também alerta para a possibilidade de o aumento das taxas de juros nos Estados Unidos não obter sucesso na atração de "capital de longo prazo" do exterior e que a desvalorização do dólar talvez não resolva o déficit do balanço de pagamentos. Quase meio século depois, quando os déficits orçamentários agigantam-se e o dólar está novamente na defensiva, os argumentos de Graham justificam uma releitura.

NOTAS

1. Benjamin Graham, *Storage and Stability: A Modern Ever-Normal Granary* (Nova York: McGraw-Hill, 1937); Benjamin Graham, *World Commodities and World Currencies* (Nova York: McGraw-Hill, 1944).

2. Janet Lowe, *Benjamin Graham on Value Investing* (Nova York: Penguin, 1996), p. 116.
3. F.A.Hayek, "A Commodity Reserve Currency", *The Economic Journal*, v. 53, n. 210/211 (jun-set. 1943), pp. 176-184; citado da p. 179.
4. Benjamin Graham, *The Memoirs of the Dean of Wall Street*, (Nova York: McGraw-Hill, 1996), p. 335.
5. Ibid., pp. 104-105, 293. Para uma discussão detalhada sobre as opiniões de Graham sobre commodities e moedas, ver Perry Mehrling, "The Monetary Economics of Benjamin Graham: A Bridge between Goods and Money?", *Journal of the History of Economic Thought* (a ser publicado em 2010).
6. Benjamin Graham, *O investidor inteligente* (Rio de Janeiro: Editora Nova Fronteira, 2007), pp. 19-20, 217, 240. Itálicos no original.
7. Somos gratos ao professor Tamar Frankel, da Boston University School of Law, por fornecer este panorama. Ver também Jeffrey N. Gordon, "Institutions as Relational Investors: A New Look at Cumulative Voting", *Columbia Law Review*, v. 94, n. 1 (jan. de 1994), pp. 124-192, e Benjamin Graham e David L. Dodd, *Security Analysis* (Nova York: McGraw-Hill, 1951), p. 619.
8. O exemplo de Graham vem de Norvin R. Greene, "How Much Responsibility Does Management Have for the Price Level of Its Company's Stock?", *Financial Analysts Journal*, v. 8, n. 5 (nov. de 1952), pp. 42-43.
9. Graham e Dodd, *Security Analysis* (1951), p. 620.
10. Alguns bônus corporativos de elevado rendimento e parcelas de títulos garantidos por hipotecas oferecem fluxos de pagamentos que variam com as flutuações dos fluxos de caixa das hipotecas subjacentes, mas os emissores não estavam motivados primordialmente por considerações envolvendo tributação.
11. Graham e Dodd, *Security Analysis* (1951), p. viii.
12. Ibid., p. 12.
13. Em outro lugar, Graham propôs aquilo que chamou de "ano de trabalho flexível": um programa para reduzir o número de horas trabalhadas por ano pelo trabalhador médio. Ele passou cerca de 20 anos refinando essas ideias, as quais foram resumidas em *Benjamin Graham on the Flexible Work-Year: An Answer to Unemployment* (Santa Bárbara, Calif.: Center for the Study of Democratic Institutions, 1964).

13

Um questionário sobre o relacionamento acionista–administração

Em junho de 1947, o autor deste artigo enviou um questionário para os membros da New York Society of Security Analysts (NYSSA – Sociedade dos Analistas de Investimento de Nova York), com sete perguntas sobre o relacionamento entre o acionista e a administração da empresa. Foi recebido um total de 573 respostas. Nossa intenção é incluir os resultados desse questionário em uma revisão completa de nosso livro *Security Analysis*, no qual os autores estão atualmente engajados. Os membros da NYSSA podem estar interessados na discussão que fazemos a seguir sobre as várias questões e suas respectivas respostas.

QUESTÃO 1: Você acredita que a competência da administração seja uma consideração prática a ser feita na seleção de ações?

RESPOSTAS:	Sim	558
	Não	14
	Sem resposta	1

DISCUSSÃO: A palavra-chave para essa pergunta é "prática". Todos devem concordar que a competência da administração tem um efeito muito importante sobre o sucesso de qualquer investimento em ações. Mas essa competência pode ser avaliada pelo analista de investimentos como tão sábia a ponto de entrar em sua seleção de ações ordinárias? Os próprios

Reimpresso do *The Analysts Journal*, v. 3, n. 4 (quarto trimestre de 1947): 57-62, com permissão.

analistas responderam, em sua maioria, de forma afirmativa. Claramente, eles tentam formar alguma ideia a respeito da competência da administração em seu trabalho prático de análise de investimentos.

QUESTÃO 2: De 100 empresas escolhidas aleatoriamente, qual percentual, você imagina, tem uma administração plenamente satisfatória?

As respostas cobriram um amplo intervalo e estão resumidas na tabela a seguir:

Percentual "Plenamente Satisfatório"	Respostas
0-25%	142
26-50%	143
51-75%	140
76-100%	61
	486
Não estimaram	87

O ponto médio das estimativas está abaixo de 50%.

DISCUSSÃO: A maioria dos analistas estava disposta a expressar alguma ideia, reconhecidamente aproximada, sobre a prevalência de administrações boas ou ruins. Utilizamos a expressão "plenamente satisfatória" sem uma explicação. Em nossa opinião, a administração será "plenamente satisfatória" se nenhuma crítica concreta puder ser oferecida contra ela. Aquelas não inteiramente satisfatórias podem merecer ser mantidas, mas, presumivelmente, seus métodos deveriam ser melhorados. As respostas mostram uma variação bastante ampla sobre a visão de nossos membros em relação à prevalência de administrações "plenamente satisfatórias". Independentemente de como a expressão devesse ser construída, o número mediano abaixo de 50% parece significar que, na mente dos analistas de investimentos, existem espaço amplo e talvez a necessidade de se realizarem mudanças nos métodos administrativos ou de gestores.

Se os analistas estiverem corretos sobre esse ponto, então parece que os acionistas, como grupos proprietários, devem se interessar ativamente pela questão de competência gerencial. Onde estiver faltando, eles devem seguir todos os passos razoavelmente apropriados para melhorar a situação. Na opinião do autor, mesmo que o número de gerências corporativas insatisfatórias fosse tão baixo quanto 10%, isso significaria que o assunto é de real importância na área de investimentos.

QUESTÃO 3: Você é a favor de votos agrupados para diretores?

RESPOSTAS:	Sim	349
	Não	169
	Sem resposta	55

DISCUSSÃO: O voto agrupado é um meio pelo qual um grupo minoritário bastante grande de acionistas consegue exercitar uma parte de sua função gerencial assegurando representação no conselho de diretores. Cerca de metade dos estados tornou obrigatório o voto agrupado;[1] em muitos outros, pode ser previsto nos estatutos de direitos ou no ato constitutivo das empresas. Se a opinião majoritária de nossos membros sobre esse assunto for sólida, os acionistas deveriam ser orientados a introduzir o voto agrupado em suas respectivas corporações. Isso pode ser realizado votando uma resolução com esse fim na assembleia anual.

A administração encarregada provavelmente se oporá a tal resolução, pois, de alguma forma, ela ameaça sua posição, e tentará transformar o assunto como o de confiança geral em sua integridade e capacidade. O acionista típico automaticamente apoia a administração em questões desse tipo. Assim, os proponentes do voto agrupado ou qualquer reforma corporativa semelhante lutarão contra a grande oposição inicial. Porém, ela poderá ser superada por uma campanha persistente de educação, que deve se amparar fortemente no apoio de analistas de investimento e de outras autoridades financeiras.

QUESTÃO 4: Você acredita que a maioria (ou uma substancial minoria) dos diretores de uma empresa típica deva ser independente da gestão operacional – especificamente, que não devam receber salários ou outras remunerações substanciais da empresa?

RESPOSTAS:	A maioria	291
	Uma minoria substancial	120
	Nenhum deles	80
	Sem resposta	82

DISCUSSÃO: As críticas à nossa estrutura empresarial geralmente sustentam que o conselho de diretores típico, embora, em tese responsável pela seleção e a avaliação da gestão operacional, não exercita de fato um julgamento independente sobre essa questão. Claramente, esse é o caso em que os próprios funcionários constituem a maioria do conselho, ou quando a maioria é constituída por eles e outros diretores a eles associados por laços de amizade ou função.

Nossa questão implica uma solução bastante radical desse problema ao tornar a maioria ou uma substancial minoria do conselho independente da gestão operacional. Já que eram possíveis três opções, houve maior dispersão das respostas a essa questão do que nas outras. Mais da metade votou a favor de uma maioria de diretores independentes, e mais de 80% daqueles que expressaram uma opinião preferiram a maioria ou uma substancial minoria.

Segundo o autor, a opinião prevalecente é bastante sólida. Seria apropriado que os acionistas se movimentassem para mudar a estrutura de muitas empresas, de forma a propiciar uma maioria (ou pelo menos uma substancial minoria) de diretores-acionistas independentes. Não estamos querendo dizer que, quando os funcionários dominam o conselho, o resultado seja sempre insatisfatório para os acionistas. Pelo contrário, algumas de nossas empresas mais bem-sucedidas contavam com esse tipo de arranjo. Mas, certamente, essas companhias não teriam sido prejudicadas pela presença de vários representantes de acionistas de fora. Além disso, muitas empresas relativamente sem sucesso poderiam ter sido muito beneficiadas pela injeção de pensamento novo e independente em seus conselhos.

Sobre esse ponto, gostaríamos de citar uma carta que nos foi enviada em resposta a nosso questionário por um membro que detém elevada posição em um de nossos principais bancos:

> É minha opinião que o principal trabalho de um diretor é ver se existe uma boa gestão. Se a maioria do conselho é constituída por

> membros da administração, isso faz com que ele se perpetue e torna impossível se livrar de uma gestão que seja ruim. Penso ser extremamente importante que a maioria do conselho seja independente da gestão operacional. Entretanto, devem ter salários com um valor que torne possível atrair para esses conselhos o tipo certo de homens e que os remunerem adequadamente, em função dos riscos que assumem como diretores. A cada dia, está se tornando mais comum os diretores receberem salários acima de $5 mil e, em alguns casos, até $10 mil.

A sugestão de que seja pago um salário anual justo para os diretores independentes foi feita em várias das respostas. Essa remuneração normalmente não seria tão substancial a ponto de tornar os diretores equivalentes a um adicional de pessoal operacional.

QUESTÃO 5: Se a média de lucros de uma empresa não mostrar um retorno razoável sobre o capital dos acionistas, e se for substancialmente menor do que a do setor como um todo, você acredita que esse fato exigiria uma investigação pelos acionistas?

RESPOSTAS:	Sim	539
	Não	18
	Sem resposta	8

DISCUSSÃO: Essa questão muda a ênfase da estrutura da administração para a medição de seus resultados. Se for para melhorar uma administração ruim, ela precisa, em primeiro lugar, ser identificada como ruim. A verificação apresentada na questão fornece evidência fundamental sobre a necessidade de melhoria. Não estamos sugerindo que, se os resultados forem ruins, os gestores devam ser substituídos (como normalmente acontece no beisebol), mas somente que os proprietários venham a olhar com cuidado para a questão.

O voto maciço a favor de uma investigação pelo acionista nesses casos pode parecer um pouco surpreendente se pensarmos que não se ouve falar sobre esse tipo de atitude na prática. Em nossa opinião, talvez esse voto seja o mais significativo no questionário, pois destaca o enorme abismo entre o que deveria acontecer na relação acionista-administração e o que realmente acontece.

Os mecanismos para estabelecer esse tipo de investigação pelos acionistas estão prontamente à disposição. Como no caso do voto agrupado, basta uma resolução apropriada na assembleia anual. A resolução deve requerer um estudo dos métodos e da eficiência geral da administração, a ser realizado por especialistas consagrados nesse campo, que devem se reportar diretamente para um comitê de acionistas independentes nomeados na resolução.

O problema, naturalmente, é conseguir forçar essa resolução, quando justificada, mesmo contrária à posição da administração. Se os analistas de investimento derem seu apoio aos esforços dos acionistas por esse tipo de prática (como, aparentemente, são a favor em teoria), não demorará muito para que esse tipo de técnica seja amplamente adotada como meio de melhorar a posição do interesse do proprietário.

QUESTÃO 6: Você acredita que é obrigação dos diretores pagar dividendos, dentro dos ganhos médios do negócio, que sejam razoavelmente proporcionais ao valor intrínseco das ações, na medida em que determinam esse valor?

RESPOSTAS:	Sim	329
	Não	162
	Sem resposta	74

DISCUSSÃO: Uma fonte de reclamação dos acionistas é o pagamento de dividendos inadequados. A administração invariavelmente justifica um dividendo mesquinho com base no argumento de que a empresa e os acionistas se beneficiam ao manter os lucros dentro dos negócios. A pergunta implica em um critério simples para um dividendo apropriado de forma que, quando os lucros forem suficientemente grandes, os acionistas recebam um dividendo proporcional ao valor de seu investimento. Na situação atual, uma taxa apropriada seria nada menos do que 4% sobre tal valor. Como essa taxa está sujeita a muita polêmica, nossa pergunta implica que os diretores formem a própria ideia sobre o valor da empresa e depois deem seu melhor para manter a política de dividendos razoavelmente alinhada com esse valor.

Algumas respostas destacaram que a política de dividendos precisa levar em conta a posição e as necessidades financeiras da empresa, assim como seus lucros médios. Sem dúvida, isso é verdade. Uma posição financeira fraca requer claramente um conservadorismo nos dividendos. Mas, em geral, surge uma real controvérsia quando a administração está com a expansão em mente. Os acionistas podem muito bem contestar a possibilidade de essa expansão ter um melhor financiamento através da venda de ações adicionais do que retendo os dividendos, pois essa última opção geralmente condena suas cotas a um rendimento indevidamente baixo e a um preço de mercado indevidamente baixo. A política a ser seguida para financiar a expansão dependerá de cada caso em particular. Porém, se os diretores forem guiados pela premissa de que devem pagar um dividendo razoável sobre um valor razoável para a ação, isso seria em benefício dos acionistas, a menos que sejam forçados a agir de outra forma, por condições que não lhes deixem alternativa melhor.[2]

QUESTÃO 7: Você acredita que é obrigação da administração transmitir aos acionistas qualquer oferta de aquisição de substancial número de cotas acima do atual preço de mercado?

RESPOSTAS:	Sim	477
	Não	67
	Sem resposta	21

DISCUSSÃO: Uma maneira de melhorar uma administração insatisfatória é por meio da aquisição do controle por novos interesses. Algumas vezes, eles estão dispostos a pagar pelo controle bem acima do preço de mercado, principalmente pelo fato de a ação poder estar desvalorizada no mercado, por conta dos resultados da administração responsável. Nossos membros assumem o que parece ser a visão óbvia de que seja conferido o direito a cada acionista de decidir por si mesmo se aceita ou não esse tipo de oferta para suas ações. No entanto, os gestores têm conseguido encontrar brechas legais para se recusar a disponibilizar essas ofertas aos proprietários da empresa. Como em outras questões cobertas por esse questionário, a diferença entre a opinião dos analistas de investimento e o que realmente ocorre indica claramente que os acionistas devem acordar.

NOTAS

1. Em 1941, os estados do Arizona, Arkansas, Califórnia, Idaho, Illinois, Kansas, Kentucky, Michigan, Mississippi, Missouri, Montana, Nebraska, Dakota do Norte, Pensilvânia, Carolina do Sul, Dakota do Sul, Washington, West Virginia, Wyoming, Minnesota, Ohio e Carolina do Norte adotavam votos agregados obrigatórios sob certas condições.
2. Na discussão das relações com os acionistas, compare a seguinte afirmação extraída do *Wall Street Journal* de 7 de agosto de 1947: "Funcionários de empresas dizem em particular para representantes da Bolsa que as melhores relações com os acionistas são dividendos constantes *a uma taxa satisfatória*" (itálico nosso).

14

Qual o caminho para aliviar a dupla tributação dos lucros das empresas?

Uma lei de reforma tributária está a caminho e todos esperam que ela propicie algum alívio para a dupla tributação dos dividendos. Aparentemente, ninguém apoia o princípio da "dupla mordida"; sua única desculpa é a necessidade de receita. A eliminação completa da segunda tributação custaria ao Tesouro pelo menos $3,5 bilhões. No quadro orçamentário atual, uma soma anual tão grande não pode ser perdida nem substituída por outros impostos. Logo, os investidores devem limitar suas expectativas iniciais por um alívio parcial, chegando talvez a um quinto do total envolvido. A previsão geralmente feita é que os contribuintes poderão se beneficiar de um crédito de 5% a 10% dos dividendos recebidos contra os impostos a pagar. Esse tipo de alívio já foi proporcionado pelo Canadá. Outros esperam a isenção linear de uma pequena parcela do rendimento com dividendos – digamos 10% ou $200, o que for menor.

Gastaram-se muito mais esforços na condenação da dupla tributação como injusta e destrutiva do que em pensar em formas de alívio mais práticas e desejáveis. Desde o início, deve-se ter em mente que existem basicamente duas abordagens diferentes para o problema. A primeira tributaria apenas a empresa; a segunda cobraria apenas do acionista e isentaria a empresa, conforme a distribuição dos lucros. Ambas as abordagens têm antecedentes em nossa história fiscal e guardam analogia na atual lei tributária. Cada uma delas também tem as próprias vantagens, principalmente no sentido de sanar pontos de vista falaciosos e práticas geradas pelas pesadas taxas de impostos.

Reimpresso do *The Analysts Journal*, v. 10, n. 1 (fevereiro de 1954): 15-17 com permissão.

Neste artigo, consideraremos algumas implicações específicas do atual sistema de dupla tributação em relação às políticas empresariais e de investimento. Não discutiremos o efeito geralmente desestimulante da pesada carga somada sobre o empreendedorismo nos negócios. Esse é um motivo já familiar de reclamação. Por outro lado, deve-se destacar que *até agora* não se observou uma substancial contração na atividade empresarial em geral que pudesse ser identificada por culpa da alíquota de imposto. O fato pode ser explicado em parte pelo grande componente não monetário ou não contabilizado nas empresas americanas, principalmente nos negócios em larga escala – um tema não explorado adequadamente por nossos economistas e sociólogos. Provavelmente, o mais importante é o fator de inércia ou reação retardada. Os empresários e investidores não agem agora de acordo com a lógica tributária, porque leva um bom tempo para que uma consideração externa como alíquotas de impostos altere atitudes e hábitos arraigados na vida e nos negócios.

Isso explica também o fato surpreendente de os empresários e investidores não adotarem políticas específicas (nas áreas de organização, estrutura de capital, atitudes e procedimentos quanto aos dividendos, e assim por diante), com o objetivo de minimizar, na medida do possível, o impacto da tributação. Porém, a menos que a carga seja diminuída no futuro, é seguro prever que essas adaptações serão feitas em um ritmo crescente. Se nossa economia vier algum dia a ser realmente controlada por fatores fiscais – se todas as implicações de nossas leis e regulamentos tributários se refletissem completamente em nossas atividades empresariais e de investimento –, os Estados Unidos se encontrariam em uma situação bastante difícil.

Reações ao imposto de renda de pessoa jurídica

A parcela da pessoa jurídica do duplo imposto deveria logicamente produzir duas grandes reações ou tendências. A primeira seria a substituição da forma empresarial, sempre que possível, pela forma de sociedade – principalmente, a forma de sociedade limitada. A segunda seria a introdução do maior componente possível de títulos remunerados por juros na estrutura de capital – preferencialmente, bônus vinculados aos lucros das empresas – para poder usufruir da dedução dos juros do lucro tributável.

Existem limitações sobre a disponibilidade de ambos os métodos para derrotar o imposto sobre pessoas jurídicas. Naturalmente, é inconcebível que nossas grandes empresas venham algum dia a se transformar em qualquer forma de sociedade. Mas quando nos lembramos que existem nos Estados Unidos cerca de 500 mil empresas incorporadas (Inc.) abrangendo todas as gradações possíveis de tamanho e estrutura de participação, se torna evidente que há espaço para mudanças de longo alcance nas formas organizacionais das empresas. A recente imposição de um imposto sobre excesso de lucros (pela quarta vez em cerca de uma geração e, nos últimos três casos, aplicado somente às empresas) deu uma dimensão extra para o abismo entre alíquotas de sociedades e de empresas.

Anos atrás, a incorporação foi amplamente adotada para *reduzir* o impacto dos impostos em empresas privadas. Com o reinvestimento dos lucros, evitando, assim, o imposto sobre dividendos, e com a tarifa de imposto das empresas em 15% ou menos, a aritmética favoreceu claramente a empresa sobre uma sociedade próspera. Hoje, assumindo nenhum pagamento de dividendos, mas a realização final de lucros através da venda de investimentos, o típico proprietário de empresa depara com um imposto de aproximadamente 63%. Em muitos casos, a carga tributária é ainda maior.

É fundamentalmente pouco saudável ter formas de negócios corporativos e não corporativos afetados por sistemas de taxação completamente diferentes. Voltaremos a comentar este ponto mais tarde.

Os juros de bônus são dedutíveis do imposto por uma empresa; os dividendos preferenciais e ordinários não são. Assim, se todos os atuais dividendos pudessem ser pagos na forma de juros de títulos, a dupla tributação seria eliminada. Pois, pela nossa suposição, tudo que fosse pago seria isento de imposto de pessoa jurídica e tudo que fosse retido seria livre de imposto pessoa física. Existem duas maneiras como esse resultado poderia ser obtido de forma concebível. A primeira seria mudando a lei, colocando os pagamentos de dividendos na mesma base de imposto que os pagamentos de juros; a segunda seria mudando a estrutura de capital da empresa, de forma que tudo, menos um valor nominal do capital atual, fosse transformado em dívida – presumivelmente, bônus de longo prazo vinculados ao lucro das empresas.

A forma como o pensamento tradicional ou "institucional" impede o pronto ajuste da política em condições novas é bem ilustrado pelo fato de as empresas não utilizarem o instrumento de bônus vinculados ao lucro por seu valor de economia de impostos (certamente, a conhecida má reputação dos bônus vinculados ao lucro é um fator importante nesta questão, mas algumas emissões colocadas por empresas realmente fortes avançariam muito, no sentido de quebrar essa barreira). O Tesouro e os tribunais não permitiriam que o estratagema de bônus vinculados ao lucro fosse conduzido além de certos limites (ainda não claramente definidos), mas as decisões registradas dão bem mais espaço de ação do que as empresas estão dispostas a aceitar.

Nossa previsão é que o peso da dupla tributação superará no final as objeções tradicionais em relação aos bônus vinculados aos lucros (ou outra dívida com "cláusulas de escape" para o emissor) e que, uma vez que o novo procedimento esteja firmemente estabelecido, se espalhará cada vez mais rapidamente. Isso servirá para criar um abismo de taxação entre empresas com e aquelas sem estruturas de dívida em larga escala. Dificilmente, tal desdobramento seria bem-vindo. Pois boa parte do poder de ganho aparente e do valor de investimento dependeria então das escolhas feitas em relação à estrutura de capital. Além do mais, a contribuição de diferentes empresas para a arrecadação de impostos variaria de forma muito ampla e injusta.

Essa análise sugere que uma das melhores maneiras de garantir certo alívio quanto à dupla tributação seria permitir que a maior parcela possível do pagamento de dividendos fosse deduzida da receita tributável. Se assumirmos que a perda do Tesouro tenha de ser limitada no princípio a, digamos, $500 milhões, a dedução ou o crédito inicial não poderia ser maior do que cerca de 10% da distribuição de dividendos. Mas, da mesma maneira que outras possíveis formas de alívio, esse percentual poderia ser aumentado quando e na medida em que o Congresso decidisse que uma nova reforma fosse viável.

O resultado final buscado por essa política seria a equalização (aproximada) das alíquotas de imposto para empresas e outros empreendimentos de negócios. Pois, se todos os dividendos fossem no final dedutíveis pela companhia, e se a tarifa regular das empresas fosse aproximadamente igual à composição da alíquota sobre dividendos de pessoa física, então o total do imposto tomado seria o mesmo, independentemente do montante desembolsado – e esse valor tomado seria o mesmo que de um montante equivalente do rendimento de uma sociedade ou de uma empresa individual. Os leitores com longa memória devem se lembrar de que esse era o modelo e o objetivo declarados do esboço original do Fisco para a lei tributária de 1936 – que, mais tarde, foi transformada na provisão de imposto para lucros não distribuídos, sobre o qual muito descrédito se acumulou. O que começou como possível alívio terminou como penalidade, porque o velho imposto de pessoa jurídica foi retido e o novo foi adicionado. Se dessa vez as provisões para alívio do imposto começarem modestamente, não estarão sob o risco de distorção como uma carga adicional.

As recentes e atuais provisões de imposto incluem dois precedentes para o tratamento do pagamento de dividendos como dedutíveis do imposto pelas empresas. Um foi a possibilidade de dedução concedida pelo Revenue Act (Lei Tributária) de 1942 para certos pagamentos de dividendos de ações preferenciais feitos por companhias de prestação de serviços públicos (isto foi limitado ao chamado imposto normal). O outro diz respeito às sociedades de investimento regulamentadas (fundos mútuos, entre outros), sob a seção 362 do Código Tributário. As empresas abrangidas e em conformidade com essas disposições especiais não têm imposto sobre lucros pagos a acionistas.

Um aspecto negligenciado de nosso atual sistema tributário é que ele torna o governo sócio com 50% de participação nas empresas em seus lucros líquidos, mas não parte proprietária de seus ativos líquidos. Suponha que a companhia consiga ganhar exatamente o suficiente *antes dos impostos* – digamos 10% – para atender ao valor realizável de seu capital. Depois que o imposto toma 50%, esses ganhos são cortados em dois, e o valor do negócio como empresa em funcionamento aparentemente se torna metade do que seria se a empresa fosse liquidada ou se interrompesse suas atividades. Quanto maior for a alíquota de imposto, maior será o percentual de empresas que valem mais com relação aos ativos do que com relação aos lucros. Uma compensação ou dedução de um dividendo moderado sobre o capital investido *antes* da divisão com o Tesouro seria uma grande contribuição para atenuar esse fator pouco saudável na atual economia.

Alívio para o acionista

Se nos voltarmos agora para a situação dos acionistas em termos de impostos, a forma mais óbvia de reduzir sua carga é isentando seu rendimento com dividendos da segunda tributação. Na maior parte da história americana do imposto de renda (de 1913 a 1935), essa isenção foi de fato concedida com relação ao imposto normal, mas não sobre o imposto adicional. A teoria era que o imposto da pessoa jurídica correspondia aproximadamente ao imposto normal da pessoa física, de modo que o crédito o livrava de dois impostos normais. Esse raciocínio simples não é mais aplicável em nosso complicado sistema atual, em que a cobrança da pessoa jurídica contém tanto o imposto normal quanto o adicional e a alíquota da empresa é muito maior do que a da pessoa física para alguns acionistas e muito menor para outros. Entretanto, ainda é possível garantir um bem-vindo alívio fazendo de novo uma isenção de dividendos da menor faixa de imposto de renda para pessoa física – atualmente, estabelecida em 20%.

Existe uma distorção econômica especial gerada pelo atual imposto sobre dividendos, que é a tendência crescente de os investidores de alta renda favorecerem os ganhos de capital em relação ao rendimento com dividendos de ações ordinárias. Uma vez que a alíquota máxima sobre ganhos de longo prazo é agora de 25%, sua vantagem é tremenda para as pessoas das faixas mais altas. Essa disparidade nas alíquotas causa grande prejuízo. Ela pode minar distinções claras entre investimento e especulação, gerar um pensamento esquizofrênico sobre as políticas de dividendos e colocar os interesses dos investidores em confronto direto com os dos pequenos acionistas. Haveria uma vantagem especial se a carga da dupla tributação fosse aliviada, pois isso estabeleceria uma ponte sobre o abismo tributário entre os ganhos de capital e os dividendos.

Um método perfeito de realizar isto seria tratar todos os dividendos nacionais como o equivalente aos ganhos de capital de longo prazo. Existe um precedente na atual legislação tributária americana, que já propicia isso na seção 362 para "dividendos de ganhos de capital". Estes são distribuições feitas por sociedades de investimento regulamentadas fora de seus próprios ganhos de capital e são cobradas através de *alíquotas de ganhos de capital* para os acionistas que as recebem. Se essa reforma fosse 100% adotada, provavelmente reduziria o atual imposto sobre dividendos em cerca de dois terços, o que seria uma concessão inadmissível logo de início. Mas qualquer medida de alívio desejada poderia ser facilmente concedida ao se estabelecer uma parcela do rendimento com dividendos para ser tratada como ganhos de capital, e o restante continuaria a ser taxado como atualmente. De forma semelhante, se fosse pretendido um alívio especial para o pequeno investidor, isso poderia ser alcançado dando para os, digamos, primeiros $400 de rendimentos com dividendos o mesmo status tributário que o de ganhos de capital.

A comparação das duas abordagens

Se assumirmos que vá haver um recuo da dupla tributação, é melhor reduzir a carga sobre a pessoa jurídica ou sobre os acionistas? Considerações sobre equidade e estratégia econômica mais ampla favoreceriam a equalização da posição tributária dos negócios de empresas e de sociedades ou empresas individuais, exceto por um moderado imposto de franquia para as companhias em retorno de suas várias imunidades. Provavelmente, o método de procedimento mais vantajoso seria permitir um crédito para as empresas pelos dividendos pagos, similar, por um lado, ao atual crédito por juros pagos ou, por outro lado, ao crédito dos impostos sobre excesso de lucros. Temos apontado importantes benefícios colaterais dessa abordagem.

Do ponto de vista dos valores das ações ordinárias, o alívio dado sobre os ganhos das empresas terá provavelmente efeito mais benéfico do que o alívio dado aos recebedores de dividendos. O motivo é que o efeito do primeiro pode ser computado diretamente em termos de maior lucro por ação, enquanto o menor imposto sobre a renda com dividendos tem resultados diferentes para acionistas diferentes. Mas qualquer redução na alíquota fiscal combinada acaba operando para tornar as ações ordinárias mais atraentes e, portanto, de maior valor.

O alívio no imposto para o acionista não é tão lógico quanto o alívio equivalente para a empresa, mas é provável que represente mais um recurso pessoal ou eleitoral. Isso provavelmente explica por que as expectativas sempre correm nessa direção. Mesmo aqui, poderia ser feita uma forte defesa da redução da carga através da equalização das alíquotas sobre dividendos e ganhos de capital, em vez de apenas garantir uma isenção limitada dos dividendos no imposto normal.

15

Acionistas controladores *versus* acionistas de fora

Na prática, o funcionamento da democracia nas empresas está intimamente ligado com a questão do controle corporativo. Se o acionista médio ou acionista de fora de uma dada empresa não tem poder real para influenciar na escolha de seus diretores, então lá não se pode aplicar o conceito básico de democracia ou "poder do povo". A massa de acionistas pode solicitar informações, pode fazer valer seu direito de discutir e criticar nas assembleias anuais, mas não pode governar ou controlar qualquer decisão corporativa – exceto às vezes, no sentido negativo, naquelas que exigem aprovação por dois terços ou por três quartos.

Os homens de finanças distinguem três tipos de controle das empresas: "absoluto", quando um indivíduo ou grupo coeso detém a maioria das ações; "funcional", em que quantidades tão pequenas como 20% das cotas, muito concentradas, permitem realmente "dirigir a companhia"; e "de mercado", em que as participações dos acionistas de dentro das empresas são tão pequenas que um grupo de fora pode adquirir o controle através de uma compra firme. Bastante interessante é que a última categoria não visa o exercício real do controle pelos acionistas de fora agindo em massa e independentemente da gestão da empresa. Esta última é teoricamente possível e, de fato, já ocorreu. Mas tais exercícios definitivos de democracia são extremamente raros. Na maioria dos casos desse tipo, existe um núcleo de acionistas de fora que começa a controlar mais ações do que a gestão, e a briga passa a ser realmente entre dois grupos importantes para conquistar a quantidade de apoio de fora adicional necessário.

Assim, estamos bem distantes de possuir uma democracia nas empresas em qualquer sentido análogo ao de nossa democracia política, em que o poder total de escolha dos líderes e de rejeição de importantes políticas pertence e é exercido pela massa dos cidadãos. Essa condição pode surgir nas questões empresariais apenas quando duas coisas acontecem: (a) não há um controle funcional forte ou um controle absoluto pelos que estão dentro da empresa, e (b) o acionista de fora é capaz e está disposto a formular julgamentos independentes sobre questões específicas das empresas. Para traduzir o poder teórico em ação democrática efetiva, será necessário um grande avanço na educação dos acionistas. Além disso, este autor acredita que a iniciativa e a condução nesta área devam vir das inúmeras agências que possuem qualificações especiais para formar opiniões especializadas e imparciais sobre questões empresariais – por exemplo, administrações de fundos de investimento, conselho de investimento, Bolsas de Valores, grupos de analistas de investimento.

Algo como um paradoxo surge dessa visão bastante pessimista da situação atual da democracia nas empresas. É possível que o acionista de fora obtenha uma proteção mais positiva da *obrigação administrativa* dos interesses majoritários em relação aos *minoritários* do que através do exercício de seu direito potencial de formar uma maioria controladora de sua parte, juntando-se com seus colegas de fora. As obrigações fiduciárias da maioria são questões de princípio legal, sujeitas a uma ampla interpretação jurídica. Se a minoria é maltratada – da forma como vem sendo e será definida –, então um *único* acionista pode obter uma reparação concedida pelo tribunal para todos os minoritários. Mas se os acionistas minoritários constituírem uma maioria numérica, os tribunais podem acabar exigindo que os abusos sejam sanados através do voto dos acionistas, anulando e possivelmente substituindo a administração. Isso é irritantemente difícil de obter, mesmo quando as questões parecem ser bastante claras.

Esse paradoxo ocorre realmente em dois importantes setores da frente de batalha corporativa: nas reorganizações do Capítulo X e nos desmembramentos ou recapitalizações sob a Public Utility Holding Company Act (Lei das Empresas Concessionárias de Serviços Públicos) de 1935. Aqui o ideal de democracia nas empresas está fortemente circunscrito pelo conceito realista de que as concessionárias de serviços públicos não podem ser confiáveis para votar nos próprios interesses sem a orientação e o controle superior da SEC e dos tribunais. Não importa o tamanho da maioria a favor de um plano ou acordo, ele ainda pode ser recusado se as instituições normativas acharem que são injustos ou inexequíveis. Em consequência, um único acionista determinado, tendo o direito a seu lado, pode prevalecer mesmo contra esmagadoras probabilidades numéricas. Essa possibilidade, por sua vez, faz os grupos majoritários ficarem mais atentos às opiniões dos acionistas minoritários.

Entretanto, em questões normais da empresa, um acionista individual insatisfeito, ou grupo minoritário, não tem fórum legal para uma reclamação, a menos que esteja relacionada a certos tipos específicos e limitados de excessos cometidos por aqueles que estão no controle. Da forma que este leigo entende a questão, haveria reparações contra as seguintes situações: (1) Transações desleais entre a companhia e pessoas no controle das empresas, incluindo pagamento de remunerações claramente excessivas. (2) O desvio de uma "oportunidade empresarial" da companhia para uma pessoa no controle da empresa. (3) Por disposições estatutárias (Sec. 16b etc., do Securities Exchange Act* de 1934), a obtenção de lucros no curto prazo através da compra e venda dos títulos da empresa. As reparações sob as primeiras duas categorias são claramente apropriadas; porém, penso que, sob a terceira categoria, fica aberta a objeções, pois há a possibilidade de se cometerem injustiças contra operações inteiramente inocentes.

Entretanto, defendemos a tese de que existem bem mais áreas importantes de conflitos de interesse entre os acionistas controladores e os de fora, que até agora escaparam do reconhecimento legal e que, portanto, permitem os excessos dos grupos mais poderosos contra os menos poderosos. Essas áreas dizem respeito à competência da administração, controle dos ativos e política de dividendos. Destes, o mais óbvio é a política de dividendos e, portanto, devotarei mais atenção a essa questão.

O acionista de fora é prejudicado por um dividendo inadequado quando a posição da empresa permitiria o pagamento a uma taxa adequada. Ele sofre tanto no rendimento como no valor de mercado de suas participações. Já que estes são os únicos dois lugares em que ele pode obter um benefício concreto de seu investimento, o prejuízo provocado a ele pelo indevido baixo dividendo é total. Ele pode ser corrigido mais tarde, logicamente, por uma política mais liberal de dividendos; porém, como os dividendos baixos

---

**Nota do Tradutor*: Lei sobre Títulos e Valores Mobiliários – regula o comércio secundário de valores mobiliários nos Estados Unidos.

quase invariavelmente induzem um substancial número de investidores a vender por um preço injustamente baixo, boa parte do dano provocado pode ser considerada irreparável.

A posição de um acionista controlador em relação aos dividendos é completamente diferente. Ele pode ver a empresa como alguém em relação ao seu negócio privado. No caso típico, os dividendos não são necessários para fazer frente às suas despesas para subsistência, e o controlador normalmente está nas faixas maiores do imposto de renda. Dessa forma, frequentemente sua inclinação é voltada para uma política de dividendos "conservadora", o que significa que praticamente qualquer desculpa é bem-vinda para manter os dividendos baixos. É sempre fácil encontrar essas desculpas; na verdade, alguém pode facilmente fabricá-las a qualquer momento, conforme sua conveniência, pela simples decisão de expandir o escopo dos negócios (aumentando, dessa forma, a necessidade de retenção dos lucros).

Os acionistas controladores podem não ficar tão preocupados quanto os investidores de fora pelos preços de mercado indevidamente baixos que decorrem do pagamento de dividendos indevidamente baixos. Em sua maior parte, o investimento dos primeiros é permanente, e não hipotecado. Os preços baixos de mercado tornam menores os impostos de doação e transmissão; também podem gerar oportunidades de compra de cotas adicionais a preços de pechincha. Se aqueles que estão no controle desejarem "aumentar o caixa", normalmente negociam uma fusão ou venda por um preço realista ligado ao poder de ganho e aos ativos, e assim bem acima dos níveis que por algum tempo vinham prevalecendo no mercado. Se fosse necessário para venda ou com outros fins, o dividendo poderia sempre ser aumentado para um valor apropriado.

Em que medida encontramos de fato uma inadequada política de dividendos aparentemente conduzida sob o interesse dos acionistas controladores e contrariamente ao interesse dos de fora? A ocorrência parece variar inversamente ao tamanho da empresa. A maioria das companhias realmente grandes se esforça para ser inteiramente correta em sua taxa de desembolso; elas são conscientes em relação à sua obrigação de proteger a posição de todos os acionistas; quando o pagamento é muito baixo (como tem ocorrido com frequência desde 1946), a justificativa por trás da política é defensável, ou então é sempre convincente.

A maioria dos abusos na área da política de dividendos tem ocorrido entre as empresas menores, principalmente nos casos em que existe controle concentrado em uma única família. Um caso típico é o da Company D, agora listada na Bolsa de Valores de Nova York. Em 1946, as ações foram vendidas ao público, aparentemente pela primeira vez, com o preço estipulado em $23. O valor contábil era $22,5, o lucro (ajustado) do último ano foi de $2,41, o dividendo declarado na data a uma taxa de $1 anualmente. Em 1948, os lucros estavam acima de $3 por ação (antes da dedução de uma reserva de capital, nunca utilizada) e o valor contábil do exercício havia aumentado para $29,67. Entretanto, no início daquele ano, o dividendo foi suprimido e o preço caiu para 11. Naquela época, a empresa não possuía dívidas ou ações preferenciais e só os ativos líquidos de curto prazo estavam acima de $19 por ação.

Outro exemplo foi proporcionado por um artigo recente de Norvin Greene, na edição de novembro de 1952 do *The Analysts Journal.* Nele, eram comparadas duas empresas, X e Y, no mesmo ramo de negócio, com quase o mesmo tamanho e compartilhando resultados operacionais e posições financeiras semelhantes. Porém, a Companhia X era negociada a $24,75 (contra um valor contábil de $16,60), enquanto a Companhia Y era negociada a $15,75 (contra um valor contábil de $18,60). A diferença se devia claramente às "relações com os investidores", incluindo as respectivas políticas de dividendos. A Companhia X havia pago $2,15 em 1951, enquanto a Companhia Y pagara somente $1,40. Outras diferenças (lugar em que eram negociadas, frequência dos relatórios, dados fornecidos nos relatórios) também favoreciam a Companhia X.

Sem dúvida, muitos exemplos poderiam ser dados de empresas de menor tamanho que negociaram ações com o público a preços cheios e depois adotaram políticas de dividendos que eram completamente inadequadas em relação ao preço pago pelos acionistas de fora, e que inevitavelmente produziram uma drástica redução do valor de mercado de seus investimentos. Alguns desses infelizes acontecimentos puderam ser justificados por desdobramentos adversos nos negócios; mas em muitos casos, os lucros médios seriam suficientes para pagar um dividendo adequado, e a taxa baixa foi defendida em termos da necessidade de um capital maior. Seria muito dizer que nestes últimos casos a empresa estaria sendo dirigida de forma a conferir benefícios para os acionistas controladores e para causar danos aos de fora que em boa-fé, forneceram capital para o empreendimento?

Seria interessante especular sobre a possibilidade de que algum dia a doutrina de obrigação fiduciária dos controladores em relação aos acionistas minoritários pudesse ser ampliada para proteger estes últimos contra graves perdas devidas a uma política de pagamento de dividendos essencialmente arbitrária ou egoísta. Talvez sociedades subscritoras conscientes – reconhecendo como o preço de novas emissões de ações ordinárias é vulnerável a todo tipo de desdobramentos desfavoráveis – venham, no devido tempo, exigir que as gestões das empresas expressem sua intenção de manter um dividendo razoavelmente adequado, a menos que condições insatisfatórias dos negócios tornem esse dividendo claramente desaconselhável. Uma representação desse tipo faria os controladores pensarem duas vezes antes de comprometer a taxa de dividendos em função de expansão ou de outras decisões evitáveis. E também traria para um foco mais claro o direito dos investidores minoritários quanto a reparações legais caso sofressem por políticas de dividendos que, ao mesmo tempo, tivessem mais ajudado do que prejudicado os controladores.

Uma das anomalias do problema dos dividendos é que ele resulta, em grande parte, do fracasso de toda a comunidade financeira em pensar o papel adequado dos dividendos em uma política de investimento sob as atuais condições de elevadas alíquotas de impostos e elevadas necessidades de reinvestimento por conta da expansão e da inflação. Muito do conflito de interesses subjacente na questão de dividendos entre controladores e os de fora poderia ser resolvido de forma organizada pelo recurso de uma política cuidadosamente formulada e claramente expressa de dividendos periódicos de ações representando a parcela retida dos lucros atuais. Porém, pensamentos novos para enfrentar novas situações subjacentes chegam muito vagarosamente à Wall Street.

Outra área mais ampla em que os controladores podem se beneficiar, enquanto os acionistas de fora são penalizados, é a do controle sobre os ativos. O direito de manter e administrar ativos corporativos é uma gratificação normal do controle; o fato de que ele confere certas vantagens – por exemplo, o direito a um lugar seguro – dificilmente seria negado, mas não seria censurável em si mesmo se os negócios fossem sólidos e dirigidos apropriadamente. Mas existiram muitos casos em que a estrutura do negócio em si é comprovadamente de valor somente para aqueles no controle e o acionista de fora perde através de sua continuidade. As holdings pertencem a essa categoria geral. Penso que o exemplo clássico é o da Mission Corporation – porque a injustiça inerente da configuração para os proprietários minoritários foi expressa por seu próprio presidente quando ele se opôs a um acordo de fusão altamente incomum proposto pelo acionista controlador. Os detalhes deste caso – em que o final ainda não foi escrito – merecem um exame cuidadoso pelos que estudam a questão de controle.

Provavelmente, a ideia mais controversa de todas seria a de que os acionistas de fora teriam direito a uma possível reparação em função da má administração dos controladores. Considera-se, em geral, que o acionista minoritário aceita a administração do majoritário para o melhor e para o pior; somente nos casos raros de claro desperdício de ativos pelo equivalente a uma grave negligência, ele pode esperar por alguma proteção legal (a pendência judicial de um depositário para assumir a R-K-O Pictures Corp. é um exemplo – necessariamente um tanto espetacular – dessa situação). Podemos conceber, entretanto, que, no devido tempo, os acionistas minoritários, como classe, estabelecerão nos tribunais seu direito a pelo menos uma administração *razoavelmente boa* – sob o fundamento de que a perpetuação da gestão inferior por parte dos majoritários representa a colocação de seus próprios interesses egoístas à frente do interesse público e, como tal, constituindo um abuso da obrigação fiduciária. Essa reforma da interpretação jurídica virá lentamente, se ocorrer. E exigirá o reconhecimento de que existem indicações primordiais relativamente simples e seguras de que uma gestão seja insatisfatória e requeira melhorias.

As questões que discutimos podem parecer fora do tema geral da democracia nas empresas, pois lidam com o conceito bastante oposto de proteção dos interesses da minoria. Porém, nesse domínio, como em muitos outros, um alerta um pouco enérgico pode mostrar o caminho para muitos que são lentos e que não percebem. Padrões e critérios para um tratamento justo que os acionistas minoritários poderiam estabelecer invocando a obrigação fiduciária daqueles no controle devem ser aceitos sem muita dificuldade como guias para uma ação inteligente por parte do grande número de acionistas que constituem uma verdadeira maioria exercitando esse controle majoritário por meio de seus votos.

16

A economia de guerra e os valores das ações

Quando a crise da Coreia estourou sobre nós, em junho passado, os analistas de Wall Street começaram a prever corretamente a adoção de uma economia de pré-guerra ou de guerra total, completada com o controle de preços, algum racionamento e um pesado imposto adicional sobre lucros. Mesmo admitindo que o volume de negócios passasse a ser enorme, ainda estavam inclinados a antecipar uma grave redução no lucro líquido das empresas após os impostos. Essa perspectiva, combinada com a própria situação de guerra, levou a previsões generalizadas de preços menores para as ações.

O mercado de ações subiu

Nos últimos seis meses, o mercado de ações, procedendo com sua usual desconsideração pelas opiniões da maioria dos especialistas, subiu, ao invés de cair. Com esse comportamento, ele demonstrou duas características até aqui bastante estranhas ao mercado de títulos e valores mobiliários. A primeira foi a ausência de pânico ou reações profundamente pessimistas em relação a uma evolução do tipo mais inquietante de uma situação internacional. Não podemos ignorar o fato de que os Estados Unidos enfrentam um novo e angustiante risco de destruição física em larga escala e vítimas civis de magnitudes incalculáveis. Essa possibilidade justificaria – pela tradição do passado, ela quase exigiria – um grave e prolongado nervosismo

Reimpresso do *The Analysts Journal*, v. 7, n. 1 (primeiro trimestre de 1951): 34-35 com permissão.

entre especuladores e investidores. A segunda é que o mercado parece ter realmente subordinado as considerações de médio prazo às de longo prazo. Por isso, seria justo assumir que a recente elevação no preço das ações essencialmente refletiu a convicção do público de que uma economia de guerra é uma economia inflacionária e que, *em longo prazo, a inflação significa preços médios maiores para as ações ordinárias.*

Isso dá origem a duas questões

Essa interpretação do curso recente do mercado dá origem a duas questões: a primeira é se seria válida a visão de alta no longo prazo para os preços das ações. A segunda é que, mesmo que fosse válida, como ocorreu de as ações agirem em resposta a essa visão, em vez de dar primeiramente vazão a um pessimismo de curto prazo ou até mesmo ao pânico? Neste curto artigo, tentarei encontrar respostas para essas duas questões.

Historicamente, o padrão geral das guerras (com as quais esta geração está agora bastante familiarizada) é de inflação seguida por deflação. A inflação pode ser "contida" por controles rígidos durante o período de hostilidades, como foi durante a Segunda Guerra Mundial e provavelmente será durante o atual imbróglio. Mas, ao final da guerra, os controles são relaxados e então as pressões geradas pelo financiamento do déficit podem propagar-se em um explosivo aumento geral nos preços. A guerra enfraquece e barateia o dólar – principalmente se for dólar de papel.

Não seria razoável esperar que os preços das ações como um todo devesse cedo ou tarde subir para refletir este barateamento do dólar? O curso do mercado de ações de 1900 até hoje mostra uma correspondência *geral* bastante próxima entre o aumento dos preços gerais e o das ações, embora houvesse divergências significativas por longos períodos. As empresas têm conseguido se ajustar razoavelmente bem aos custos maiores, notadamente níveis salariais mais altos e até mesmo a uma carga progressivamente crescente de imposto de renda. Mas a combinação do forte aumento da alíquota normal de imposto com um drástico imposto adicional sobre lucros parece que tende a reduzir os lucros das empresas para valores abaixo da média de anos recentes. Assim, não apenas fica fácil imaginar o imposto subindo a um nível que impeça o lucro líquido das empresas de se manter alinhado com a inflação, como também podemos até mesmo visualizar uma queda no poder aquisitivo, apesar do ostensivo aumento do valor dos ativos das empresas. Uma vez que os lucros têm influência muito maior nos preços das ações do que o valor patrimonial, esse desdobramento aparentemente justificaria uma visão de mercado de ações em baixa no longo prazo.

O peso das probabilidades

É difícil negar que as condições de guerra *pudessem* ser destrutivas para os valores das ações, mas a simples possibilidade não prova nada de importante. É o peso das *probabilidades* que nos interessa. Para refletir sobre essa questão, faríamos bem em começar com a experiência do passado. Somos bastante infelizes por termos passado por duas guerras mundiais em nossa vida; o mínimo que devemos mostrar por esse esforço é algum conhecimento adquirido e talvez o acesso a alguma sabedoria. Está em voga insistir que uma terceira guerra mundial será completamente diferente em seu impacto econômico do que as duas primeiras. Essa é uma afirmação que requer comprovação. Na falta disso, é melhor pegar nossas pistas naquilo que aconteceu anteriormente.

O poder de ganho foi restringido

Durante a Segunda Guerra Mundial, o poder de ganho de nossas principais empresas foi restringido pelo controle de preços, renegociações e imposto adicional sobre lucros. Apesar disso, o índice Dow Jones Industrial mostrou ganhos médios cerca de 20% maiores do que o período de pré-guerra. As empresas secundárias ou menores apresentaram, em geral, expansão muito maior nos lucros líquidos. Os lucros do pós-guerra do conjunto das empresas se mantiveram inesperadamente elevados. Os analistas conservadores, que admitiram uma considerável queda dos lucros de longo prazo em relação ao ritmo de 1946-50, foram ainda obrigados a assumir um novo patamar ou média para a lucratividade em pelo menos 50% acima do número de 1936-40. Assim, para o índice Dow Jones, havia a tendência de estimar lucros médios em tempo de paz em aproximadamente $15, contra estranhos $9 nos anos de pré-guerra.

O preço médio do índice Dow Jones em 1936-40 foi de 135; em 1946-50, foi de aproximadamente 180. Meus cálculos para esse valor central (feitos a partir de 1947) o coloca em cerca de 215.

Se assumirmos que esse padrão geral se mantenha bem para a iminente economia de guerra, deveríamos então antecipar o seguinte: (1) lucros restritos, mas substanciais, durante o período de mobilização ou de hostilidades, (2) um apreciável aumento do poder aquisitivo do dólar básico no próximo período de pós-guerra, em oposição ao "normal" de pré-guerra, (3) flutuações irracionais ou pelo menos imprevisíveis no preço das ações nos próximos anos, (4) nenhum motivo sólido para acreditar que os *valores* das ações diminuirão pela situação de guerra, (5) motivos persuasivos para esperar que o nível central do valor das ações esteja no final bem acima de nossos cálculos recentes.

Alguns números reais

Alguns números reais para o índice Dow Jones enfatizarão nossas conclusões. Para 1946-49, os lucros antes dos impostos tiveram uma média aproximada de $30, chegando a cerca de $18 após os impostos. No final de 1950, pareceram estar operando a uma elevada taxa de $60 antes dos impostos e mais de $30 após os impostos. A atual alíquota máxima dos impostos em geral é de 62%; na Segunda Guerra Mundial, era de 72%. Se assumirmos os lucros antes dos impostos do período de guerra de, digamos, $50 por ação, e uma alíquota efetiva de impostos em geral de 70%, então a cota apresentaria lucros líquidos de $15 – o mesmo número que foi projetado para os lucros médios em tempo de paz após 1945. Se fosse aplicado a esses ganhos um "multiplicador normal" – em correspondência com a taxa de juros e a qualidade do grupo Dow Jones –, o resultado praticamente confirmaria o nível de preço inicial de 1951. Os números reais provavelmente serão melhores do que essa projeção. Embora a alíquota efetiva dos impostos em geral possa muito bem ficar acima de 70%, os lucros antes dos impostos também serão provavelmente superiores a $50 por ação.

Tratamento favorecido de impostos para ferrovias

O tratamento favorecido em relação a impostos adicionais sobre lucros que foi concedido para as ferrovias, juntamente com seu tráfego pesado, dá a elas possibilidades de lucros líquidos fantasticamente elevados. Essa situação é muito favorável para continuar, mas é provável que o princípio de preferência em termos de impostos permanecerá em benefício delas, assim como o foi para companhias de petróleo e mineração através de muitas mudanças na tabela de taxas. Os serviços públicos não são suscetíveis a benefícios de guerra; mas também receberam tratamento favorecido de impostos, e a estabilidade de sua capacidade de lucro não parece seriamente ameaçada.

Os cálculos que fizemos refletem mais a atividade dos negócios em período de guerra do que a inflação induzida pela guerra. A julgar pelo passado, a maior parte da inflação será sentida quando a paz for restaurada. Ninguém tem suficiente presciência para projetar as condições econômicas com que vamos nos defrontar na época, mas acredito bastante na lógica para prever que os valores das ações estarão mais fortes do que o valor do dólar (papel-moeda).

Valor de mercado, valores patrimoniais e poder de lucro

A mente pessimista pode facilmente construir um quadro de elevados salários e impostos esmagadores que, juntos, segurarão os lucros das empresas em um número "menor do que qualquer quantidade atribuível", apesar de um nível de preços extremamente inflacionado. Devemos apontar que esse resultado seria incompatível com o sistema americano – que, apesar do crescente controle governamental e de outros obstáculos, tem se mantido essencialmente como o de livre *escolha de investimentos*. O fundamento ou a pedra angular desse sistema é o voluntário investimento anual de enormes somas em mais bens de capital. Compromissos em larga escala como os desse tipo serão continuamente feitos *somente* se o investimento de capital existente, em geral, estiver apresentando um lucro adequado. Esse lucro, por sua vez, precisa ser medido em algum grau contra o valor de reposição das instalações atuais. Em outras palavras, um nível de preço inflacionado, que aumenta o custo de reposição dos bens de capital, precisa refletir-se também em um correspondente aumento dos lucros em dólar produzidos pelo investimento passado.

Relação entre lucro e valor patrimonial

Essa relação entre valor patrimonial e lucratividade não é precisa nem uniforme. Na verdade, as variações nos ganhos sobre o capital investido são tão extraordinárias que chegam a sugerir a ideia de que *qualquer* relação seria falaciosa. Porém, quando a economia é considerada mais amplamente, podemos ver que o novo investimento em larga escala pressupõe ganhos adequados sobre a *composição* ou o *típico* investimento antigo. Na verdade, podemos sugerir a seguinte regra: à medida que aumenta a quantidade de novos investimentos anuais, a relação entre os ganhos do capital velho e os ganhos do capital novo tende a ficar mais próxima e mais lógica.

Incentivo ao investimento novo

A ênfase do governo em manter o pleno emprego torna o incentivo para novos investimentos o elemento principal para a política do Estado. Isso, por sua vez, estabelece limites práticos para a interferência governamental, pela necessidade de geração de um índice de lucros após os impostos que seja justo. Aqui podemos ter em parte a explicação do paradoxo segundo o qual, enquanto as empresas americanas reclamavam em anos recentes sobre a atitude hostil de Washington, vinham registrando os mais altos índices de ganhos sobre o capital investido já obtido, computados pelo custo original.

Conclusão

Nossa conclusão é que o público está instintivamente correto em sua atual ênfase nos aspectos inflacionários do desdobramento da economia de guerra, e sua consequente aposta na subida dos preços das ações exatamente quando a regra do livro ensejaria uma venda quase em pânico. É interessante conjecturar por que os investidores e especuladores estão agindo de forma lógica na atual crise, enquanto sob condições semelhantes do passado foram dominados pela psicologia do medo, que seria mais óbvia. Vamos sugerir que estamos testemunhando a maturidade da consciência quanto à inflação, que, por uma estranha, mas não muito surpreendente coincidência, é quase contemporânea ao vencimento dos primeiros Títulos de Poupança da Série E. Pode haver algo como um pânico para comprar, assim como um pânico para vender. Desde junho, o mercado acionário está bem longe de parecer o de um "pânico de compradores"; mas todos os sinais definitivos à nossa volta de desconforto com relação ao valor do dólar, e de investimentos associados ao dólar, sugerem que uma força direcionadora definitivamente nova está entrando na psicologia do público investidor.

A espetacular e malfadada Nova Era do mercado acionário da década de 1920 começou próximo a 1924, com uma percepção análoga e solidamente documentada da superioridade no longo prazo das ações sobre os bônus. Porém, outras condições eram tão diferentes das de hoje quanto se possa imaginar. Talvez essa seja uma boa razão para repetir a máxima francesa que foi feita à feição de Wall Street: "Quanto mais se muda, mais é a mesma coisa."

17

Algumas relações estruturais que influenciam o pleno emprego

O compromisso de pleno emprego, que foi recebido ceticamente por muitos de nós em 1946, parece agora estar a caminho de se tornar uma premissa aceita da política e da economia. Ambos os principais partidos reconhecem a responsabilidade do governo em evitar o continuado desemprego em massa.

Nossa primeira preocupação com a forma como esse engajamento poderia ser realizado já não é tão manifesta. O excelente registro de emprego dos últimos 13 anos – e, particularmente, a resistência apresentada por nossa economia às influências da depressão de 1954 – deu às empresas americanas uma nova confiança em sua habilidade de continuar construindo o futuro sem os contratempos desagradáveis como aqueles dos velhos tempos.

Essa tese otimista poderia ser atualizada por alguns em termos diferentes, mas com as mesmas consequências, a saber: as empresas se expandirão indefinidamente ao ritmo acelerado exigido para manter o pleno emprego, ou a administração pública (qualquer que seja o partido) intervirá tão maciçamente quanto necessário para nos resgatar de qualquer mergulho. Essa visão sustentaria, em outras palavras, o fato de que as empresas ativas e o quase pleno emprego estão garantidos; a única questão é se nós as teríamos com ou sem mais inflação. É provável que o mercado acionário em alta de 1953-55 tenha refletido a gradual impregnação da mente dos investidores por essa concepção revolucionária sobre o futuro.

Antes que um analista de investimento ou outro estudioso de economia decida aceitar ou rejeitar essa hipótese crucial, faria bem em ponderar

Reimpresso do *The Analysts Journal*, v. 11, n. 2 (maio de 1955): 13-16, com permissão.

sobre algumas relações econômicas no longo prazo que tiveram influência significativa sobre a questão do pleno emprego no passado. Temos agora disponíveis números agregados razoavelmente confiáveis cobrindo os quatro fatores básicos que, juntos, determinam as mudanças do número de desempregados: (1) produtividade, (2) produto (ou consumo) *per capita*, (3) horas trabalhadas, (4) força de trabalho. Esses quatro elementos estão matematicamente reunidos na seguinte equação:

Desemprego = força de trabalho –
produto interno bruto (consumo) – [PIB por homem-hora
(produtividade) × média de horas anuais por trabalhador]

Neste artigo, proponho discutir algumas relações aritméticas um pouco surpreendentes que existiram no passado entre os quatro fatores enumerados, e depois comparar o registro com uma recente projeção respeitada para o ano de 1965. A fonte dessa projeção e da maior parte de nosso material estatístico é um estudo recente feito pela equipe da Comissão Mista (do Congresso) de Informações Econômicas, intitulado "Potential Economic Growth of the Unites States during the Next Decade"* (outubro de 1954).

Para nosso propósito, foi conveniente examinar as mudanças percentuais nos quatro fatores ao longo de quatro intervalos aproximadamente iguais entre 1900 e 1953, a saber: 1913 contra 1900, 1927 contra 1913, média de 1940-41 contra 1927 e 1953 contra 1940-41. Nenhum dos anos considerados foi marcado por um período de recessão, como calculado pelo índice geral de negócios da Cleveland Trust Company. Entretanto, 1953 estaria colocado como um ano de boom nos negócios, enquanto os outros anos de referência mostram atividade moderadamente acima ou abaixo do normal, como segue:

1900	+3%
1913	+4,5
1927	+3
1940-41	–1,5
1953	+15,5

**Nota do Tradutor*: "Crescimento Econômico Potencial dos Estados Unidos durante a Próxima Década."

Segue da nossa fórmula anteriormente estabelecida que a manutenção do pleno emprego depende da interação de três relações aritméticas básicas:

1. *O Índice Produtividade-Produto.* Esta é a relação da *taxa de crescimento* da produtividade (PIB por homem-hora) por um lado e o consumo ou padrão de vida (PIB *per capita*) por outro. Ela produz o resultado intermediário I, que é a mudança dos homens-hora exigidos (trabalhados) por unidade da população.
2. *A Mudança nas Horas de Trabalho.* Esse é um quociente composto, encontrado pela divisão do total de homens-hora trabalhados pelo número dos empregados. Combinado com o resultado I, ele produz o resultado intermediário II, que é a mudança dos trabalhadores necessários (empregados) por unidade da população.
3. *A Mudança na Força de Trabalho.* O número importante neste ponto é a força de trabalho em relação à população. Combinado com o resultado II, ele produz o resultado final III, que é a mudança no desemprego por unidade da população.

Nossa Tabela 1 apresenta os dados básicos utilizados em nosso estudo e alguns importantes números resultantes. Na Tabela 2, as relações discutidas anteriormente são desenvolvidas como mudanças percentuais para cada um dos intervalos selecionados. Na Tabela 3, são trabalhados percentuais médios aproximados, e estes são comparados, por sua vez, com as mudanças projetadas para os 12 anos de 1953-65, como estimado pelo relatório da equipe da Comissão Mista.

O leitor deve ser alertado para o fato de que nossos cálculos têm duas características pouco usuais que acreditamos torná-los mais significativos. Nossos números *per capita* se baseiam na "população ajustada", que conta as crianças com menos de 14 anos como "meia pessoa". O propósito deste artifício é permitir nossas comparações considerando a acentuada redução na proporção dessas crianças (por exemplo, de 32,3% da população total em 1900 para 23,1% em 1940).

A segunda é que nossas mudanças percentuais são relativas ao "número mais alto" – o que significa, por exemplo, que um avanço de 100 para 200 é um aumento de 50 "%+", assim como uma queda de 200 para 100 é uma redução de 50%. Essa técnica apresenta vantagens interessantes, principalmente em comparações sucessivas.

Tabela 1

Dados Econômicos Básicos Utilizados

	1900	1913	1927	Média 1940-41	1953	Projeção 1965*
População, milhões	76,1	97,2	119,0	132,8	159,6	190,0
População ajustada, milhões**	63,8	82,7	102,1	117,5	138,1	163,5
Produto interno bruto em dólares de 1953, bilhões	75,6	113,1	160,5	220,1	364,9	535,0
Média da carga semanal de trabalho, horas	58,0	51,4	48,1	42,9	40,6	37,1
Força de trabalho, milhões	29,1	38,7	46,9	56,9	67,0	79,0
Emprego, milhões	27,7	37,6	45,0	50,0	65,5	76,0
Desemprego, milhões	1,4	1,1	1,9	6,9	1,5	3,0
Total de homens-hora trabalhados, bilhões	83,5	100,4	112,6	111,5	138,2	146,6
Produtividade, PIB por homem-hora, dólares de 1953	0,905	1,126	1,461	1,974	2,640	3,649
***Per Capita* Ajustado**						
PIB, dólares de 1953	1.185	1.367	1.570	1.873	2.643	3.272
Homens-hora trabalhados	1.308	1.214	1.103	949	1.001	897
Força de trabalho	0,456	0,468	0,460	0,484	0,485	0,483
Emprego	0,434	0,454	0,442	0,426	0,474	0,465
Desemprego	0,021	0,14	0,18	0,058	0,011	0,018

** Relatório da Equipe da Comissão Mista, Outubro de 1954*

*** Crianças com menos de 14 anos contadas como metade.*

Tabela 2

Mudanças Percentuais entre os Períodos*

	1913 *versus* 1900	1927 *versus* 1913	Média 1940-41 *versus* 1927	1953 *versus* Média 1940-41
Produtividade, PIB por homem-hora	+19,6%h	+22,9%h	+26,0%h	+25,0%h
Produto ou consumo, PIB *per capita* ajustado	+13,4	+12,9	+16,2	+29,1
Homens-hora trabalhados**	-7,2	-9,3	-14,0	+5,2
Carga semanal de trabalho	-11,5	-6,3	-10,8	-5,4
Emprego**	+4,6	-2,9	-3,6	+10,1
Força de trabalho**	+2,8	-1,7	+4,9	+0,2
Desemprego**	-38	+28	+69	-81

** Os aumentos de percentual são calculados contra o número mais alto. Ver texto.*

** Per capita *ajustado.*

Tabela 3

Mudanças Projetadas para 1953-65 contra Mudanças Médias no Passado

	Mudança Média Aproximada por Período Passado em 1900-53*	Mudança Projetada, 1965 *versus* 1953
Produtividade	+22%h	+27,5%h
Produto ou consumo**	+16½	+17,9
Homens-hora trabalhadas**	–6	–10,4
Carga semanal de trabalho	–8	–8,6
Emprego**	+2	–1,9
Força de trabalho**	+1½	–0,5
Desemprego**	–	+3,0

**Ajustado para 12 anos.*

**Per capita *ajustado.*

Quando examinamos as mudanças percentuais mostradas nos vários períodos, ficamos impressionados com certas relações estruturais interessantes, como segue:

1. A produtividade avançou por todo o período de 53 anos a uma taxa acelerada. Uma vez que o aumento da produtividade por si só (isto é, se não compensado por outros fatores) reduz a necessidade de trabalhadores, esse aspecto do quadro de emprego tendeu a apresentar crescentes dificuldades.
2. O PIB *per capita*, ou consumo, também aumentou em cada período a uma taxa relativamente constante. Embora a grande elevação em 1940-53 seja mais encorajadora, ela é excepcional em sua magnitude. Boa parte se deve ao aumento do nível de negócios, de ligeiramente abaixo do normal em 1940-41 para o registro de um boom na atividade em 1953.
3. Os números importantes para o emprego não são as mudanças na produtividade ou as mudanças no consumo, consideradas separadamente, mas suas taxas *comparativas* de crescimento – o que chamei de índice produtividade-produto. Em três períodos dos quatro, a produtividade cresceu com mais rapidez do que a produção (ou consumo), gerando "excesso de produtividade". Em um estudo similar, publicado em 1947, cobrindo maior variedade de períodos, encontrei

"excesso de produtividade" em todos os intervalos de anos de atividades de empresas aproximadamente similares.[1]

Onde existe excesso de produtividade, necessariamente o resultado é a redução dos homens-hora trabalhados por unidade da população. Entre 1900 e 1953, esse número caiu de 1.308 horas para 1.001 horas (*per capita* ajustado). Se a carga semanal de trabalho não tivesse diminuído, a consequência teria sido uma queda de 23% no emprego *per capita*, produzindo uns 16 milhões mais de desempregados em 1953.

4. Naturalmente, a importante compensação para o excesso de produtividade tem sido a redução das horas. A carga semanal de trabalho diminuiu em cada período, mas a uma taxa um pouco irregular. Não há indicação de que as horas de trabalho tivessem sido conscientemente ajustadas para baixo em valor calculado para manter o nível de emprego nos bons tempos, mas os resultados reais não ficaram muito distantes desse objetivo.

A questão importante neste ponto é se o excesso de produtividade é uma característica estrutural da economia americana. Se existe uma tendência intrínseca para a produtividade crescer mais rápido do que o consumo – e os números de meio século apontam fortemente para esta conclusão –, então a gradual redução da carga semanal de trabalho (ou melhor, da carga anual de trabalho) se torna matematicamente necessária, a fim de evitar crescimento no desemprego.

5. As mudanças na força de trabalho em relação à população parecem ser independentes de outros fatores, e têm um efeito independente sobre o desemprego. Ao longo dos últimos 53 anos, o número de trabalhadores aumentou a uma taxa ligeiramente maior do que a população, ou seja, de 407 para 420 por 1.000 sem ajuste, e de 456 para 485 por 1.000 ajustados. Essa diferença, sozinha, se não compensada por outros fatores, teria aumentado o desemprego em 1953 por vários milhões.

Existe algo perverso sobre essa expansão em nossa força de trabalho. Poderíamos ter esperado que o tremendo avanço em escala no modo de vida tivesse se refletido em alguma queda na parcela trabalhadora de nossa população (na verdade, o ingresso das mulheres no mercado de trabalho mais do que compensou tanto a eliminação do trabalho infantil como a tendência a uma aposentadoria mais precoce). O aspecto preocupante da mudança na força de trabalho é que ela ficou concentrada quase integralmente no período 1927-1940, quando agravou muito a situação de desemprego produzido pelo excesso de produtividade.

6. Finalmente, precisamos reconhecer que o desemprego – o número final e principal – representa, no fundo, uma relação *marginal* entre os quatro fatores determinantes de (a) crescente produtividade, (b) crescente consumo, (c) decrescente horas de trabalho e (d) variações na força de trabalho. O aumento da produtividade, considerado por si só, poderia criar um grave problema de desemprego em apenas dois anos; a média do excesso de produtividade criaria esse tipo de problema em seis anos; uma mudança perversa na força de trabalho poderia presumivelmente fazer isso em 12 anos.

Pelo menos do ponto de vista teórico, isso seria uma importante objeção para o compromisso de pleno emprego. Podemos imaginar que ele exigiria uma árdua intervenção governamental na economia quando um desequilíbrio relativamente pequeno aparecesse entre os fatores importantes para a determinação do emprego e desemprego.

Esse fato é destacado pelo desdobramento entre 1952 e 1954 (os dados não foram fornecidos em nossas tabelas). Nesses dois anos, o produto real *per capita* permaneceu quase inalterado, mas o desemprego médio praticamente dobrou, subindo de 1.673.000 para 3.200.000. Os elementos que interferiram foram: crescimento de 4,4% na produtividade, compensado, em parte, por reduções de 1%, cada, nas horas de trabalho e na força de trabalho relativa.

Implicações para o futuro

As projeções até 1965 feitas pela equipe da Comissão Mista de Informações Econômicas têm interessante influência sobre a análise anterior – e vice-versa. O estudo feito por ela concluiu que a economia poderia alcançar um equilíbrio satisfatório daqui a 10 anos com base em um produto interno bruto de $535 bilhões – 47% maior do que o de 1953 – sem mudança no nível de preço.

Mas para alcançar esse equilíbrio, de acordo com o modelo apresentado no estudo, deveriam ser atendidas três exigências estruturais. Para começar, a equipe destaca que o montante da renda disponível *poupada* precisará ser reduzido dos recentes 8% para 6%, de modo a gerar a demanda necessária por bens de consumo. Em segundo lugar, as despesas não militares em todas as áreas do governo terão de se expandir com muito mais rapidez do que o próprio PIB. Finalmente, haverá necessidade de uma substancial redução maior da carga semanal de trabalho; embora sem dizer de forma tão explícita, a discussão indica que a alternativa para essa menor carga de horas seria provavelmente um nível de desemprego inadmissível.

Em resumo, as condições exigem que as pessoas trabalhem menos e poupem menos, e que o governo civil gaste mais do que aos níveis de 1953. Embora possa soar às avessas, isso é um reflexo autêntico da nossa economia de abundância do século XX, que, por sua vez, está fundamentada em nossa sempre crescente produtividade.

Nós trabalhamos as mudanças percentuais entre 1953 e 1965 (implícitas na projeção da equipe) para os fatores que determinam o nível de desemprego. Os números aparecem na Tabela 3.

Podemos observar que a produtividade foi estimada aumentando a um ritmo um pouco mais rápido do que o de 1940-41 até 1953. Entretanto, o avanço no consumo (PIB *per capita*) foi projetado a uma taxa muito mais lenta que a de 1940-41 até 1953. Na verdade, está definida em cerca de mais do que 10% da taxa para o período inteiro de 1900-53. O resultado é um substancial excesso de produtividade (10,4%) e uma correspondente queda dos homens-hora requeridos *per capita.*

A queda da carga semanal de trabalho foi antecipada (ou estipulada) para ter quase exatamente o mesmo ritmo médio para os 50 anos. O resultado composto dos três fatores é a diminuição de pouco menos de 2% no emprego *per capita*, sendo um quarto dela compensado pela menor redução na força de trabalho relativa. O cálculo final mostra um aumento no desemprego de 11 para 18 por 1.000 da população ajustada.

Naturalmente, essa é uma projeção bastante encorajadora (mas a equipe avisa que ela apresenta mais um quadro de como o crescimento econômico máximo poderia ser alcançado do que previsões quanto à evolução real). Certamente, não é utópica, pois parece estar bastante alinhada com o crescimento secular de nossa economia, como analisado em nossas comparações de quatro períodos.

Mas, mesmo que as estimativas nos causem a impressão de ser razoáveis, duas advertências precisam ser lembradas por aqueles que estejam estudando os números como possível guia para suas decisões de investimento e negócios. A primeira é que esses avanços satisfatórios nos 12 anos não são incompatíveis com substanciais reveses temporários. Em cada um dos três períodos entre 1900-41, tivemos estagnações nos negócios, embora a economia tivesse apresentado um crescimento bastante consistente entre todos os anos finais dos períodos.

A prevenção quanto a uma conjuntura recessiva, com o elevado desemprego resultante, é um problema em separado. A economia conseguirá resistir às forças recessivas no futuro tão bem quanto conseguiu em 1953-54? Duvido que nossa análise, ou aquela da equipe da Comissão Mista, lance luzes definitivas sobre essa importante questão.

A segunda advertência nos traz de volta para a natureza marginal do desemprego total. Bastaria uma mudança adversa comparativamente pequena nos primeiros três de nossos fatores de controle para mudar o número final de desemprego de relativamente satisfatório para o de um número problemático. Por exemplo, se a carga semanal de trabalho caísse 2 horas, e não 3,5, o resultado aritmético seria o de dobrar o número de desemprego – isto é, para 6 milhões. Também não seria impossível que o quarto fator (força de trabalho) se somasse substancialmente às dificuldades geradas pelos outros elementos.

A economia americana tem se comportado notavelmente bem nos últimos anos. Mas seria prematuro concluir que ela se encontra à prova de recessão e à prova de desemprego. Nem que essas duas características seriam necessariamente as mesmas.

Todos os dados de 1913 em diante foram extraídos do Relatório da Comissão Mista. Os homens-hora empregados foram aumentados para considerar os funcionários públicos em geral, excluídos desses números. Os dados de 1900 vieram de várias fontes, selecionados para ficar mais razoavelmente de acordo com as séries da Comissão Mista.

O uso da convenção "percentual do mais alto"

Neste artigo, os aumentos percentuais foram calculados contra o mais alto ou contra o número final. Há muito tempo acredito que essa convenção é mais adequada para o trabalho de economistas e analistas de investimento do que o método padrão de calcular os ganhos percentuais contra o número inicial. Senti-me encorajado a empregá-lo aqui por causa de seu uso em um estudo publicado pelo Departamento de Assuntos Econômicos das Nações Unidas intitulado "Instability in the Export Markets of Underdeveloped Countries" (1952). Como assinalado no Apêndice B daquele trabalho, a convenção do "percentual do mais alto" ou "% +" (minha designação) apresenta várias vantagens sobre o método tradicional, a saber:

1. Pelo método "% +", a série 100, 80, 100 mostra queda de 20%, seguida de um aumento de 20%, em vez do convencional (e problemático) "queda de 20% e aumento de 25%".
2. Um aumento único é sempre inferior a 100%+, correspondente à máxima queda única (quando apenas são utilizados números positivos).
3. Em duas séries como 10, 5, 8, 10 e 5, 10, 8, 5, as flutuações médias absolutas são as mesmas sob o método "% +", enquanto sob o método tradicional são marcantemente diferentes.

Observe que a "percentual do mais alto" é recomendado apenas para comparar mudanças entre valores sucessivos. Ele não é aplicável, por exemplo, para se calcularem percentuais de queda nos lucros e semelhantes.

NOTA

1. Ver Benjamin Graham, "National Productivity: Its Relationship to Unemployment in Prosperity", *American Economic Review*, v. 37 (maio de 1947), pp. 384-396.

18

Nosso balanço de pagamentos: a "conspiração do silêncio"

O problema em relação ao nosso balanço de pagamentos é altamente paradoxal. Por um lado, tem havido uma ameaça real para a posição internacional do dólar; por outro lado, essa ameaça surgiu por razões que não são fundamentais em nenhum sentido e que diferem completamente das causas usuais para as dificuldades no câmbio.

Neste artigo, vou me referir aos desdobramentos mais recentes e aprofundar uma questão que considero mais intrigante: por que as inúmeras pessoas que comentam sobre o problema – do presidente Kennedy, em uma ponta do espectro, a Robert Tyson, da U.S. Steel, na outra ponta – deixam de mencionar (exceto de forma completamente inadequada) a causa intrínseca de nossa "crise do dólar"? No caso, é praticamente unânime ignorar o fato mais importante, o que nos fez cunhar a expressão "conspiração do silêncio" utilizada em nosso título.

Este artigo será escrito em um estilo descompromissado e será altamente crítico em relação às afirmações de outras pessoas. Certamente, irá ferir os sentimentos de alguns e será percebido por muitos como destemperado e até mesmo arrogante. Minha desculpa (até onde ela possa valer) é que a força do dólar depende do entendimento adequado de uma situação bastante mal compreendida. Para conseguir este resultado, talvez seja essencial um discurso franco e direto.

Reimpresso do *The Analysts Journal*, v. 18, n. 6 (novembro-dezembro de 1962): 9-14, com permissão.

Ascensão e "desaparecimento" da crise do dólar

Nosso problema de balanço de pagamentos começou em 1958. Em 1951-57, tínhamos passado por um balanço geral adverso de cerca de $1 bilhão por ano, em média. Isso foi visto como uma situação favorável para a estabilidade internacional, pois permitiu que outras nações adquirissem ouro e dólares para urgentemente constituírem suas necessárias reservas monetárias. Mas, nos próximos três anos, nosso balanço adverso atingiu a média de $3,7 bilhões e, em 1961, foi de aproximadamente $2,5 bilhões. Essa perda nos quatro anos de cerca de $13,5 bilhões em "liquidez" internacional transformou nossa posição líquida de um crédito no balanço de $6,7 bilhões para um débito no balanço por volta do mesmo valor (Tabela 1). Ficou evidente que não poderíamos mais continuar com o dreno de liquidez a esse ritmo e manter o valor internacional do dólar. Daí a "crise do dólar" e a visão geral de que, em breve, precisará ser desvalorizado em relação ao ouro.

Nosso governo negou enfaticamente qualquer intenção ou necessidade desse tipo. Ele declarou sua expectativa de que vários passos colocariam nossas contas externas em equilíbrio até o final de 1963. Os números para o segundo trimestre deste ano mostraram melhoria – o balanço adverso caindo a uma taxa anual de $1 bilhão; e o déficit previsto para 1962 foi estimado em cerca de $1,5 bilhão.

Tabela 1

Posição de Liquidez dos EUA e Posição Patrimonial dos EUA 1949-61 (em bilhões)

	Dez. 1949	Dez. 1957	Dez. 1961*
Ouro	$24,6	$22,8	$16,9
Menos o Devido a Estrangeiros no Curto Prazo	7,0	16,1	23,8
Liquidez Primária	17,6	6,7	déficit de 6,9
Mais:			
Investimento Privado dos EUA			
Curto Prazo (bruto)	1,3	3,2	6,0
Longo Prazo (líquido)	8,4	20,8	30,2
Patrimônio (Privado) dos EUA	27,3	30,7	29,3
Mais:			
Adiantamentos do Governo dos EUA	11,0	17,3	17,0
Patrimônio Total	38,3	48,3	17,0

**Parcialmente estimado a partir dos números do balanço de pagamentos.*

Na convenção do Banco Mundial e do FMI de setembro em Washington, os bancos centrais de muitos países "saudaram o fim da crise do dólar" e "dispensaram a desvalorização" como não mais representando uma ameaça. Na verdade, começaram a expressar preocupação sobre o que aconteceria com suas próprias balanças comerciais e a liquidez internacional quando nosso próprio déficit fosse interrompido (se nosso balanço de pagamentos está de fato sob absoluto controle, essa é uma questão à parte, com a qual lidaremos mais tarde).

Um observador poderia muito bem suspeitar de que a ameaça ao dólar não tivesse sido fundamental, já que poderia ser dissipada pela mudança nos números de um único trimestre junto com algumas declarações oficiais tranquilizadoras. Isso nos traz para nossa tese: a perda de liquidez dos Estados Unidos desde 1957 pode ser atribuída direta e exclusivamente *ao aumento da taxa anual de nossos investimentos líquidos no estrangeiro*. Uma evolução desse tipo não é básica para a posição do câmbio de um país; ela nunca forçou uma desvalorização no passado e nunca deve ser permitido que traga uma desvalorização indesejada no futuro.

A verdadeira situação foi resumida de forma epigramática por um delegado da recente convenção do Banco Mundial: "Os Estados Unidos não têm vivido além de seus recursos internacionais, mas têm investido além de seus recursos internacionais."

A exatidão desse diagnóstico será demonstrada pelos dados comparativos que forneceremos em seguida. Devemos, então, lidar com certas alegações que procuram absolver o ritmo de investimentos dos EUA no estrangeiro de sua responsabilidade para com a crise do dólar. Mais tarde, perguntaremos por que os fatos nessa questão têm sido totalmente ignorados por todos. Finalmente, indicaremos como em nossa opinião a própria origem de nossas dificuldades sugere a melhor maneira de lidar com elas.

O balanço de pagamentos dos EUA em uma perspectiva mais longa

Na Tabela 2, resumimos as contas externas dos EUA para o período longo de 1929-61 em uma forma revisada para trazer o verdadeiro significado dos números e, em particular, a extraordinária mudança nas operações de investimentos no estrangeiro nos últimos anos contra os de períodos anteriores. As contas foram reunidas em apenas três grupos básicos:

Tabela 2

Balanço de Pagamentos dos EUA em Perspectiva de Longo Prazo
(médias anuais em milhões)

Período	Grupo A Todas as Contas Privadas (Excluindo as de Capital) credor (cr)	Grupo B Todas as Contas Governamentais (Incluindo as de Capital) devedor (dr)	A + B Balanço Corrente (Mudança Patrimonial)	Grupo C Investimento Privado (Líquido)*	A + B + C Balanço Final (Mudança na Liquidez)
1929-41	$650	$100	cr $550	cr $570	cr $1.120
1942-45	–	–	dr 1.530	dr 170	dr 1.700
1946-49	7.942	5.928	cr 2.020	dr 100	cr 1.920
1950-57	4.537	4.877	dr 340	dr 940	dr 1.200
1958-61	5.016	5.326	dr 310	dr 3.130	dr 3.440

**Excluído investimento estrangeiro de curto prazo nos EUA.*

Balanços Agregados para Dois Períodos

	21 Anos 1929-49	12 Anos 1950-61
Balanço Corrente (Mudança no Patrimônio)	cr $ 9.100	dr $4.000**
Investimentos no Exterior (líquido)	cr 6.300*	dr 20.000
"Balanço" Final (Mudança na Liquidez)	cr $15.400	dr $24.000

**Desinvestimento – isto é, excesso de investimento estrangeiro nos EUA.*

***O patrimônio dos EUA em ganhos não remetidos excederiam este saldo devedor.*

A. Todas as transações privadas, líquidas, exceto as contas de capital privado.
B. Todas as transações do governo, líquidas, incluindo as contas de capital.
C. Contas de capital privado, líquidas (excluindo capital externo de *curto prazo*), mais "transações não registradas (erros e omissões)".

O Grupo A inclui importações e exportações, vários serviços, rendimentos transferidos de investimentos no exterior e as remessas privadas dos Estados Unidos no estrangeiro. Ele exclui serviços do governo e "transações militares", cuja classificação oficial aparece listada sob "exportações e importações de bens e serviços". Nós adicionamos esses itens – importantes desde 1940 – a outros recebimentos e pagamentos governamentais no Grupo B.

As "transações não registradas" foram incluídas com as contas de capital dos EUA, no Grupo C, uma vez que se entende amplamente que a maioria desses itens representa transferências de capital para dentro ou para fora deste país que movem "canais externos normalmente cobertos por nossa rede de comunicações". As movimentações de capital externo de curto prazo foram excluídas do Grupo C porque são tratadas como um item de compensação similar às das movimentações em ouro (os balanços governamentais e privados dos Estados Unidos de curto prazo no exterior não foram considerados compensados contra os balanços estrangeiros nos Estados Unidos, principalmente porque o governo não pode utilizá-los à vontade para atender a demandas sobre o ouro).

Seria instrutivo dividir a evolução das contas externas dos Estados Unidos em cinco períodos: (1) Pré-guerra – 1929-41; (2) Segunda Guerra Mundial – 1941-45; (3) Pós-guerra – 1946-49; (4) Coreia–Suez – 1950-57; e (5) Crise do dólar – 1958-61. Nosso verdadeiro "saldo de trocas" em cada período é encontrado pela combinação dos Grupos A e B, excluindo as transações de capital privado líquido. Esse saldo pode ser considerado "lucro ou perda líquida" dos Estados Unidos ao lidar com o restante do mundo, ou como nosso "saldo em conta corrente" ou como nossa "variação líquida no patrimônio externo".

Constatamos vários resultados entre 1929 e 1949, seguidos por um saldo médio adverso bastante moderado nos últimos 12 anos. Na verdade, o saldo adverso desaparece quando nossos ganhos não remetidos sobre os investimentos são levados em conta. Assim, a posição "patrimonial" geral dos Estados Unidos aumentou um pouco desde 1949 e desde 1957, sem contar com qualquer parcela do avanço governamental, algumas das quais estão sendo atualmente recolhidas.

O ponto importante a ser notado é que a pequena "perda corrente" foi ligeiramente superior nos anos de crise do dólar do que no "período gratificante" de 1950-57. Não apenas isso; em 1961 – no auge do susto com o dólar –, os EUA estavam registrando um dos maiores saldos *correntes* favoráveis em sua história (superado somente em 1946-47), mesmo depois da dedução de mais de $5 bilhões líquidos dos gastos externos do governo.

Os principais números a serem observados na Tabela 2 são aqueles de nossos investimentos estrangeiros líquidos (Grupo C). De 1929 a 1949, tivemos um *des*investimento líquido – excesso de aquisições estrangeiras nos EUA sobre as nossas lá fora – agregando mais de $7 bilhões.

Para o período de 1950-57, nossos investimentos privados líquidos atingiram uma média pouco abaixo de $1 bilhão.

Começamos aquele período em uma posição extremamente líquida, com muito ouro do mundo, e foi lógico para os Estados Unidos trocarem o excesso de liquidez (que não gerava retorno algum) por investimentos lucrativos no exterior, de longo prazo. Mais tarde, porém, nosso comportamento foi semelhante àquele dos investidores-especuladores de nosso mercado acionário de alta.

À medida que ia caindo nossa liquidez – isto é, a capacidade dos Estados Unidos de fazerem investimentos externos sem pressão monetária –, intensificamos enormemente o *ritmo anual* desses investimentos. Excluindo compensações por outros investidores atuando nos Estados Unidos, nossa transferência de capital aumentou de $600 milhões em 1949 para $1,3 bilhão em 1955 e, em seguida, para $4,6 bilhões em 1961 (foram incluídas, neste último número, as transações não registradas de $600 milhões). Nós, de fato, estivemos investindo além de nossos recursos internacionais.

Questionamentos à nossa tese

Minha ênfase no aumento do ritmo de investimentos externos como causa fundamental da crise do dólar tem sido questionada em vários aspectos. A análise dessas objeções ajudará a esclarecer o quadro. O primeiro argumento é o de que não há uma razão válida para separar como culpado o item investimento, uma vez que o saldo adverso dos Estados Unidos resulta de muitos fatores – incluindo especialmente, no lado do débito, nossos enormes gastos com ajuda externa e despesas militares nos estrangeiro. Um aspecto desse ponto de vista geral foi afirmado por alguém que certamente conhece o assunto, Walter Lederer (chefe da Divisão de Balanço de Pagamentos do Departamento de Comércio dos Estados Unidos). Diz ele: "Entretanto, enquanto continua a relação de compensação entre os movimentos de capital e as mudanças em outras transações, ambas devem ser consideradas na avaliação do balanço de pagamentos, e não podemos ver alguns tipos de transações como mais 'básicos' do que outros."

A implicação neste ponto parece ser a de que os investimentos externos de cada ano geraram itens de créditos de compensação de magnitude correspondente e, assim, essa categoria poderia não ser analisada por si só, de forma útil, como fator causal de nossas dificuldades.

Mas quais são os fatos e os números? Vamos olhar primeiro para a Tabela 3, que compara os resultados de 1961 com aqueles de 1949. Nesse ano, tivemos um pequeno saldo adverso na conta corrente, mas nossos investimentos no exterior foram *menores* do que os dos estrangeiros nos Estados Unidos (tratando as transações não registradas como investimentos). Assim, fechamos 1949 com um ligeiro aumento na liquidez. Em 1961, tivemos quase $1,5 bilhão de saldo favorável na conta corrente, mas os investimentos líquidos no estrangeiro de quase $4 bilhões mudaram esse número em um saldo adverso bastante embaraçoso de cerca de $2,5 bilhões.

A culpa dessa espetacular *mudança* deve ser distribuída quase indiscriminadamente entre contas comerciais, gastos do governo e investimentos dos Estados Unidos no exterior? Seria difícil identificar a principal causa do problema? Como podemos atribuir o déficit ao atraso nas exportações – de "terem fixado o preço fora do mercado", como muitos já disseram – quando nosso saldo favorável de mercadorias em 1961 ($5,3 bilhões) foi quase igual ao de 1949, apesar das vantagens comerciais que gozávamos nos anos de reconstrução europeia no pós-guerra?

Tabela 3

O Que é Responsável pela Mudança no Balanço da Liquidez entre 1949 e 1961? (em milhões)

	(Balanço de Mercadorias Somente)	Grupo A Todas Privadas Excluindo as de Capital	Grupo B Todas Governamentais	A + B Balanço Corrente	Grupo C Investimento Privado Líquido	A + B + C Balanço Final
1949	($5.424)	cr $6.140	dr $6.270	dr $130	cr $341	cr $211
1961	(5.340)	cr 6.815	dr 5.327	cr 1.488	dr 3.949	dr 2.461
Mudança	(dr 84)	cr 675	cr 943	cr 1.618	dr 4.290	dr 2.677

Além do mais, nosso saldo credor combinado de bens e serviços (não governamental) foi $675 milhões maior do que em 1949. Sim, dizem alguns, mas o real culpado é obviamente nosso programa governamental de ajuda externa e apoio militar. Esses especialistas estão cientes de que gastamos com esse propósito $940 milhões menos em 1961 do que em 1949? Qual é a lógica de se colocar a culpa em um elemento que, na verdade, mostra melhoria, pela grande deterioração no quadro geral? Uma vez que os investimentos externos correspondem ao grupo que mostra significativa mudança adversa, e uma vez que essa mudança é de uma magnitude extraordinária, seu papel como geradora de nossas dificuldades deveria ser óbvio para qualquer um que olhasse para os números.

Citando as objeções

Mas – dizem novamente os que levantam objeções – esses investimentos provocam grandes créditos compensatórios e, assim, não promovem grande dano geral para nossa liquidez. O principal deles seria nosso rendimento. Em 1961, esse rendimento recebido de fora totalizou $3,645 milhões e não foi muito menor do que os $3,951 que adicionamos aos nossos investimentos (excluindo aqui as transferências não registradas). É amplamente sustentado que a proximidade desses itens de rendimento e de saída prova que nossos investimentos externos anuais têm sido responsáveis por apenas uma pequena parte de nossos recentes déficits no balanço de pagamentos.

Embora possa soar plausível, essa alegação é completamente falaciosa. Ela não considera que quase todo o rendimento dos investimentos recebido em, digamos, 1960 e 1961 ainda teria sido recebido mesmo que não tivéssemos adicionado um único dólar aos nossos $45 bilhões de capital no exterior, ao final de 1959.

Um cálculo razoavelmente correto sobre este ponto, cobrindo o período de 1958-61, aparece na Tabela 4. Ela mostra que os $14 bilhões de capital privado enviados para fora dos Estados Unidos nos últimos quatro anos produziram, no máximo, cerca de $1,2 bilhão de remessas *adicionais* de rendimentos – uma compensação inferior a 10% em relação ao nosso desembolso. Todo o "déficit" de 1960 e 1961 – o período de máxima crise do dólar – teria sido removido se tivéssemos reduzido nosso fluxo externo bruto de capital para, digamos, $1 bilhão a cada ano, em vez de cerca de

Tabela 4

Efeito do Investimento Estrangeiro em 1958-61 sobre o
Rendimento dos EUA no Exterior (em milhões)

Rendimento do investimento em dez. de 1957	$2.900
Rendimento esperado em 1958-61 sem novos investimentos (quatro vezes o número de dez. de 1957)	11.600
Rendimento real do investimento 1958-61	12.815
Ganho no rendimento como resultado dos investimentos de 1958-61	1.215
Nosso fluxo externo de capitais 1958-61 (aproximado)*	14.700
Perda líquida na liquidez: fluxo externo de capital 1958-61 menos ganho de rendimento	13.500

**Inclui transações não registradas agregando cerca de $1.200 milhões líquidos.*

$4,5 bilhões (a perda corrente do rendimento do investimento por essa redução teria sido bastante menor).

Os defensores de nosso enorme comprometimento de capital alegam ainda, nesse contexto, que eles produzem outros créditos importantes de compensação na forma de exportações adicionais de bens de capital, as quais, presumivelmente, não seriam realizadas se não tivéssemos aumentado nossas contas de instalações no exterior. Assim, não haveria maneira de determinar o efeito geral dessas saídas de capital no resultado final de nosso balanço de pagamentos.

No sentido estrito da absoluta precisão, isso é, naturalmente, verdadeiro. Mas dispomos de alguns dados que iluminam a magnitude aproximada dessas alegadas compensações (eles aparecem em um elaborado estudo sobre "Investimentos de Empresas dos EUA em Países Estrangeiros", publicado em 1960 pelo Departamento de Comércio dos Estados Unidos). Os números revelam que nossos interesses no estrangeiro compraram em 1957 cerca de $1 bilhão em bens de capital dos Estados Unidos, contra um total de $4,9 bilhões gastos naquele ano sob a conta de instalações. Nosso fluxo total de investimentos no exterior em 1957 foi de $3,2 bilhões, dos quais $2 bilhões foram para esses "investimentos diretos nas empresas".

Há uma indicação nesses números de que os investimentos dos Estados Unidos no exterior, em qualquer ano, poderiam gerar cerca de 30% em contrapartida de exportações de capital. Por outro lado, nossas empresas de investimento direto exportaram em 1957 mais de $3,7 bilhões em bens para os Estados Unidos, um número que aparentemente foi bem superior às compras totais de bens de nosso país (o "valor superior" deste último, conforme compilado pelo estudo, foi de $2,6 bilhões). O texto do estudo enfatiza as vantagens de economia de dólares para os países nos quais os investimentos dos EUA são feitos. A implicação é bastante clara: à parte as remessas de rendimentos (já discutidas), os Estados Unidos perdem mais do que ganham em termos de efeitos líquidos desses investimentos em nosso balanço de pagamentos.

A conspiração do silêncio

Os dados apresentados em nossas quatro tabelas devem mostrar claramente que o ritmo muito ampliado de nossos investimentos no exterior é o principal responsável pela recente crise do dólar. Alguns de meus leitores viram esse aspecto do problema reconhecido, ou discutido em detalhes, nos numerosos pronunciamentos sobre o assunto feitos por quase todas as fontes competentes? Eu não vi – pelo menos até setembro último. Deixe-me lidar agora com a maneira como o assunto vem sendo tratado e as possíveis razões para isso.

Não houve o reconhecimento da diferença essencial entre a perda de liquidez a partir de uma balança comercial desfavorável e a gerada por investimentos. A discussão travada em janeiro de 1962 pelo Council of Economic Advisers (Conselho de Consultores Econômicos) combinou ambos os grupos de transações no que denominaram de as "contas básicas".

O investimento feito por uma empresa em uma fábrica poderia ser "básico" no mesmo sentido de suas perdas e lucros das operações? Em contraste, as análises oficiais canadenses distinguem cuidadosamente entre o que chamam de "Balanço de Conta Corrente" e "Movimento Líquido de Capital". A comparação entre o saldo corrente altamente desfavorável do Canadá desde 1955 e os resultados aproximadamente equilibrados dos Estados Unidos nesse período teria levado a uma melhor compreensão do fato de que o Canadá estava passando por uma verdadeira crise cambial, enquanto a nossa poderia ser apenas superficial ou artificial.

Em fevereiro de 1961, o presidente Kennedy declarou em sua Mensagem Especial sobre Balanço de Pagamentos: "O superávit de nossas exportações sobre as importações, embora substancial, não foi suficientemente grande para cobrir nossos gastos em estabelecimentos militares no exterior, o capital investido no exterior por empresas privadas americanas, e os programas de empréstimos e ajuda econômica do governo."

Observe que nossos investimentos no exterior ficaram *espremidos entre* gastos militares e ajuda governamental – como se todos eles fossem essencialmente da mesma natureza. Essa mistura de itens relativos ao capital no meio de itens de despesa tornou-se o tratamento geral – *bastante equivocado*.

Em seu discurso de maio de 1962 para a Câmara de Comércio dos Estados Unidos, o presidente afirmou ainda: "Custa $3 bilhões ao ano para os Estados Unidos manter nossas tropas, nossas instalações de defesa e nossos compromissos com a segurança no exterior. Se a balança comercial não for suficientemente favorável a nós para financiar esse encargo, temos duas alternativas: a primeira perder ouro, como tem acontecido; a segunda, começar a desistir de nossos compromissos com a segurança." Aqui nem mesmo se mencionam nossos investimentos no exterior. O fato é que nossa *balança comercial* – excluindo os investimentos – tem sido suficiente a nosso favor para financiar praticamente todos os nossos gastos governamentais no exterior.

O presidente, ao ignorar o papel do investimento ampliado, poderia plausivelmente ter conduzido seu forte desejo em duas direções: em primeiro lugar, a de evitar aumentos de preços e salários nos Estados Unidos; e, em segundo, de persuadir nossos prósperos aliados a assumirem maior participação em nossos encargos no exterior. Para um propósito, seria útil insistir em que nossas exportações precisariam ser substancialmente aumentadas; para o outro, dar a entender que a posição do dólar é realmente precária e que demanda ajuda de nossos aliados.

Em março, o diretor de Finanças da U.S. Steel, Tyson, falou do problema em uma linguagem mais intensa – e, segundo meu ponto de vista, com imprecisão ainda maior. Disse ele: "Existe apenas uma solução real para o problema do desfavorável balanço de pagamentos: seria o desenvolvimento ou o restabelecimento da maior capacidade de competir nos mercados internacionais." O propósito dessa declaração fica claro a partir da frase seguinte: "Isso significa, por sua vez, penso eu, que os americanos precisam encontrar coragem para acabar com a era da inflação salarial em todas as faixas."

A maioria concordaria que a inflação nos salários deve ser interrompida. Mas alguns desaprovariam basear essa exigência em uma alegada deficiência em nossa capacidade de competir nos mercados externos – quando os números do comércio tinham acabado de mostrar na balança de mercadorias, tanto para 1960 quanto para 1961, dois dos mais altos saldos favoráveis da história (em tempos de paz), superando consideravelmente a média de 1950-57.

O silêncio continua

The Wall Street Journal, sempre em busca do próprio anátema, resumiu assim a situação em um editorial de julho passado: "Embora tenha sido gerada muita discussão sobre o déficit de pagamentos, os fatos essenciais são perfeitamente claros. As empresas dos Estados Unidos gozam de um grande superávit nas exportações; acima de tudo, as políticas do governo, aqui e lá fora, é que criaram o déficit." A *BusinessWeek*, mais prudente no tom, mas dificilmente respeitando mais os fatos, expressou ao mesmo tempo uma opinião semelhante, deste modo: "O fato simples – embora desagradável – é que os Estados Unidos comprometeram-se com um programa consideravelmente maior de operações militares no estrangeiro e de ajuda externa do que conseguiriam financiar dentro da atual estrutura de comércio internacional." Nenhuma das publicações chega a mencionar nosso ritmo acelerado de investimentos, sem o qual não haveria qualquer crise do dólar (provavelmente, se estivéssemos investindo $8 bilhões, em vez dos $4 bilhões ao ano, e obtendo um déficit final de $7 bilhões, nossos compromissos e políticas governamentais ainda seriam responsabilizados por tudo isso).

Essas caracterizações incorretas influenciaram outros periódicos a fazerem comentários ainda mais exagerados. Um exemplo típico, talvez, seria o de meu próprio jornal, um dos maiores do país: "A falência internacional é o desastre teórico que está diante dos Estados Unidos se continuarem as más notícias sobre o embaraçoso problema de desequilíbrio no balanço de pagamentos.... Devemos mais para os mercados mundiais do que os outros países devem para nós. Nossas dívidas superam nossos ativos... Os compromissos dos Estados Unidos incluem importações, gastos militares no exterior, investimentos em empresas estrangeiras e ajuda externa."

Observe aqui a apresentação dos investimentos estrangeiros no meio de nossos "compromissos", com a sugestão concomitante de que estaríamos no limiar de uma falência internacional. Não chega a surpreender que as pessoas esperassem um corte no valor do dólar em ouro e que alguns tivessem transferido enormes somas para a Suíça e outros lugares.

Coube ao chanceler britânico do Tesouro estabelecer a situação praticamente em sua perspectiva apropriada, em setembro passado, ao declarar: "A natureza desse déficit é bastante especial. Em transações comerciais correntes os Estados Unidos apresentam elevado superávit, e o problema surgiu por causa das enormes quantias gastas no exterior com ajuda, defesa e investimento. Poderia ser dito que o problema é menos de balanço de pagamentos e mais de balanço de generosidade." Essas palavras implicariam que nossos enormes investimentos no exterior fariam parte de nossa "generosidade", o que dificilmente é verdade; mas eles se *parecem* com atos generosos, em função de que sua continuidade é puramente voluntária.

Estive muito preocupado em função do fracasso de nossos principais economistas em pegar o problema e encarar os fatos de frente, prestando a devida atenção ao papel central dos investimentos no exterior em sua ação sobre a crise do dólar. Seriam inúmeras as citações relevantes sobre o caso. Basta dizer que um livro respeitável publicado no último ano, contendo 13 ensaios sobre o assunto de alguns dos principais economistas, devota uma discussão tão pequena e pouco esclarecedora sobre o componente dos investimentos que coloca todo o quadro fora do foco apropriado.

Estou em dívida para explicar o que considero um fracasso da competência profissional. Uma explicação – que, sem dúvida, parecerá plausível para muitos leitores – é a de que meu próprio diagnóstico esteja completamente incorreto. Em minha defesa, posso pedir apenas que voltem aos meus dados e argumentos, e analisem-nos cuidadosamente antes de decidir quem está certo ou errado nessa matéria de transcendental importância.

Futuros perigos e possíveis remédios

Mesmo que nosso problema tivesse surgido de um "balanço de generosidade", mais investimentos no exterior, ele traz uma ameaça real à posição internacional do dólar. A melhoria demonstrada na primeira metade de 1962 não carrega em si mesma a segurança de que ela continuará até o ponto necessário para colocar o dólar fora de perigo (eu colocaria este ponto em uma perda anual de liquidez não superior a, por exemplo, $1 bilhão).

Nossa balança de comércio exterior, tão satisfatória por tantos meses, pode ficar pior e nossos gastos militares podem ter de aumentar em muito. Isso parece mais do que remotas possibilidades no ambiente de real crise internacional em que estas palavras foram escritas (28 de outubro de 1962).

Assuma que nossa perda de liquidez não seja suficientemente obstruída nos próximos meses, e assuma que nossos investimentos no exterior persistam em seu recente ritmo preocupante; que atitudes podem e devem ser tomadas para lidar com a situação? É óbvio que não conseguiremos elevar rapidamente nossas exportações de mercadorias em volume suficiente, por meio da esperada modernização das fábricas que deverá ocorrer em função da recente concessão de estímulos fiscais. A confiança neste procedimento para uma *rápida* solução, constantemente expressa por funcionários em elevados cargos da administração pública, chega às raias do absurdo.

Um corte profundo pelo governo em nossos gastos no exterior não está fora de questão, mas envolve uma mudança fundamental de política em um momento no qual os eventos mundiais parecem fortemente contra ela. Um aumento nas taxas de juros para atrair ou reter capitais de curto prazo de fora já está a caminho; mas isso não consegue mudar nossa posição de liquidez geral – apenas evita a conversão de nossa dívida de curto prazo em retiradas de ouro.

Parece incerto que possa ser trazido muito capital de *longo prazo* pelas altas taxas de juros; de qualquer forma, existe forte oposição a subir radicalmente toda nossa estrutura de taxas de juros domésticas por esse ou algum outro motivo. Vamos discutir três outras possibilidades.

A primeira seria a desvalorização do dólar. Há controvérsias se ela realmente resolveria o problema. Mas como poderíamos justificar um "ato de insolvência" se ele for introduzido em virtude de nossa persistência em investir enormes quantias no exterior? Alguma nação, empresa ou indivíduo já faliu por uma razão tão fantasticamente inadequada?

A segunda possibilidade é óbvia e lógica. Vamos cortar nosso casaco por sobre nossas roupas – em outras palavras, vamos reduzir nossos *novos* investimentos no exterior, líquidos, para as quantias disponíveis para este propósito em função de todas as outras transações. Isso corresponderia ao comportamento normal de uma pessoa física que, a cada ano, investe seu adicional de ganhos em relação às suas despesas de subsistência, mais impostos e contribuições.

O lugar mais atraente para começar com essa política seria a área de emissão de títulos estrangeiros e lançamento de ações nos Estados Unidos. Eles sempre foram grandes e parecem ser maiores do que nunca em 1962 – atingindo a taxa de $1 bilhão ou mais.

O secretário Dillon já indicou que, caso surja a necessidade, alguns passos serão tomados para restringir esse fluxo de dólares. Por outro lado, a redução compulsória de nosso investimento privado no exterior é oposta aos nossos objetivos de liberdade financeira. Todos nós relutaríamos em ver esses controles impostos – embora exista um amplo precedente para tal na história fiscal da Grã-Bretanha.

Segundo minha opinião, a maneira menos condenável de lidar com o problema seria por meio de empréstimos estrangeiros de *longo prazo* feitos por nossas empresas e/ou governo. Nossa dificuldade tornou-se essencialmente maior do que as obrigações de curto prazo que incorremos para com os estrangeiros para financiar os investimentos de longo prazo feitos em seus países. A solução evidente seria financiar os investimentos estrangeiros de longo prazo, na extensão exigida, por empréstimos estrangeiros de longo prazo. Eles não reduziriam nosso saldo de liquidez para o ano ou no total, como as dívidas de curto prazo.

Esse programa acarretaria o pagamento de taxas de juros apreciavelmente maiores do que em empréstimos contraídos nos Estados Unidos. Mas se nossos novos investimentos forem suficientemente lucrativos, poderemos pagar os maiores custos de empréstimos contra esses lucros. Se não forem, não deveremos fazê-los.

Alega-se que tal empréstimo seria "impossível" porque os mercados de capitais estrangeiros não são suficientemente bem organizados. Entretanto, os investidores dos países prósperos da Europa estão emprestando grandes quantias para suas próprias empresas; algumas de nossas corporações já tomaram empréstimos no exterior; títulos pagáveis conforme a opção dos credores, tanto em sua própria moeda como em dólares dos Estados Unidos seriam especialmente atraentes.

A pergunta certamente não é, "Podemos tomar emprestado no exterior no longo prazo?", e sim, "Quanto isso irá nos custar?". Para equilibrar esse custo extra contra a posição do dólar como principal moeda mundial, seria bom considerar as magnitudes relativas envolvidas. O valor correspondente a $1 bilhão de dólares em empréstimos estrangeiro a um custo extra de juros de 1,5% envolveria um gasto anual de $15 milhões. Coloque essa quantia no contexto de nossas contas externas anuais excedendo a $30 bilhões de cada lado, e nosso Produto Interno Bruto de uns $550 bilhões. Se as futuras ameaças ao dólar puderem ser dissipadas por gastos em unidades anuais de $15 milhões, o preço pago seria pequeno.

PARTE IV

A voz da profissão

Benjamin Graham saiu da gestão ativa de investimentos em 1956 com um histórico de muitas décadas de sucesso por trás dele. Mas não se aposentou. Graham continuou incessantemente a pensar, escrever e dar palestras sobre o futuro da profissão que havia fundado. Orgulhoso de quão longe havia chegado a análise de investimento, ele também sentia a necessidade urgente de que a área continuasse evoluindo – e se preocupava com as múltiplas maneiras pelas quais Wall Street poderia avançar de forma errada. Como sempre, a cada pequeno elogio, ele anexou um alerta.

Os capítulos desta parte captam as palavras ditas por Graham, tanto em discursos quanto em entrevistas. Aqui é Graham não filtrado: eloquente, literato, apaixonado por ideias, indignado com o tratamento ruim dispensado aos investidores e incapaz de qualquer coisa que não seja a completa honestidade intelectual. Em "Benjamin Graham: Reflexões sobre Análise de Investimento", vemos Graham totalmente relaxado enquanto responde às perguntas feitas por telefone aos alunos de um curso de Negócios na Northeast Missouri State University.

Ele também exibe uma inteligência bastante afiada. É difícil pensar em algum dito sarcástico que já tenha sido proferido que resuma a comunidade financeira de forma mais devastadora do que esta observação de Graham feita de improviso: "As pessoas costumavam dizer sobre os Bourbon que eles não esquecem de nada e não aprendem nada; o que eu diria sobre o pessoal de Wall Street é que normalmente eles não aprendem nada e se esquecem de tudo."[1]

Ao mesmo tempo em que Graham acreditava que os indivíduos poderiam e deveriam ser treinados para fazer melhor, ele não acreditava que a natureza humana poderia ser mudada. Todos nós podemos aprender e lembrar. Mas os mercados como um todo estão essencialmente condenados a não aprender nada e a se esquecer de tudo. Portanto, os analistas deveriam estar sempre preparados a ficar firmes enquanto os mercados correm a seu redor como enxames em direção a extremos emocionais.

A questão sobre como os analistas conseguiriam adicionar valor a um mercado repleto de especialistas treinados estava em primeiro lugar na mente de Graham nos últimos anos de sua vida. Ele estava perfeitamente ciente do paradoxo de que, tendo inspirado milhares de pessoas a se certificarem como analistas financeiros, acabou efetivamente como responsável por tornar o mercado ainda mais difícil de ser batido do que nunca. "Não sou mais um advogado de técnicas elaboradas de análise de investimentos para se encontrarem oportunidades de valor superior", disse a Charley Ellis em "Uma Conversa com Benjamin Graham". Apenas seis meses antes de morrer, Graham contou para Hartman Butler em "Uma Hora com o Sr. Graham": "Tenho muitas dúvidas sobre a questão de quão bem-sucedidos podem ser os analistas em geral quando aplicam essas abordagens de seletividade [isto é, tentando selecionar títulos específicos que terão um desempenho melhor]."

Se a disseminação em massa da análise de investimento tornou a seleção de ações mais difícil do que nunca, então para que outras funções legítimas serviriam os analistas?

Em "O Futuro da Análise Financeira", Graham muda seu termo de longa data para os profissionais da área de investimentos de "analistas de investimentos" para "analistas financeiros". Ele quer que reconheçamos que é "obrigação" dos analistas estudar tanto os investimentos quanto os investidores – não apenas sobre a forma que as ações se comportam, mas como os seres humanos que as possuem se comportam. Graham elogia o Nível III do exame recém-instituído para o CFA por exigir conhecimento formal em gestão de investimentos e consultoria a clientes. Voltando à comparação médica que introduziu décadas atrás quando propôs pela primeira vez a ideia de uma certificação CFA, Graham insiste que os analistas busquem a "saúde financeira" de cada cliente (ou "paciente") da mesma forma que um médico deve agir.[2]

Ele prevê uma época em que todas as recomendações de investimentos trarão a assinatura de aprovação de alguém certificado pela CFA, de forma muito parecida com os relatórios financeiros nos Estados Unidos que agora precisam ser certificados por um gestor sênior sob as regras da Sarbanes-Oxley.* A visão de Graham ainda não se concretizou, mas um selo de aprovação de "boa gestão" poderia fazer um bem considerável.

**Nota do Tradutor*: Lei promulgada em 2002, nos Estados Unidos, em virtude de escândalos financeiros corporativos como os do caso Enron, WorldCom e outros.

Graham acredita que o trabalho coletivo de analistas treinados conseguiu "preços relativos razoavelmente defensáveis", tornando o mercado em geral mais eficiente e menos propenso a excessos de avaliação ou subavaliações "na maior parte do tempo e na maioria das ações". Porém, Graham também destaca que a tentativa de tantos analistas inteligentes e altamente treinados em se superar inevitavelmente torna mais difícil que algum deles alcance seu intento. "Nem os analistas financeiros em geral nem os fundos de investimento como um todo podem esperar 'bater o mercado'", ele alerta, "porque, de certa forma, eles (ou vocês) são o mercado" (já havia pelo menos 8 mil analistas em 1963).

Por causa dessa feroz pressão competitiva, diz Graham, os analistas só conseguem adicionar um valor mínimo ao determinar quais ações oferecem o máximo de valor. Somente através de uma completa investigação, estabelecendo meticulosamente a segurança do principal e um retorno adequado, o analista pode concluir que uma ação representa um investimento. Graham se refere aqui a uma carta que enviou ao editor do *Wall Street Journal* que vale a pena citar:

> Por qual definição de "investimento" alguém pode dar o nome de "investidores" para essa gente pequena que faz apostas no mercado de ações através da venda a descoberto de lotes fracionários?
>
> Se essas pessoas são investidores, como definiríamos "especulação" e "especuladores"?
>
> Será que a atual falha em estabelecer a distinção entre investimento e especulação não provocaria um grave dano não apenas aos indivíduos, mas a toda comunidade financeira, como ocorreu no final da década de 1920?[3]

Graham defende que os analistas, ao estudarem uma ação, devem decompor seu preço em dois componentes. Um olhando para trás e outro para a frente. O primeiro seria o que Graham chama de "mínimo valor verdadeiro", com base no histórico de lucros e ativos da empresa; o segundo ("valor presente") estima as expectativas para o futuro e leva em conta o risco especulativo. É nesse aspecto, ao pegar o peso correto dessas duas abordagens, que Graham acredita que os analistas possam ganhar seu sustento. Ele também destaca que analistas diferentes irão chegar (e, na verdade, deveriam chegar) a pesos diferentes quando decompõem o valor em seus componentes de especulação e de investimento.

Se Graham pudesse ter seu pedido atendido, cada relatório de análise iria decompor o atual preço de mercado de uma ação por meio da estimativa do analista de seu valor fundamental e da contribuição da especulação para o preço de mercado (naturalmente, o componente especulativo poderia tanto ser um número positivo como negativo, dependendo do sentimento do mercado). Em resumo, Graham quer analistas que digam explicitamente a seus clientes qual é o risco de cada recomendação.

Graham destaca que a separação do preço em suas partes constituintes de valor real e prêmio por especulação poderia ajudar a construir carteiras eficientes "para os computadores aplicarem sua mágica". Embora ele tenha em mente uma definição de risco diferente daquela que Harry Markowitz estabeleceu em 1952, Graham parece propor a mistura de uma análise fundamentalista ativa e uma gestão de carteira passiva.

Graham repete seu perene chamado para que os analistas assumam papel mais ativo na melhoria dos "resultados insatisfatórios" das empresas que acompanham. Então, ele oferece um raciocínio experimental surpreendente: pede que imaginemos que o governo dos Estados Unidos, cuja autoridade para cobrar imposto sobre os lucros das empresas o torna um acionista implícito, comece a dizer para as companhias "ganharem mais dinheiro ou então...". Esse "raciocínio ou pesadelo", como Graham o chamou ironicamente, ressurgiu nos dias de hoje, quando os governos ao redor do mundo analisaram como cuidar de suas participações em companhias financeiras e montadoras de automóveis. Embora seja preocupante imaginar funcionários do governo estabelecendo metas de lucratividade das empresas, também é problemático observar que muitos investidores privados negligenciam a própria obrigação de monitorar as companhias que possuem.

Em "O Futuro das Ações Ordinárias", Graham começa relembrando sua chegada a Wall Street em 1914, quando J.P. Morgan ainda estava presente na mente dos investidores. No final de 1912, poucos meses antes da morte de Morgan, o grande financista apresentou seu famoso testemunho no Congresso diante da Comissão Pujo. Indagado incessantemente sobre o que o mercado acionário faria, Morgan apresentou uma resposta em termos de ações que permaneceu válida por muito tempo: "Ele flutuará."[4] Agora, Graham aperfeiçoa o ditado de Morgan. Ele assinala que o mercado não apenas flutuará, mas que flutuará muito, levando à euforia na alta e à miséria na baixa.

Como qualquer ação ou bônus, o mercado acionário como um todo algumas vezes está caro e outras vezes, barato, dependendo de seu preço no momento e do humor dos investidores. Como Graham assinala, o livro de Edgar Lawrence Smith *Common Stocks as Long-Term Investments* surgiu quando as ações estavam baratas. Os investidores consideraram seus argumentos tão persuasivos que, no final, levaram os preços das ações a níveis astronômicos. Nesse ponto, as sensatas hipóteses do livro já não faziam qualquer sentido, porque as ações não poderiam ir a lugar algum, a não ser diminuir de preço. Quando o mercado caiu conduzindo o preço das ações a níveis mínimos, ninguém mais acreditou no livro – embora seus argumentos tivessem acabado de ficar válidos novamente.

No mesmo sentido, Graham cita a pesquisa de 1948 feita pelo Banco Central dos Estados Unidos sobre os investidores constatando que apenas 4% deles pensavam que a ação ordinária oferecia um retorno "satisfatório", enquanto 26% a viam como "não segura" ou como "um jogo". Os altos retornos potenciais das ações, observou o Fed, "foram considerados apenas uma pequena vantagem se comparados com as desvantagens ocasionadas pela falta de familiaridade e a falta de segurança".[5]

"As atitudes do público em questões de finanças", conclui Graham, "são absolutamente pouco confiáveis como guias para a política de investimento". Por "público", ele quer dizer apenas investidores individuais – ou amadores e profissionais da mesma forma?

O índice Dow estava por volta de 850 quando Graham fez este discurso em junho de 1974 – um ano e meio dentro de um grave mercado de baixa que levaria o índice abaixo de 600 em dezembro. Naquela época, os especialistas já se questionavam se as ações fariam sentido em horizontes mais longos – especialmente em função da inflação e das taxas de juros enormes, da crise de energia, "da confusão ecologia-poluição", "do movimento por menor consumo e crescimento zero" e da justificada raiva dos investidores em relação ao "escandaloso comportamento" de Wall Street.[6] Estaria morta a operação de comprar e segurar?

A resposta de Graham: "Claro que não. Da mesma forma que não fez sentido argumentar que valeria a pena comprar ações não importando quão alto fosse o preço, é um absurdo concluir... que... ações ordinárias seriam investimentos indesejáveis não importando quão baixos fossem os níveis de preços." Mais tarde, ele alertou que, "nesse meio tempo, os preços das ações podem enfraquecer. Mas penso que o verdadeiro investidor se sentiria mais satisfeito do que desencorajado com as perspectivas de investir suas novas economias em termos bastante satisfatórios".

De acordo com Graham, os investidores institucionais exacerbaram a distância entre preço e valor, ao invés de estreitá-la. Através da excessiva negociação e da busca cega pelo momento adequado, eles tornaram o mercado menos eficiente. De fato, enquanto a proliferação de analistas financeiros tornou os preços mais precisos, o agrupamento de gigantescas somas de capital gerou a interferência de pressões que minaram a eficiência do mercado.[7]

Graham alude ao "mercado em dois níveis", em que as 50 Ações de Maior Crescimento – incluindo Walt Disney, MGIC Investment e Polaroid – eram negociadas de 50 a 90 vezes seus lucros passados, enquanto o restante do mercado definhava.[8] Graham perguntava com raiva: "O que nossas instituições financeiras fizeram para restringir este louco frenesi especulativo?" Sua resposta: nada. Na verdade, as instituições em busca do momento adequado jogaram as análises financeiras para o alto.

Um fenômeno similar ocorreu um quarto de século mais tarde, quando investidores institucionais ajudaram a levar as ações de internet e telecomunicações a índices preço-lucro de três dígitos.

Graham diz que o analista financeiro responsável que queira manter a consciência limpa tem apenas uma escolha nessas ocasiões: "Fazer o quase impossível; ou seja, virar as costas para eles e deixá-los sozinhos." Para isso, ele acrescenta mais tarde, é preciso "firmeza de caráter".

Graham defendeu publicamente a indexação do investimento já em 1955 e parece ter sido favorável a ela ainda antes.[9] Com isso, ele propõe que as instituições poderiam indexar suas carteiras, fazendo bom uso das análises financeiras ao desviar do parâmetro "somente com uma persuasiva demonstração de que as emissões substituídas teriam distintamente um maior valor intrínseco por dólar de preço do que as que foram abandonadas". Graham acrescenta que essa estratégia "poderia melhorar o desempenho real".

Graham não acreditava em respostas simples para questões complicadas. À medida que os mercados passam da euforia para a angústia e a ela retornam, e os analistas seguem seu trabalho diário na busca de calcular os valores, vale a pena manter em mente as sugestões de Graham. O trabalho do investidor não acaba no momento em que é feita a aquisição. O papel do analista não está limitado à análise de demonstrações financeiras e tendências futuras. Como Graham, os analistas e investidores devem sempre procurar inovar, encontrar o melhor uso de suas habilidades, questionar se o conhecimento convencional é sábio, e permanecer firmes contra quaisquer forças que possam comprometer o valor e a integridade de seu trabalho.

NOTAS

1. Os Bourbon foram uma das famílias dinásticas da França; os reis Bourbon Luís XV e XVI reinaram em meio à libertinagem e ao desperdício, culminando com a destituição da monarquia na Revolução Francesa.
2. No "caso Rockville Center" citado por Graham, Ronald Binday, analista de informações da empresa corretora Heft, Kahn & Infante em Rockville Center, N.Y., tomou como verdadeiras as afirmações feitas por banqueiros de investimentos em sua empresa de que uma companhia que estava analisando tinha uma significativa carteira de pedidos. Eles solicitaram que ele não checasse as informações com a própria companhia, com o que concordou declarando em uma nota da

análise para os clientes que a suposta carteira de pedidos aumentaria os lucros em pelo menos $2 por ação. Os inspetores da SEC concluíram que Binday havia demonstrado "completa falta de entendimento (ou preocupação) sobre a natureza da informação a ser fornecida aos investidores prospectivos". A SEC revogou o registro da empresa. Ver www.sec.gov/litigation/aljdec/1961/id19610518is.pdf, www.sec.gov/news/digest/1963/dig021263.pdf e www.sec.gov/about/annual_report/1963.pdf, pág. 61.

3. Benjamin Graham, "Rhetorical Questions", carta ao editor, *The Wall Street Journal* (12 de julho de 1962), pág. 14.
4. Jean Strouse, *Morgan: American Financier* (Nova York: Random House, 1999), p. 11.
5. Ver o Survey of Consumer Finances de 1948 do Fed (http://fraser.stlouisfed.org/publications/frb/issue/3834/download/56290/frb_071948.pdf), p. 777.
6. Em 1974, a inflação ultrapassou 12%, enquanto as taxas dos fundos federais alcançaram 13,5% algumas semanas após o discurso de Graham. Entre 1973 e 1975, o embargo de petróleo da OPEP dobrou os preços do óleo. A poluição foi tão grave que o Rio Cuyahoga em Cleveland pegou fogo em 1969. Em 1972, o Clube de Roma publicou seu famoso relatório, "Os Limites do Crescimento", alertando que o excesso de população e de consumo levaria ao colapso econômico mundial.
7. Pesquisa recente sugere que a visão de Graham ainda pode ser mantida. Ver, por exemplo, Jonathan Lewellen, "Institutional Investors and the Limits of Arbitrage" (http://mba.tuck.dartmouth.edu/pages/faculty/jon.lewellen/publications/Institutions.pdf) e Dimitri Vayanos e Paul Woolley, "An Institutional Theory of Momentum and Reversal" (www.lse.ac.uk/collections/paulWoolleyCentre/pdf/momentumshort.pdf)
8. Ver o clássico artigo de Carol J. Loomis, "How the Terrible Two-Tier Market Came to Wall Street", *Fortune* (julho de 1973), págs. 82-88, 186-190; reimpresso em Charles D. Ellis e James R. Vertin, *Classics II: Another Investor's Anthology* (Homewood, Ill.: Dow Jones Irwin, 1991), pp. 156-164.
9. "Interview with Benjamin Graham, Expert on Investments: How to Handle Your Money", *U.S. News & World Report* (3 de junho de 1955), p. 47.

19

O futuro da análise financeira

Julgada por seu histórico dos últimos 25 anos, uma carreira como a de analista financeiro não deve ter nada a temer sobre o futuro.

Voltando ao passado, há um quarto de século a The New York Society contava com apenas 82 membros; hoje, possui 2.945 membros – alguns deles com atribuições de tarefas financeiras na América do Sul, na Europa e no Extremo Oriente.

Além do mais, existem agora 29 sociedades que constituem a The Financial Analysts Federation (Federação dos Analistas Financeiros). Se medirmos nossa expansão em função de dólares pelas taxas anuais cobradas, poderíamos muito bem reivindicar a posição de um dos principais "setores em crescimento" do país.

Nosso crescimento em números foi acompanhado pelo correspondente avanço em nossa influência financeira. Seria um exagero dizer que a maior parte das transações de títulos de hoje em dia se baseia em algum grau no trabalho feito por analistas financeiros, indo talvez desde a influência tangencial de uma circular de uma casa corretora ao completo direcionamento das mudanças de uma carteira?

Com esse crescimento nos números e na influência, deveria ter vindo algum aumento correspondente na responsabilidade. Mas, até recentemente, havia poucos sinais visíveis desse desdobramento. Agora, com a fundação em 1959 do The Institute of Chartered Financial Analysts (Instituto dos Analistas Financeiros Certificados) e com a conclusão dos acertos para conferir a designação CFA, podemos celebrar um marco *fundamental* em

Reimpresso do *The Analysts Journal*, v. 19, n. 3 (maio/junho de 1963): 65-70, com permissão. Este artigo foi adaptado a partir dos comentários do dr. Benjamin Graham, na ocasião dos 25 anos do The New York Society of Security Analysts.

nosso progresso rumo a um verdadeiro status profissional, acompanhado de obrigações *verdadeiramente* profissionais em relação ao público.

Esse movimento ocorreu no momento certo para atender a uma crescente demanda por mudanças na maneira de Wall Street fazer negócios. A recente decisão da SEC – no caso "Rockville Center" – revela que os analistas financeiros terão de observar novas prestações de contas nas áreas de fraudes e outras. Vestindo o manto de um profeta, consigo visualizar uma época (talvez distante no tempo) em que todo material impresso que analise e/ou recomende uma ação (que seja distribuída ao público) tenha de ser emitido com a assinatura e sob a responsabilidade de um analista financeiro certificado.

Para nossa profissão, penso que a designação mais ampla de "Analista financeiro" é preferível à de "analista de investimento", porque mais analistas seniores precisam ser agora preparados para ir além do estudo impessoal sobre ações e considerar as exigências do cliente individual. O Exame III para a certificação de analista financeiro cobre a "Gestão de Investimentos", incluindo a construção de carteiras adequadas a vários tipos de investidores (e especuladores). Existe, assim, uma função dupla do analista financeiro relacionada, em parte, com as ações e, em parte, com as pessoas. Como consultor de carteira, ele prescreve para a saúde financeira de seu "paciente" de forma muito parecida como o médico faz com a saúde física ou mental.

Minha tese básica – para o futuro, assim como para o passado – é que um analista financeiro inteligente e bem treinado pode realizar um trabalho útil como consultor de carteiras para muitos tipos diferentes de pessoas e, assim, justificar amplamente sua existência. Afirmo também que ele pode fazer isso aderindo a princípios relativamente simples sobre um sólido investimento; por exemplo, um equilíbrio apropriado entre bônus e ações; uma diversificação apropriada; a seleção de uma lista representativa; o desencorajamento de operações especulativas inadequadas para a posição financeira ou o temperamento do cliente – e, para isso, ele não precisa ser um mago na escolha de vencedores em uma lista de ações ou na previsão dos movimentos do mercado.

Mas, apesar de minha opinião minoritária sobre esse ponto, indubitavelmente os analistas financeiros continuarão a perseguir como sua principal atividade a tentativa de escolher as ações com "maior probabilidade de sucesso". Além disso, embora esteja hoje na moda depreciar as várias médias como enganosas ou sem sentido, a maioria ainda lhe dirá – sem estar com os braços cruzados – sua opinião sobre se essas médias subirão ou cairão. Podemos esperar que os analistas financeiros façam no futuro um bom trabalho sobre essas duas importantes áreas?

Minhas opiniões sobre as previsões do mercado acionário têm sido desfavoráveis por cerca de meio século. Isso pode me conferir elevada graduação em consistência, mas, dificilmente, me qualifica como um estudioso imparcial sobre o assunto. É mais do que apenas possível que, no futuro, as investigações sobre as práticas de Wall Street incluam um estudo realmente abrangente sobre as afirmações e realizações das principais abordagens de previsões de mercado (penso em algo parecido com os artigos que apareceram na *Fortune* no ano passado, mas com cobertura mais ampla).

Se a Securities and Exchange Commission resolver lidar com esse problema intrigante, os resultados poderiam ser bastante interessantes, ao longo de uma das seguintes duas linhas divergentes. A primeira diria: (a) a análise de mercado é uma parte importante da análise de investimento; (b) os analistas financeiros precisam ser totalmente responsáveis por seu trabalho; assim, (c) cada previsão de mercado que fosse publicada teria de sê-lo sob o nome e a responsabilidade de um analista financeiro certificado. A possibilidade oposta seria que todos esses prognósticos deveriam trazer uma legenda em letras bem grandes: "Apenas para fins de diversão. Não leve a sério."

Passando para o trabalho do analista financeiro, no sentido de selecionar as ações ordinárias mais promissoras, vejo dois grandes obstáculos para o brilhante sucesso de um analista médio ou para os analistas em geral. O primeiro surge do desenvolvimento da competição; o segundo, do grande elemento de especulação que os mais novos conceitos de investimento injetaram nas ações ordinárias de qualidade superior.

Problemas dos analistas: competição

Vamos considerar primeiro a questão da competição – não de fontes externas, mas do próprio crescimento do número e do treinamento mais intensivo daqueles de nossa própria profissão. Meu ponto fundamental aqui é que nem os analistas financeiros em geral nem os fundos de investimento como um todo podem esperar "bater o mercado", porque, de certa forma, eles (ou vocês) *são* o mercado. Deve ficar claro que, se todas as operações de mercado forem feitas sob a orientação de analistas, então o analista médio não poderia ser melhor do que o "público externo" porque não haveria público externo. Assim, para bater o mercado, ele teria de bater a si mesmo – uma operação impossível como a de se erguer puxando os próprios cabelos. Assim, quanto maior for a influência geral dos analistas financeiros sobre as decisões de investimento e especulação, menor se torna a probabilidade matemática de que seu resultado geral seja melhor do que o do mercado.

Esse fato negligenciado explica, penso eu, um fenômeno que despertou uma controvérsia desnecessária. Refiro-me às comparações muito atacadas que indicavam que os fundos mútuos não superaram o índice de ações Standard & Poor's 500 Stock Composite na última década. Os próprios números não podem ser contestados sob o argumento de que os fundos seriam mais conservadores ou menos arriscados do que o mercado em geral, porque sofreram quase a mesma queda percentual que o Índice S&P 500 em 1956 e, novamente, em 1962. Mas uma defesa – e resposta – completamente válida seria a de que os fundos desempenham um valioso serviço para as inúmeras pessoas que não podem ou não conseguem ter o mesmo desempenho que o mercado em geral. Eu, por exemplo, não tenho dúvida de que os fundos justificaram amplamente sua existência por muitos anos no passado e continuarão a fazê-lo.

Problemas dos analistas: elemento especulativo

Venho agora para o segundo obstáculo no caminho da bem-sucedida seleção de ações pelos analistas financeiros – que é a crescente injeção do elemento especulativo na avaliação de emissões de elevada classificação. Falei longamente sobre esse assunto em um jantar da Financial Analysts Federation, nos idos de 1958, sob o título "A Nova Especulação em Ações Ordinárias". Meu ponto básico, na época, era que em dias remotos muitas ações eram especulativas por conta das fraquezas e dos riscos associados com determinada empresa ou negócio, mas, nos dias de hoje, as ações ordinárias de companhias fortes estão se tornando crescentemente especulativas porque seus níveis de preço estão descontando de forma cada vez mais liberal o crescimento futuro. Essa tendência continuou sem ser constatada de 1958 a maio de 1962.

Esse novo tipo de risco especulativo pode ser ilustrado melhor pela referência à ação que foi negociada em 1961 pelo maior valor agregado para qualquer companhia industrial – quase $17 bilhões – e que, indubitavelmente, foi a mais bem avaliada do ponto de vista da força financeira e das perspectivas futuras. Claro que estamos falando da IBM, que, por alguns anos, recebeu a mais alta classificação de qualidade dada pela Standard & Poor's. Ainda assim, a ação dessa empresa verdadeiramente maravilhosa teve uma redução em seu preço de 607 em 1961 para 300 em seu mínimo de 1962 – uma perda de mais de 50% e de mais de $8 bilhões no valor de mercado em *menos de seis meses.* Essa perda foi proporcionalmente cerca de 1,75 vez a queda sofrida pelo índice de ações Standard & Poor's 500 de sua maior alta de todos os tempos para sua mínima em 1962.

Essa comparação demonstra claramente a tendência relativamente nova de observarmos a elevada qualidade e o alto risco caminharem juntos no segmento das ações ordinárias. Gostemos ou não – eu, por exemplo, considero isso um desdobramento lastimável –, tem toda a aparência de se tornar uma característica permanente no mercado acionário. Esse fato acaba me fazendo lembrar de uma referência casual de Marcel Proust sobre "o amor e o sofrimento inextricavelmente ligado a ele". O caso de amor do público com as ações ordinárias provavelmente também não é à prova de sofrimento. Parece-me que, quanto maior for o componente especulativo no preço da ação ordinária típica – seja derivado de uma fraqueza interna ou de um multiplicador de mercado vulnerável –, menos confiável se torna o trabalho do analista na escolha de uma contra outra.

Devemos acrescentar uma palavra sobre a tecnologia. A maioria das ações com elevado multiplicador tem sido a dos "papéis da área de tecnologia" – por exemplo, computadores, processos fotográficos e eletrônicos. Mas a mudança tecnológica é um dos elementos *mais especulativos* no quadro das avaliações. É possível que aquilo que ela dá para uma empresa retire de outras (pelo menos em parte) que podem ter sido as favoritas tecnológicas do ano anterior. Os elevados multiplicadores apenas poderiam ser justificados por projeções no longo prazo de crescimento futuro e manutenção dos lucros; mas a tecnologia em si mesma, com as rápidas mudanças que traz consigo, implica o oposto das expectativas confiáveis de longo prazo para quaisquer de seus produtos ou processos, e mesmo para qualquer empresa amplamente controlada por fatores tecnológicos.

Vale a pena gastar mais alguns minutos para analisar por um outro ângulo o problema da seleção de ações. Todos estão familiarizados com o fato de que, em qualquer intervalo de anos, houve uma marcante divergência no movimento de preços relativos das 30 ações da média Dow Jones Industrial, assim como em quase qualquer outra lista representativa.

Muitos diriam que essas grandes variações no desempenho indicam claramente as oportunidades de lucros excepcionais abertas ao analista experiente que possa identificar os papéis mais promissores. A consequência oposta é que os analistas como grupo são incapazes de avaliar o futuro de companhias individuais com razoável precisão; pois, se fossem capazes, os preços de mercado teriam descontado muito mais de perto a evolução real nos anos seguintes.

Com relação a isso, é interessante observar os comentários no *Manual Wiesenberger* sobre a tabulação de dados. Os autores afirmam o que seus números mostram: (1) a sabedoria, se não a necessidade, de diversificação nos mercados modernos; (2) como pode ser pouco realista a impressão gerada por qualquer "média" de mercado; (3) como os mercados modernos se tornaram "seletivos". Aos meus olhos excessivamente críticos, essas observações parecem compartilhar da copiosa confusão na qual nos metemos em anos recentes. Para começar, quanto maiores a sabedoria e a necessidade de diversificação, mais realistas se tornam essas caluniadas médias de mercado para os resultados reais dos investimentos.

O fato é que, apesar da grande diferença na composição do Dow Jones 30 e do Standard & Poor's 500, as mudanças ano a ano desses dois índices foram notavelmente próximas, e isso, por sua vez, foi aproximado pelo desempenho geral dos fundos mútuos. Por outro lado, a referência citada sobre a natureza seletiva dos mercados modernos parece apoiar a alegação favorita de Wall Street, de que os bons analistas conseguem selecionar as melhores ações, de modo que aqueles que recebem seus conselhos conseguem prosperar mesmo quando as médias caem. Mas é claro que, basicamente, o conceito de seletividade é oposto ao da ampla diversificação. Se os analistas financeiros em geral pudessem realmente ser bons selecionadores, as políticas de diversificação seguidas pelos fundos seriam bastante ilógicas.

Sem dúvida, o que estou dizendo soa nada lisonjeiro para as pretensões dos analistas de investimento em sua apreciada atividade de seleção de ações ordinárias. O caso é realmente tão ruim como eu o desenhei? Bem, existem pelo menos duas grandes possibilidades de conforto a serem levadas em conta. Mas mesmo elas envolvem um paradoxo. A primeira é que o analista de fato presta um importante serviço para a comunidade em seus estudos e avaliações sobre ações ordinárias. Porém, esse serviço não aparece em espetaculares resultados alcançados por suas seleções individuais, mas sim na fixação na maior parte do tempo e para a maioria das ações do nível de preço que representa corretamente seus valores comparativos, como estabelecido pelos fatos conhecidos e pelas estimativas razoáveis sobre o futuro. Essas avaliações comparativas podem não ser altamente confiáveis quando julgadas contra evoluções subsequentes; mas, provavelmente, são o melhor que pode ser feito por qualquer processo e, desse modo, são de utilidade real para aqueles que compram e vendem ações.

Para destacar esse aspecto sutil, vamos imaginar por um momento que algum decreto de Washington resultasse no banimento dos analistas financeiros de Wall Streets of America, parecido com o que Platão teria feito ao banir todos os poetas de sua República. O que teria acontecido? Os preços das ações ordinárias teriam se tornado muito mais irracionais do que foram em anos recentes – um estado de coisas um pouco difícil para alguns de nós imaginarmos. Os analistas financeiros ainda se ocupariam em segredo de suas negociações declaradas ilegais – reunindo-se talvez em porões úmidos, e não em ambientes mais luxuosos, para trocar suas descobertas; logo surgiria um mercado negro para seus serviços, e eles poderiam ainda ser mais bem pagos do que por seus atuais generosos salários, pois seu trabalho seria ilegal e contaria com riscos mais graves do que os mais rotineiros.

O fato de o trabalho combinado dos analistas financeiros tender a trazer preços relativos razoavelmente defensáveis conta muito a seu favor, mas, em geral, isso não recebe o reconhecimento e a devida apreciação. De forma inversa – e aqui está o paradoxo –, os analistas têm sido capazes de reivindicar o crédito pelos bons resultados gerais para seus clientes ao longo de um período de muitos anos, mas é preciso admitir (em caráter privado) que essa realização não se deve às suas habilidades superiores, e sim ao longo mercado altista que teve início em 1949. Voltando ainda mais longe no tempo, esses resultados satisfatórios dos investimentos podem ser atribuídos a uma tendência inerente das ações ordinárias nos últimos 80 anos de gerar um rendimento de cerca de 7,5% compostos, em dividendos e valorização nos preços. A maioria de seus "conselheiros", se você os impediu de fazer tolices, deve ter propiciado um excelente retorno anual ao longo dos anos. Nem há motivo para temer o futuro no longo prazo a esse respeito, se pudermos assumir que as ações ordinárias continuarão a flutuar em torno de alguma curva de preço que tende a subir.

Sem tingir a especulação

Minha preocupação de longa data sobre o crescimento do elemento especulativo nos preços das ações ordinárias me leva agora a considerar o assunto de um ângulo bastante diferente. A grande e louvável campanha de Wall Street na última década tem sido voltada para a criação de uma "nação de investidores". Mas para concretizar isso, Wall Street insistiu cada vez mais no caráter de investimento das ações ordinárias em geral e no conceito agradável de que todos que vêm para o mercado de ações estão engajados em operações de investimento. A especulação não estava de forma alguma proibida pela legislação da SEC, mas parece ter sido praticamente colocada fora da lei pela nova semântica de Wall Street. Alguns de vocês devem se lembrar de algumas questões teóricas que coloquei em uma carta para *The Wall Street Journal*, em junho passado, a propósito de sua manchete de primeira página: "Muitos Pequenos Investidores Apostam em Nova Queda; Intensificadas (lotes fracionários) as Vendas a Descoberto". Isso é o mais longe que alguém poderia ir para distorcer o significado apropriado do termo "investidor".

Em minha opinião, a comunidade financeira seguiu a política errada – tanto no seu próprio interesse quanto no do público – ao tentar eliminar a ideia de especulação de nossa linguagem e de nosso pensamento. Se as ações ordinárias e a especulação precisam seguir juntas – agora como no passado, no futuro como agora –, é essencial que esse fato seja claramente reconhecido, que seja inteiramente levado em conta pelos analistas e por outros, e que seja tornado perfeitamente claro para o público. No passado, a Bolsa de Valores de Nova York sustentou com bastante sensatez que não haveria nada de errado com a especulação, desde que ela fosse conduzida por pessoas que soubessem o que estavam fazendo e pudessem arcar com os riscos envolvidos. Além do mais, a Bolsa destacou que a especulação difere inerentemente do jogo, porque os riscos especulativos – como os ligados às ações ordinárias – são preexistentes e precisam ser assumidos por alguém, enquanto os riscos típicos do jogo de azar são criados pela roleta ou pelos que jogam em cavalos quando fazem suas apostas.

Não tenho a mínima dúvida de que 9 em cada 10 pessoas que possuem contas de opções em corretoras são, em virtude disso, especuladores. Minha única desavença com esse quadro é que todos eles foram estimulados a acreditar que são investidores, o que não é verdade. Wall Street não tem motivo algum para temer o termo "especulação"; pois ele pode, no mínimo, tanto atrair quanto repelir o público. O que a comunidade financeira deve temer são as queixas politicamente potentes de um número comparativamente menor de pessoas que tiveram perdas muito maiores do que poderiam arcar, e que podem com alguma justiça colocar principalmente a culpa nos "executivos de contas" que lhes disseram que estavam "investindo nos Estados Unidos da América". Nem os analistas financeiros carecem de culpa aqui por causa de sua própria insistência em chamar quase toda compra de ações como sendo de investimento.

Olhando para o futuro

A questão que acabei de destacar não é a digressão de meu tema principal; ela guarda estreita ligação com meu conceito sobre o futuro papel e as futuras atividades dos analistas financeiros. Em nosso livro-texto, temos mantido consistentemente a tese de que o analista financeiro não pode lidar, de forma bem-sucedida, com situações basicamente especulativas, e que ele deve limitar, no máximo possível, suas atividades a compromissos que possam ser considerados justificados pelo critério estabelecido de investimento. Uma recente reflexão sobre essa questão me leva a avançar algumas modificações nesse ponto de vista.

Os analistas financeiros em geral não conseguirão dar as costas para os elementos especulativos predominantes em ações ordinárias. Somente nos raros níveis de mercado em baixa é que os papéis representativos serão obtidos com base no que poderíamos chamar de um investimento puro, com nada de significativo pago por seu componente especulativo. Em outros níveis de mercado – como os atuais, por exemplo –, apenas as ações ordinárias pouco comuns é que poderão ser compradas nesses termos atraentes.

Não é realista pensar que os 8 mil ou mais analistas financeiros possam confinar suas atividades principalmente à escolha de bônus seguros, a levantar carteiras mais ou menos mecânicas das principais ações ordinárias, ou mesmo na caça de papéis a preços de pechincha, dos quais possivelmente não há o bastante para se brigar. Não, o analista do futuro precisa continuar a fazer seus estudos em profundidade sobre muitas empresas; e ainda se esforçar para avaliar a competência das gestões, as possibilidades tecnológicas e os riscos, além das perspectivas gerais; precisa ainda fazer avaliações comparativas entre companhias similares e delas em face do nível geral do mercado. Ele precisa, então, fazer suas escolhas, apresentar suas recomendações individuais e estar preparado para se manter ou cair em função de seu próprio desempenho geral – julgado, esperamos, com razoável grau de condescendência.

Mas a mudança que sugiro, com toda a seriedade, é que o analista reconheça completa e formalmente os fatores especulativos das ações ordinárias com as quais lida. Esse reconhecimento poderia ser expresso em um esforço de estudo para apresentar separadamente em cada ação analisada o valor de investimento (como um tipo de "mínimo valor verdadeiro") e depois o componente de valor especulativo adicional. Aqui não é o lugar para expor como poderia ser feita essa separação dos componentes do valor: seria perfeitamente apropriado que analistas diferentes utilizassem abordagens diferentes para essa questão, que pode variar amplamente entre aqueles profissionais que são mais ou menos conservadores. Mas cada um que as proponha deve estar preparado para defendê-las de maneira plausível e compreensível.

Em relação a isso, eu sugeriria que os analistas considerassem a técnica de desenvolver uma avaliação comparativa de um único número para o estudo das ações, com base apenas nos registros passados – incluindo, certamente, a taxa de crescimento passada – e que esse "valor do registro passado" seja usado como ponto de partida para o "valor presente", que levaria em consideração todos os fatores novos e relevantes. Esse valor presente delimitaria, então, os componentes de especulação e de investimento da forma mais clara possível (casualmente, meu "valor do registro passado" poderia ser chamado de valor real da ação se assumirmos que os fatores passados permanecerão inalterados no futuro).

Em novembro de 1957, o *Financial Analysts Journal* publicou um estudo meu intitulado "Two Illustrative Approaches to Formula Valuations for Common Stocks", no qual desenvolvi um método concreto para determinar o "valor do registro passado" de uma ação ordinária, e o utilizei para as

30 ações da média Dow Jones Industrial. O silêncio que esse esforço enfrentou foi ensurdecedor e decepcionante. Entretanto, esse mesmo artigo foi reimpresso em um livro recém-publicado pelo The Institute of Chartered Financial Analysts. O livro é intitulado *Readings in Financial Analysis and Investment Management* (ver "Críticas de Livros" nessa edição do *Journal*). Tenho agora a esperança renovada de que outros analistas financeiros se sintam incentivados a fazer algum trabalho segundo a mesma linha e que talvez desenvolvam uma ou mais fórmulas de "um único número" que possam ser amplamente adaptadas.

Deixe-me ilustrar o que tenho em mente de maneira geral por meio da comparação entre a IBM e a International Harvester (que aparece em seguida na lista da NYSE). No final de 1961, o preço da IBM era 579 contra cerca de 50 da Harvester. Ambas eram companhias sólidas e importantes, mas a IBM era indubitavelmente a melhor empresa. Isso tornava a compra da IBM mais promissora e segura do que a outra? Aqui estava o que poderia ser chamado de um tipo padrão de problema para o analista financeiro. Se ele tentasse abordar o problema segundo minha linha de procedimento sugerida, teria estabelecido o componente de investimento da IBM em $200 – uma avaliação de $6 bilhões para toda a empresa.

Ele avaliaria o componente especulativo de acordo com seu próprio método, que, por sua vez, refletiria seu temperamento, assim como seu estudo detalhado das possibilidades futuras. Seu número poderia ser maior ou menor do que a diferença de $380 entre o preço de mercado e seu valor de investimento; o ponto importante aqui é que ele teria tornado claro para si mesmo e para seus clientes a combinação de oportunidade e risco inerente a um componente especulativo tão grande do preço de mercado ou do valor total. De forma bastante diferente, o analista poderia ter encontrado um componente de investimento de, digamos, $40 por ação para a Harvester – com base em seu lucro médio, seus dividendos, seu valor patrimonial (cerca de $55), e, claro, de sua convicção de que o poder de ganho da empresa provavelmente não iria se deteriorar no futuro de longo prazo. Isso teria deixado um componente especulativo de apenas $10, ou 20% da cotação do mercado – a partir do qual poderíamos ou não ter concluído que o papel estava com um preço atraente.

Estou longe de sugerir, com a pronta ajuda da visão retrospectiva, que o componente especulativo muito menor da Harvester demonstrava que ela seria uma aquisição melhor do que a IBM no final de 1961. Mas, de fato, afirmo que o componente de risco – portanto, o risco real – era proporcionalmente muito menor e que vale a pena isolar e prestar bastante atenção nesse elemento no trabalho de análise financeira.

Dito de outra maneira, gostaria de afirmar minha convicção de que o analista financeiro competente pode realizar um trabalho mais especializado e valioso no campo da delimitação das áreas de valor especulativo e de investimento do que chegando à simples conclusão de que as ações da Companhia A seriam uma aquisição melhor do que as da Companhia B.

Essa estimativa bastante modesta do que a análise financeira poderia realizar de forma confiável leva-me a sugerir um procedimento pelo qual o Analista sênior poderia combinar o seu trabalho de criador de carteiras e de supervisor com a sua mania de fazer a seleção na maioria das práticas atuais, que funcionaria da seguinte forma: o analista começaria com um grupo representativo – mais ou menos equivalente às 30 ações do Dow Jones – que seria calculado para dar ao comprador uma experiência futura bastante próxima à das várias médias. Ele não deve imediatamente rejeitar esta lista como muito fácil de reunir e, portanto, indigna de seu talento. Na verdade, ele deve tratar as próprias escolhas "privadas" como concorrentes dessa lista básica, no sentido de que cada escolha deve exigir a clara demonstração de maior atratividade (digamos, 20% em sua avaliação contra o preço do mercado), para garantir sua inclusão na carteira como uma adição ou substituição.

Essa abordagem também poderia ser adotada no nível de um analista setorial em uma grande organização, que estuda em profundidade relativamente poucas companhias. Ele também assumiria direta responsabilidade pela conclusão de que um papel que recomenda possui a exigida "margem de valor indicado" (como eu a chamo) de 20%, ou então apresentaria sua análise de modo a permitir que seu superior fizesse essa descoberta.

Voltando agora a meu esboço sobre o futuro da análise financeira, gostaria de tocar brevemente em mais três pontos. Os dois primeiros poderiam ser chamados de minhas próprias cruzadas, que carreguei por anos com uma considerável falta de sucesso, mas sobre os quais ainda não estou pronto para admitir a derrota. Talvez o futuro esteja do meu lado. Minha primeira demanda é por um total e objetivo arquivo de registros pelos analistas financeiros, de uma forma que permita que eles mesmos ou outras pessoas julguem a validade de várias abordagens de investimentos em termos de seu funcionamento real para muitos casos e por muitos anos.

Em minha mente, estas compilações seriam essenciais para qualquer avanço verdadeiro de nossos associados em direção ao autoconhecimento e ao ponto de vista profissional. Os fundos de investimento são ideais para a coleta e a cuidadosa avaliação desse material, com base em seus formulários padrões, procedimentos e registros. Essas avaliações de várias abordagens analíticas poderiam também ser relatadas a intervalos apropriados no *Financial Analysts Journal* e outros lugares, como um serviço prestado à nossa profissão e ao público.

Minha segunda cruzada tem sido incentivar os analistas a utilizarem sua capacidade de julgamento e sua influência na área da eficiência administrativa – não apenas para evitar as ações de empresas com gestões muito ruins (que, em Wall Street, é geralmente levado longe demais), porém mais positivamente, no apoio aos esforços dos acionistas de fora da gestão administrativa em melhorar os resultados insatisfatórios. O método atual para realizar isso é permitir que o preço caia a um nível intrinsecamente absurdo no qual novas pessoas geralmente adquirem o controle e depois fazem as mudanças necessárias. Dificilmente esta seria a melhor maneira dos atuais proprietários protegerem seus investimentos. Se o futuro trará alguma melhoria nisso, hesito em dizer – mas espero que sim.

Recentemente, tive uma visão ou um pesadelo sobre essa questão que vocês podem achar divertido. Afinal, o dono da maior participação em quase todas as corporações americanas é o governo dos Estados Unidos, com sua atual parcela de 52% dos lucros. Suponha que nosso jovem presidente traga todo o seu famoso vigor para tratar do problema das companhias com gestões muito ruins: ele insiste que o Departamento do Tesouro exija que as empresas ganhem mais dinheiro; caso contrário, sofrerão as consequências... Vocês podem se divertir brincando um pouco com essa ideia bizarra.

Meu ponto final diz respeito ao possível uso dos computadores em vários aspectos da análise financeira. O artigo de Lloyd S. Coughtry na edição de janeiro-fevereiro do *Financial Analysts Journal* mostra como um computador pode ser utilizado para fazer projeções de resultados operacionais futuros no setor das empresas concessionárias de serviços públicos, que é mais apropriado do que outros para esse tipo de cálculo elaborado. Muito mais controversa é a questão de os computadores poderem ser de grande ajuda na montagem de carteiras ou na decisão de compras ou vendas individuais.

Ainda que sejamos céticos em relação a essas perspectivas, não seria inteligente nos descartarmos imediatamente delas. Acredito que há um mérito teórico no conceito original de Markowitz das "carteiras eficientes". Ele busca encontrar, por meio de um programa de computador, uma carteira que ofereça o maior retorno esperado compatível com um dado risco aceitável, ou, inversamente, o menor risco associado a um retorno esperado ou exigido. De acordo com essa abordagem, caberia ao analista estimar o grau de risco, assim como o retorno esperado para cada ação do grande grupo do qual a carteira seria extraída. Talvez o desenvolvimento de técnicas para identificar o componente especulativo em ações individuais possa ajudar o analista financeiro a fornecer material razoavelmente confiável para os computadores poderem aplicar sua mágica.

Seja da forma que for, estou certo de uma coisa: as análises financeiras no futuro, assim como ocorreu no passado, oferecem inúmeros caminhos diferentes para o sucesso. Muitos irão alcançá-lo por meio de um conhecimento intensivo sobre um ou mais setores econômicos; outros se especializando em tecnologia; outros pela notável capacidade de avaliar o fator gestão; outros ainda pelo talento em avaliar o comportamento psicológico do público – talvez até mesmo se especializando em fantasia; outros, ainda, terão um bom faro para pechinchas e para se especializar em situações especiais de todos os tipos. Para homens e mulheres com real capacidade em uma ou mais dessas muitas direções, a análise financeira (ou análise de investimento) continuará a oferecer recompensas altamente satisfatórias.

20

O futuro das ações ordinárias

Antes de eu iniciar em Wall Street, em 1914, o futuro do mercado acionário já fora previsto – definitivamente – no famoso ditado do velho J.P. Morgan: "Ele flutuará." Eu poderia fazer uma previsão segura de que, em anos futuros, assim como no passado, as ações ordinárias subirão muito e cairão muito, e que os investidores, assim como os especuladores (e as instituições, assim como as pessoas físicas), terão seus períodos de encantamento e de desencanto com as ações.

Para apoiar essa previsão, deixe-me citar dois "episódios que foram divisores de águas" – como os chamarei – que ocorreram em minha experiência financeira. O primeiro recua há quase 50 anos, para 1924; foi a publicação do pequeno livro de E.L. Smith intitulado *Common Stocks as Long-Term Investments*. Seu estudo demonstrou que, contrariamente às crenças dominantes, as ações em conjunto se mostraram como aquisições muito melhores do que os bônus durante o meio século anterior. É geralmente aceito que esses resultados forneceram a justificativa teórica e psicológica para o mercado altista da década de 1920 que veio em seguida. A Dow Jones Industrial Average (DJIA – índice da média Dow Jones Industrial), que permaneceu em 90, em meados de 1924, avançou para 381 em setembro de 1929, e daí entrou em colapso – como me lembro muito bem – para uma humilhante baixa até 41 em 1932.

Naquela data, o nível de mercado foi o mais baixo já registrado em mais de 30 anos. Tanto para a General Electric como para o índice Dow, o ponto de alta de 1929 só voltou a ser alcançado depois de 25 anos.

Reimpresso do *The Analysts Journal*, v. 30, n. 5 (setembro/outubro de 1974): 20-30, com permissão. Este artigo foi reproduzido com ligeiras revisões a partir de um trabalho preparado para ser apresentado em junho de 1974, diante de um grupo de executivos de fundos de pensão. A última metade do artigo pretende responder a questões específicas levantadas em conexão com o público-alvo.

Aqui estava um impressionante exemplo da calamidade que pode advir quando raciocínios que são completamente sólidos e aplicados nas condições do passado passam a ser seguidos cegamente bem depois de as condições relevantes terem mudado. O que era verdade sobre a atratividade dos investimentos em ações quando o índice Dow estacionou em 90 tornou-se duvidoso quando o nível avançou para 200 e totalmente falso para 300 ou mais.

O segundo episódio – histórico em minha forma de pensar – ocorreu perto do final da longa recuperação do mercado em relação ao colapso de 1929 a 1932. Foi o relatório de 1948 do Banco Central sobre o comportamento do público em relação às ações ordinárias. Naquele ano, o índice Dow foi negociado a um mínimo de 165 ou 7 vezes os lucros, enquanto os bônus AAA deram retorno de apenas 2,82%. Todavia, mais de 90% dos pesquisados se opuseram a comprar ações – cerca de metade porque pensavam que elas eram muito arriscadas e a outra metade por conta da falta de familiaridade. Claro que esse foi exatamente o momento em que as ações ordinárias começariam seu maior movimento de alta da história do mercado – que elevaria o índice Dow de 165 para 1.050 no ano passado. Que melhor exemplo poderíamos desejar da antiga verdade de que as atitudes do público em matéria de finanças são absolutamente pouco confiáveis como guias para a política de investimentos? Isso poderia facilmente ser provado como verdadeiro em 1974, como o foi em 1948.

Acredito que o futuro das ações será aproximadamente igual a seu passado; em particular, as aquisições de ações ordinárias se mostrarão satisfatórias quando feitas em níveis de preços apropriados. Isso pode ser contestado como uma conclusão muito superficial e precipitada: que ela não leva em conta os novos fatores e problemas que entraram no quadro econômico em anos recentes – principalmente a inflação, as altas taxas de juros em níveis sem precedentes, a crise da energia, a confusão da ecologia-poluição e mesmo o movimento por menor consumo e crescimento zero. Talvez eu devesse acrescentar em minha lista a ampla desconfiança pública em relação à Wall Street como um todo, gerada por seu quase escandaloso comportamento nos últimos anos nas áreas da ética, das práticas financeiras de todos os tipos e do pleno sentido empresarial.

Certamente, esses elementos (principalmente desfavoráveis aos valores futuros das ações ordinárias) devem ser levados em conta hoje em dia na formulação de políticas de investimento. Mas seria absurdo concluir a partir deles que, de agora em diante, as ações ordinárias representariam investimentos indesejáveis, não importando o quanto caiam seus níveis de preços. A questão real é a mesma, como sempre foi no passado, ou seja: este é o nível de preços ou momento ideal para comprar ações? Penso que devemos dividir essa pergunta da seguinte forma: (a) esse é o nível ideal para comprar ações em geral, como representado pelos índices DJIA ou Standard & Poor's 500 (S&P 500)? (b) mesmo que os índices médios possam não estar em níveis atraentes, os investidores podem esperar resultados satisfatórios ao escolher papéis individuais que indubitavelmente valham pelo menos o preço pelo qual estão sendo negociados? A distinção que acabo de fazer é claramente relevante diante da situação atual por causa do recente advento do "mercado em dois níveis" resultante da maciça preferência das instituições por companhias grandes e de elevado crescimento. Isso, por sua vez, trouxe disparidades nos índices P/L para ações com caráter de investimento – diferenças tão elevadas quanto 10 para um – que eu nunca tinha visto em toda a minha experiência pessoal, exceto, talvez, no auge da loucura de 1929, com seus celebrados papéis de "primeira linha".

Minha resposta para a dupla pergunta que acabamos de propor é a seguinte: no nível atual dos índices médios de ações – digamos, 850 para a Dow e 93 para o S&P 500 –, o fator que afeta mais diretamente os valores e preços atuais dos títulos é certamente a alta taxa de juros estabelecida para todo o espectro de emissões de bônus e obrigações. Um dos defeitos mais evidentes das atitudes institucionais tem sido que, desde o recente início de 1973 – quando sustentaram o nível de preço recorde para as médias –, eles deixaram de levar em conta que os bônus AAA estavam rendendo 7,3% e estiveram acima de 8,5% há não muito tempo (como se estivessem destinados a superar 8,5% em 1974). Em 1964, a classificação AAA rendia uma média de 4,4%. Parece-me lógico que o índice lucro/preço das ações deva geralmente guardar relação com as taxas de juros dos bônus. Se essa tese for aceita em sua forma mais simples, devemos concluir: se um dólar do lucro do índice Dow valia $17 quando os rendimentos dos bônus eram de 4,4%, esse dólar vale agora apenas 52% de $17, ou $8,80, com os bônus AAA a 8,5%. Isso, por sua vez, sugeriria um multiplicador atualmente justificado de, digamos, 9 para os ganhos normais atuais do Dow. Se você coloca esses ganhos sobre o número registrado em 1973 de $86, então chega a uma avaliação de curto prazo de somente 775 para o DJIA. Você pode questionar esse número por diversos motivos. Um deles pode ser sua expectativa de que as taxas dos bônus venham a cair no futuro. Mas essa perspectiva está longe de ser correta, enquanto a taxa atual de 8,5% é um fato. Além disso, se os rendimentos dos bônus caírem consideravelmente, então seus preços (principalmente as emissões com prêmios baixos ou descontos elevados) avançarão tanto quanto as ações. Portanto, esses bônus ainda poderão funcionar melhor do que o Dow se e quando as taxas de juros caírem.

Olhando o assunto por outro ângulo, eu precisaria que o Dow ou o Standard & Poor's gerassem como retorno um rendimento sobre os ganhos de pelo menos quatro terços do que os dos bônus AAA para lhes dar atração competitiva em relação aos investimentos em bônus. Isso significaria uma rentabilidade de 11% e nos traria de volta à avaliação de aproximadamente 775 para o Dow que encontramos comparando a situação do início de 1974 com aquela de 10 anos antes.

Além disso, meus cálculos da taxa de crescimento ao longo dos últimos 25 anos fornecem um número anual para o Dow de apenas 4,5%. Se essa taxa continuasse no futuro, a combinação esperada de crescimento mais dividendos produziria menos do que 10% de retorno geral, consistindo de 4,5% de crescimento mais rendimentos compostos de dividendos de, digamos, 5%. Esse segundo cálculo faria minha atual avaliação de 775 para o Dow parecer extremamente generosa. Incidentalmente, uma abordagem correspondente para o índice S&P 500 gera um resultado um pouco menos favorável do que para o Dow aos níveis atuais. Os índices S&P 425 e 500 cresceram a uma taxa aproximada de 5% ao longo dos últimos 25 anos. Porém, essa vantagem parece ser compensada por seus maiores índices P/L quando comparados com os do DJIA.

Selecionando ações ordinárias individuais

Quando se trata de avaliar ações individuais, gostaria de dividi-las em três classes, como encontramos na lista da NYSE (Bolsa de Valores de Nova York). O Grupo I é o das ações em crescimento negociadas a mais do que 20 vezes seus lucros dos últimos 12 meses. O Grupo II é o das ações relativamente impopulares negociadas por menos do que 7 vezes seus lucros recentes – isto é, com 15% de rentabilidade ou mais. O Grupo III tem multiplicadores entre 7 e 20.

Pelas minhas contas, das 1.530 ações da NYSE, havia 63, ou 4% do total, negociadas acima de 20 vezes os lucros, das quais 24 passavam a marca de 30 vezes. Em comparação, mais de 500 (acima de um terço) eram negociadas abaixo de 7 vezes os lucros e, destas, cerca de 150 (digamos, 10% do total) estavam cotadas abaixo de 5 vezes os lucros dos últimos 12 meses.

Se pudermos contar no futuro mais ou menos com esses lucros nos quais os multiplicadores se basearam (sem quaisquer exigências especiais quanto ao crescimento), é evidente que muitos papéis da NYSE podem agora competir em atratividade com os bônus a 8,5%. Nessa ampla área de escolha, existem muitas que se adequariam aos investimentos dos fundos de pensão; muitas que, de fato, poderiam ser vistas como definitivamente subavaliadas. Estas seriam principalmente adequadas para compromissos de longo prazo, em distinção às compras especulativas de curto prazo. Compondo a lista daquelas que estão abaixo de 7 vezes os lucros, temos empresas enormes como a Firestone (com $3 bilhões em vendas) e empresas de médio porte como a Emhart, que pagou dividendos por 72 anos e que, recentemente, foi negociada abaixo do valor de seu capital circulante líquido.

A abordagem do valor contábil

Os desdobramentos que produziram esses multiplicadores extraordinariamente baixos para tantas ações da NYSE (e outras) aparecem agora para nós com outro fenômeno – ou seja, o restabelecimento do valor contábil, ou valor do patrimônio líquido, como ponto de partida e possível guia para a seleção de ações ordinárias. Em uma grande área do atual mercado acionário, poderíamos retornar ao critério dos velhos tempos (que, todavia, ainda é um critério útil para investimento em ações), ou seja, estabelecer o valor da companhia como empresa privada de um único dono, independentemente das cotações de mercado para suas ações. Se o negócio tem sido próspero, e é razoavelmente promissor para o futuro, deve valer o correspondente a seu patrimônio líquido; assim, a oportunidade de compra de uma participação com substancial desconto sobre o valor do patrimônio líquido pode ser considerada atraente.

Como tem acontecido, cerca de metade das companhias da NYSE foi negociada no mês passado por menos do que seu valor contábil, e cerca de um quarto, ou aproximadamente 400 ações, por menos de dois terços do valor do patrimônio líquido. Igualmente interessante é que aproximadamente um terço de todas as ações ordinárias foram, na verdade, negociadas tanto *acima* quanto *abaixo* do valor do patrimônio líquido nos últimos 12 meses. Certamente, mais da metade flutuou em torno desse número nos últimos cinco anos. Em sua maior parte, as ações negociadas abaixo do valor contábil se encontram também no grupo dos baixos multiplicadores.

Posso cometer a ousadia de sugerir que essa situação torna possível uma abordagem bastante simples para investimento em ações que está aberta a quase todos, desde o pequeno investidor até o gestor de fundos de pensão de grande porte. Seria a ideia de comprar ações ordinárias selecionadas – aquelas que atendem a critérios adicionais de solidez financeira, entre outros – obtidas a dois terços ou menos de seu valor contábil e mantendo-as para venda por seu valor do patrimônio líquido – para apresentar um lucro não espetacular, mas bastante satisfatório de 50%. Não podemos prever com segurança como esse programa de investimentos aparentemente simples funcionaria no futuro. Porém, posso dizer que meus estudos cobrindo o período de 1961 a 1974 revelam a presença de várias oportunidades desse tipo em muitos anos, e também excelentes resultados gerais das operações realizadas.

Já que falei dos três agrupamentos da lista da NYSE, devo agora emitir minha opinião sobre os Grupos I e III. Aquelas negociadas por multiplicadores intermediários podem apresentar oportunidades individuais, mas para mim não representam um interesse especial como categoria. Porém, o primeiro nível de ações com elevado crescimento apresenta um desafio real para quem possui experiência no passado. Obviamente, elas seriam excelentes investimentos privados ou do tipo de mercado se pudessem ser obtidas pelo valor contábil ou mesmo pelo dobro desse número. Naturalmente, o problema é que a maioria é negociada por mais de 5 vezes seu valor contábil – e algumas, até mais de 10 vezes. No último ano, os índices foram bem maiores do que este. Nesses níveis, elas assumem um *caráter especulativo* que se deve integralmente ao seu nível de preço e de forma alguma a qualquer fraqueza das próprias empresas (destaquei este ponto em 1958, em uma palestra diante da Federação dos Analistas Financeiros; ela está reproduzida em um Apêndice de meu livro *O investidor inteligente*). Os riscos especulativos inerentes às ações com elevado crescimento ficaram dramaticamente demonstrados nos últimos 18 meses, pela queda nos preços de muitas dessas favoritas (não preciso ilustrar).

Entretanto, quero utilizar um exemplo aqui em conexão com uma breve discussão de uma teoria acadêmica recém-lançada sobre o mercado acionário que poderia ter grande importância prática se coincidisse com a realidade. É a hipótese do "mercado eficiente". Em sua forma radical, ela faz duas afirmações: (1) o preço de quase todas as ações em praticamente todos os momentos reflete tudo que se sabe sobre os assuntos da empresa; assim, não poderiam ser obtidos lucros consistentes procurando e utilizando informações adicionais, inclusive a posse de "informações privilegiadas"; (2) pelo fato de o mercado ter informações completas (ou pelo menos adequadas) sobre cada ação, os preços por ele registrados são, portanto, "corretos", "razoáveis" ou "apropriados". Isso implicaria que seria inútil, ou pelo menos insuficientemente recompensador, que os analistas de investimento buscassem discrepâncias entre preço e valor.

Não tenho qualquer questão em particular para acrescentar à primeira afirmação, embora certamente existam momentos em que um analista descobre informações significativas sobre uma ação que não seja de conhecimento geral e que não esteja refletida no preço. Mas nego enfaticamente que, pelo fato de o mercado dispor de todas as informações necessárias para estabelecer um preço correto, os preços registrados sejam de fato corretos. Tome como exemplo uma empresa refinada como a Avon Products. Como pode fazer sentido dizer que seu preço de 140 estava correto em 1973 e que seu preço de 32 também estava "correto" em 1974? Poderia ter acontecido algo – fora a psicologia do mercado acionário – para reduzir o valor dessa empresa em 77% ou algo em torno de $6 bilhões? O mercado poderia ter todas as informações necessárias sobre a Avon; o que faltou foi o tipo correto de julgamento para a avaliação desse conhecimento.

Descartes resumiu a questão há mais de três séculos quando escreveu em seu *O discurso do método*: "*Ce n'est pas assez d'avoir l'esprit bon, mais le principal est de l'appliquer bien*" ("Não é suficiente ter uma boa inteligência" – e eu acrescento "informações suficientes" –, "o principal é aplicá-la bem".

Posso assegurar ao leitor que, entre as pouco mais de 500 ações da NYSE negociadas hoje abaixo de sete vezes seus lucros, existem muitas encontradas onde os preços não estão "corretos", para qualquer que seja o significado desse termo. Elas claramente valem mais do que seus atuais preços de venda, e qualquer analista de investimento que faça jus a seu salário deve ser capaz de elaborar uma carteira atraente a partir desse "universo".

Inflação e política de investimento

Passemos agora para a inflação. As perspectivas de inflação continuada tornam as compras de ações indesejáveis aos atuais preços de mercado ou ainda em qualquer nível concebível? É muito estranho que essa questão seja até mesmo sugerida. Parece que foi ontem que todos diziam que as ações, mesmo a preços elevados, eram definitivamente preferíveis aos bônus, porque portavam, em importante medida, uma proteção contra a inflação futura.

No entanto, devemos admitir que não apenas recentemente, mas por muitos anos e talvez até por décadas no passado, as ações como um todo deixaram de fornecer a proteção contra a inflação que se esperava delas. Refiro-me à hipótese natural de que o maior nível geral de preços produziria maior valor para os ativos da empresa e, portanto, uma correspondente maior taxa de lucros em relação aos custos originais. Isso não foi confirmado pelas estatísticas. A taxa de retorno sobre o patrimônio contábil como um todo – muito modesta como deve ser em termos de reposição de custos – tem, no máximo, se mantido constante em torno de um nível de 10 a 12. Se caiu, foi no período de 1948 a 1953, quando o Dow foi negociado a somente sete vezes os lucros.

Claro que é verdade que os lucros das empresas do DJIA e do S&P 425 triplicaram de 1947-51 a 1969-73. Mas no mesmo período o valor contábil de ambos os índices quadruplicou. Assim, podemos dizer que todo o aumento dos lucros do pós-guerra pode ser atribuído a uma simples elevação do patrimônio líquido pelo reinvestimento dos lucros não distribuídos, e nada ao fato de que o nível geral de preços tenha mais do que dobrado nesses 28 anos. Em outras palavras, a inflação como tal não ajudou nos lucros das ações ordinárias.

Essa é uma boa razão – e existem outras – para não ficar entusiasmado com ações em qualquer nível de mercado. Essa precaução faz parte da filosofia de investimentos que mantenho há muito tempo. Mas e quanto à situação atual? As perspectivas de inflação deveriam dissuadir o investidor de comprar companhias sólidas com retorno de 15% sobre lucros? Minha resposta seria "não".

Quais são as escolhas reais dos investidores – seja como instituição ou como pessoa física? Ele pode optar por manter seu dinheiro em obrigações de curto prazo, com bom rendimento, esperando que a inflação futura acabe produzindo menores níveis de mercado para todos os tipos de ações, inclusive aquelas com baixos multiplicadores. Essa escolha seria justificada quando o investidor estivesse convencido de que as ações negociadas acima de seu valor real, mas, de outra forma, seria apenas um tipo de aposta nos futuros movimentos do mercado. Ou podemos imaginar que ele decidisse por um tipo inteiramente novo de política de investimento – ou seja, sair de ações ou bônus para ativos concretos: imóveis, ouro, commodities, quadros valiosos e semelhantes. Deixe-me fazer três observações sobre esse aspecto.

A primeira é que é impossível investir qualquer grande soma de dinheiro – digamos bilhões de dólares – em bens tangíveis que não sejam propriedades sem criar uma enorme alta no nível de preços, gerando, assim, um típico ciclo especulativo que termina em um inevitável colapso. Em segundo lugar, esse mesmo tipo de perigo já se manifestou entre nós no setor imobiliário, no qual inúmeros novos empreendimentos financiados por meio da combinação de empréstimos e registro de emissões de ações ordinárias encontraram problemas de todos os tipos, incluindo grandes perdas no mercado acionário para seus investidores.

Minha terceira observação é do lado positivo. Penso que todos os investidores deveriam considerar a possibilidade – embora não necessariamente a probabilidade – de uma inflação futura aos níveis da atual taxa de 11%, ou até mesmo maior, e introduzir o que eu chamaria de um "fator objeto concreto" em sua abordagem financeira global. Com isso, quero dizer que eles não deveriam se contentar em ter uma proporção muito grande de sua riqueza representada por papel-moeda e seus equivalentes, tais como depósitos bancários, bônus e recebíveis de todos os tipos. Pela maior ou menor inflação – quem poderia realmente dizer? –, talvez fosse mais inteligente possuir pelo menos um interesse indireto (por meio de uma carteira de ações ordinárias) em bens tangíveis como terrenos, edifícios, equipamentos e estoques. Seria relativamente fácil conseguir isso através da execução de uma política normal de investimento em ações ordinárias. O ponto que quero destacar é que valeria a pena introduzir o conceito como um critério específico e mensurável para analisar os recursos de uma pessoa. Essa ideia seria tão facilmente aplicável a fundos de pensão como a outras carteiras.

Deve ficar claro pela minha abordagem geral quanto ao futuro das ações que não considero esses problemas muito divulgados, como crise de energia, pressões ambientais, instabilidade cambial, entre outros, como determinantes centrais para a política financeira. Eles entram na equação de valor *versus* preço da mesma forma geral que outros fatores adversos como (1) tendência a menores margens de lucro e (2) maior endividamento e maior taxa de juros em função disso. Seu peso para o futuro deve ser avaliado por economistas e analistas de investimentos, presumivelmente com a mesma precisão – ou a falta de – que caracterizou esse tipo de trabalho de previsão no passado.

O domínio institucional, os mercados eficientes e as perspectivas para a análise de investimentos

Existe um viés de investimento em ações entre os gestores de dinheiro? Minha resposta é que, sem dúvida, houve esse viés na última década e que ele foi uma força poderosa para estabelecer os níveis de preços para o mercado acionário em geral, que ficou desalinhado com os rendimentos dos bônus. Ele pode até ter contribuído para esses elevados rendimentos, pois tirou bilhões de dólares que, em vez de serem aplicados no mercado de bônus, foram para a compra de participações de antigos titulares com índices preço/lucro crescentes. Uma vez que a preocupação agora é expressa pelo desencanto institucional com as ações, pode ser que o viés de anos recentes esteja não apenas desaparecendo rapidamente, como também sendo revertido, e que agora seja função de verdadeiros veteranos como eu alertar para não se assumir um viés igualmente injustificado *contra* ações com baixos níveis de preços.

Qual seria o efeito sobre o desempenho o fato de ter, digamos, $200 bilhões de dinheiro institucional em ações mais, digamos, 11 mil analistas de investimento em atividade, todos tentando "suplantar as médias"? O leitor vai me perdoar a referência que faço aqui a um par de versos de Heinrich Heine de 150 anos atrás, a propósito da nomeação de 45 professores alemães para uma comissão de inquérito. Ele escreveu:

> "*Funf-und-vierzig Professoren –*
> *Vaterland, du bist verloren!*"
> (Quarenta e cinco professores –
> Pátria Amada, você está arruinada!)

Se somente 45 professores podem representar esse tipo de ameaça, o que dizer de 11 mil analistas?

Voltando a falar seriamente, o efeito da participação em larga escala das instituições no mercado acionário e o trabalho de inúmeros analistas financeiros para estabelecer todo tipo de avaliações apropriadas deveriam consistir em estabilizar os movimentos no mercado de ações, isto é, amortecer as flutuações injustificadas nos preços das ações (pelo menos em tese). Devo confessar, no entanto, que não vi esse resultado fluindo da posição preponderante das instituições na atividade do mercado. A amplitude das flutuações de preços tem sido, no mínimo, maior do que antes de as instituições virem em grande escala para o mercado. Qual poderia ser o motivo? O único que posso dar é que as instituições e seus analistas financeiros não mostraram mais prudência e visão do que o público em geral; elas parecem ter se deixado levar pelo mesmo canto da sereia – expresso principalmente no culto do "desempenho". Elas também puseram de lado, em grande medida, a antiga distinção fundamental entre investimento e especulação (isto me leva a perguntar se em breve não veremos alguns problemas legais em determinadas instituições bancárias crescendo fora da contabilidade pelos resultados de investimentos de terceiros feitos de 1968 a 1973 sem atender às rigorosas exigências de julgamento da regra do homem prudente).

Deixe-me dar um exemplo sobre minha afirmação de que o investimento institucional não parece ter contribuído para a estabilidade ou a racionalidade dos preços das ações: American Airlines. O Monthly Stock Guide da Standard & Poor's mostra as aplicações nesta e em outras empresas por cerca de 2 mil companhias de seguros e fundos de investimento, embora não por bancos e seus departamentos de investimento. Em 1970, as instituições pesquisadas possuíam 4,3 milhões de cotas da American Airlines, ou 22% do total. A empresa registrou um déficit de $1,3 por cota em 1970, ganhos de $0,13 em 1971 e magníficos $0,20 em 1972. Em resposta, nosso chamado mercado eficiente de ações elevou o preço de um mínimo de 13 em 1970 para um recorde de alta de 49% em 1972. Ele correspondia a 250 vezes o lucro daquele ano. Então o que fizeram nossas instituições financeiras para diminuir este insano frenesi especulativo nas ações? Eles venderam suas aplicações em algum momento ao longo do tempo para realizar o lucro e livrar suas carteiras de um papel claramente supervalorizado? Pelo contrário. O Guia mostrou que, nesse período, elas, na verdade, aumentaram sua participação para 6,7 milhões de cotas, ou por um total de 50%, mantidas por 143 companhias. E os números mais recentes, de 1974, revelam que 117 fundos ainda possuíam 5,7 milhões de cotas ou 20% do total (enquanto isso, a empresa registrava um déficit recorde de $48 milhões em 1973 e o preço despencava de 50 em 1972 para 7,50 em 1974).

Essa história dificilmente sugere que as instituições tenham sido valiosas colaboradoras para "mercados eficientes" e corretos preços de ações.

Cada vez mais instituições se dão conta de que não podem esperar resultados melhores do que as médias do mercado de suas carteiras de ações, a menos que tenham a vantagem de analistas financeiros e de investimentos melhores do que a média. Logicamente, isso deve levar algumas das instituições a aceitar os resultados da S&P 500 como a norma para o desempenho esperado. Por sua vez, isso pode levar a utilizar as listas do S&P 500 ou 425 como carteiras reais. Se isso acontecer, os clientes podem passar a se perguntar sobre as comissões-padrão que a maioria paga às instituições financeiras para gerenciar esses investimentos (a propósito, se minha quase séria profecia de um movimento no sentido de carteiras reais com base no índice S&P se realizasse, teríamos um irônico retorno a uma forma de investimento em ações existente neste país há 50 anos. Os primeiros fundos de investimento eram verdadeiros "trustes" e, nesse aspecto, eram "trustes" com cotas fixas. As carteiras eram definidas, em base permanente, desde seu início. As mudanças só poderiam ser feitas em condições estipuladas).

Uma modificação em minha sugestão de "fundo fixo" deixaria mais margem de manobra para o trabalho do analista financeiro. Essa modificação basearia as carteiras iniciais de ações em uma imitação real ou presumida do índice S&P, ou do DJIA. Seria permitido que o gerente operacional ou o responsável pelas decisões fizesse substituições nessa lista, mas apenas demonstrando, de forma persuasiva, que as ações substitutas claramente têm mais valor intrínseco por dólar de preço do que aquelas a serem descartadas. Combinado com uma forte responsabilização pelos resultados dessas substituições sobre a lista original, esse programa poderia melhorar o desempenho real. Em todo caso, daria algo para fazer à profissão dos analistas financeiros.

Houve, de fato, uma forte insinuação neste artigo de que os índices DJIA e S&P negociados a preços muito elevados em relação a muitas ações podem ser adquiridas agora com baixos índices P/L. Se essa visão for correta, qualquer analista competente tem uma excelente oportunidade de fazer jus a seu salário recomendando substitutos desejáveis para certas empresas desses índices médios.

Por favor, tenha em mente que, embora eu esteja analisando agora o caso de investimento em ações (apesar, ou talvez por causa, da desilusão institucional com elas), não estou propondo uma posição de 100% em ações para nenhum investidor. Pelo contrário, acho que a carteira total de cada um deveria ter sempre uma composição mínima de 25% em bônus, juntamente com uma aplicação mínima complementar de 25% em ações. A metade restante dos fundos pode ser dividida entre os dois, ou em uma base padrão de 50-50 (ajustada para refletir mudanças geradas por significativas movimentações nos preços) ou de acordo com alguma política consistente e conservadora, no sentido de aumentar a proporção dos bônus acima de 50% quando eles parecerem mais atrativos do que as ações, e vice-versa, quando as ações parecerem mais atrativas do que os bônus.

As ações devem prevalecer pela falta de alternativas que tenham determinada liquidez? Existem várias respostas a essa questão. A primeira é que a alternativa de colocar os fundos em obrigações da dívida de prazos mais curtos ou mais longos não diminui o fator liquidez. Em segundo lugar, posso argumentar que a liquidez é em si mesma uma aspiração menor em um verdadeiro programa de investimentos, e que muitas considerações sobre valor foram sacrificadas pela presumida necessidade de rápida negociação. Mas, em terceiro lugar, eu não poderia dizer até que ponto o fator liquidez deveria ser levado em conta em objetos que não produzam rendimentos – tais como pinturas, commodities, entre outros – como alternativas para as ações ordinárias. Meu palpite é que a falta de rendimento (contra 8,5% anuais dos bônus) deveria ser mais importante para suas decisões de investimento do que o fator liquidez.

Uma economia indexada e uma economia administrada

Quais são as implicações de uma “economia indexada”? Eu já apresentei pontos de vista sobre o efeito da inflação nas ações. Sinto que uma economia indexada – no sentido pleno da recente proposta de Milton Friedman – é impraticável e remota para merecer uma discussão séria. Nós a temos, em parte, nos ajustes do custo de vida e nos contratos sindicais, incluindo, até certo ponto, os planos de previdência. Houve, certa vez, um bônus indexado proposto pela Remington-Rand Corporation por a sugestão de Irving Fisher (na época, diretor), que atualizava os pagamentos dos cupons pelo índice do custo de vida. Existe a possibilidade, embora não seja provável, de que essa ideia venha a ser reativada. Entretanto, temos um número crescente de obrigações de dívidas que variam as taxas dos cupons de acordo com as mudanças nos rendimentos dos bônus ou com as taxas de empréstimos bancários. As comportas parecem estar se abrindo com a oferta de $650 milhões em notas com taxas flutuantes do Citicorp, com vencimento em 1989.

Ficamos tão familiarizados com uma economia mais ou menos administrada desde a era Roosevelt, iniciada há 40 anos, que devemos estar bastante habituados a seus efeitos em tudo, inclusive sobre as ações. A intervenção do governo na economia tem tido basicamente dois efeitos opostos sobre os valores das ações ordinárias. Ela as tem beneficiado bastante, por conta de praticamente garantir contra pânicos financeiros e recessões em larga escala, como as ocorridas nas décadas anteriores a 1935. Porém, tem prejudicado os lucros, em função do labirinto de restrições e de inúmeros outros encargos que impôs sobre as atividades das empresas. Até agora, o efeito resultante parece ter sido favorável aos valores das ações – ou pelo menos a seus preços. Isso pode ser observado em um primeiro exame comparativo dos índices Dow e S&P, em um gráfico com dados de antes e depois de 1949. Nessas comparações, as reduções nos preços de 1969 a 1970 e de 1973 a 1974 parecem quedas menores dentro de um grande movimento de alta.

A experiência sugere, portanto, que as várias ameaças às ações inseridas na última pergunta não são muito diferentes de outros obstáculos enfrentados e superados pelas ações ordinárias no passado. Minha previsão é que as ações irão superá-las no futuro.

Porém, não posso encerrar o assunto sem fazer alusão a outra ameaça para os valores das ações, ainda não tocada em minhas referências. Trata-se da perda da confiança do público na comunidade financeira, saindo de sua linha de comportamento em anos recentes. Insisto que mais danos têm sido provocados aos valores das ações e ao futuro das aplicações de dentro de Wall Street do que de fora. Edward Gibbon e Oliver Goldsmith escreveram: "A história é pouco mais do que o registro dos crimes, loucuras e infortúnios da humanidade." Essa frase se aplica à história de Wall Street no período de 1968 a 1973, mas com maior ênfase a seus crimes e loucuras do que a seus infortúnios. Não há tempo nem mesmo para listar todas as flagrantes categorias de práticas negociais imprudentes e ineficientes, de ética decadente e vulgar adotada por indivíduos e instituições financeiras, sem a desculpa da pobreza ou ignorância para minorar seus delitos. Apenas um exemplo incrível: alguém já ouviu falar de todo um setor que quase vai à falência por estar aceitando mais negócios do que pode dar conta? Foi isso que aconteceu com nossa orgulhosa comunidade da NYSE em 1969, com suas confusões administrativas, perda de títulos etc. Os abusos nas práticas financeiras de muitas corporações durante esse período pintam o mesmo quadro melancólico.

Pode levar muitos anos – e uma nova legislação – para que se restaure a confiança do público em Wall Street; enquanto isso, os preços das ações podem definhar. Penso, porém, que o verdadeiro investidor ficaria contente, e não desencorajado, com a perspectiva de investir suas novas economias em termos bastante satisfatórios. Para os gestores de fundos de pensão, principalmente aqueles com grandes acréscimos anuais para investir, as perspectivas são especialmente convidativas. Poderiam eles ter imaginado há cinco anos que conseguiriam comprar bônus AAA a taxas de 8% a 9% e cotas de empresas sólidas com rentabilidade de 15% ou mais? As oportunidades hoje disponíveis proporcionam uma abordagem de investimento muito mais promissora do que a recente ideia absurda de visar, digamos, 25% de valorização do mercado pela troca de ações entre as instituições em níveis de preços cada vez mais elevados – uma operação que se retroalimenta, se é que já existiu alguma.

Permitam-me encerrar com uma citação de Virgílio, meu poeta favorito. Ela está gravada em um grande painel no topo da escadaria do edifício do Departamento de Agricultura em Washington. Nele, podemos ler:

> "*O fortunati nimium... (etc.) Agricolae!*"

Virgílio dirigiu essa apóstrofe aos agricultores romanos de sua época, mas eu vou direcioná-la aos compradores de ações ordinárias de hoje e de anos futuros:

> "Ó invejáveis e afortunados investidores, se apenas vocês pudessem perceber suas atuais vantagens!"

21

Uma conversa com Benjamin Graham

À luz de seus sessenta e poucos anos de experiência em Wall Street, qual é sua visão geral sobre as ações ordinárias?

As ações ordinárias têm importante característica de investimento e importante característica especulativa. Seu valor de investimento e o preço médio de mercado tendem a crescer de forma irregular, mas persistente, ao longo das décadas, na proporção em que seu patrimônio líquido aumenta por meio do reinvestimento dos lucros não distribuídos – aliás, sem uma clara resposta em função de acréscimos ou reduções em virtude da inflação. Entretanto, na maior parte do tempo, as ações ordinárias ficam sujeitas às flutuações de preços excessivas e irracionais em ambas as direções, em consequência de uma tendência já arraigada de muitas pessoas em especular ou jogar – isto é, de dar lugar à esperança, ao medo e à ganância.

Qual é sua opinião sobre Wall Street como instituição financeira?

Altamente desfavorável, chegando mesmo a ser cínica. As Bolsas de Valores aparentam ser para mim como uma revista *Vanity Fair* do tipo John Bunyan,* ou uma piada falstafiana, que, com frequência, degenera em um hospício – "um conto cheio de som e fúria significando nada". O mercado de ações lembra uma enorme lavanderia em que as instituições pegam

Reimpresso do *Financial Analysts Journal*, v. 32, n. 5 (setembro/outubro de 1976): 20-23, com permissão. O *Journal* agradece a Charles D. Ellis, membro de seu conselho editorial, por disponibilizar esta apresentação no formato de perguntas e respostas em um recente seminário da Donaldson, Lufkin & Jenrette.

**Nota do Tradutor*: Autor de *O peregrino*, obra religiosa escrita com muita imaginação e humor que descreve o caminho para a salvação. Está entre as mais lidas do idioma inglês. Em sua resposta, Benjamin Graham destaca o contraste entre esse autor e a revista citada.

blocos de roupa suja, uns dos outros – atualmente, ao nível de 30 milhões de cotas por dia – sem um verdadeiro sentido lógico. Mas, do ponto de vista tecnológico, ele é excepcionalmente bem organizado.

Qual é sua opinião sobre a comunidade financeira como um todo?

A maior parte dos corretores, analistas financeiros, consultores de investimento etc. está acima da média em inteligência, honestidade nos negócios e sinceridade. Mas falta a eles experiência adequada em todos os tipos de mercados de títulos e valores mobiliários e entendimento geral sobre as ações ordinárias – daquilo que chamo de "a natureza da fera". Eles tendem a levar o mercado e a si mesmos muito a sério. Gastam boa parte de seu tempo tentando, de forma corajosa e eficaz, fazer coisas que não podem executar bem.

Que tipo de coisas, por exemplo?

Prever mudanças de curto e longo prazo na economia e no nível de preços das ações ordinárias, a fim de selecionar os papéis individuais ou de grupos setoriais mais promissores – em geral, para o futuro em curto prazo.

O gestor médio de fundos institucionais consegue obter resultados melhores do que o do índice Dow Jones ou Standard & Poor's ao longo dos anos?

Não. Na verdade, isso significaria que os especialistas em mercado de ações como um todo conseguiriam superar a si mesmos – uma contradição lógica.

Você pensa, então, que um cliente institucional médio deve ficar satisfeito com os resultados do DJIA ou equivalente?

Sim. E não apenas isso: penso que devem exigir aproximadamente tais resultados pelo prazo de, digamos, uma média móvel para o período de cinco anos como condição para pagar taxas-padrão de administração para consultores e assemelhados.

O que você acha das objeções feitas contra os chamados fundos indexados de que investidores diferentes têm exigências diferentes?

No fundo, isso é apenas um clichê conveniente ou um álibi para justificar um resultado medíocre no passado. Todos os investidores querem alcançar bons resultados de seus investimentos, e têm direito a eles, se forem realmente viáveis. Não vejo motivo para que devam ficar contentes com resultados inferiores aos de fundos indexados ou que paguem comissões-padrão por tais resultados inferiores.

Voltando agora para investidores individuais, você acha que eles estão em desvantagem em relação às instituições, em razão de elas possuírem enormes recursos, maior facilidade para obter informações etc.?

Pelo contrário. O investidor individual típico tem larga vantagem sobre as grandes instituições.

Por quê?

Principalmente porque essas instituições têm um campo relativamente pequeno de ações ordinárias para escolher – digamos 300 ou 400 corporações enormes – e estão mais ou menos limitadas a concentrar sua pesquisa e decisão neste grupo bastante analisado. Em comparação, a maioria dos indivíduos pode, a qualquer tempo, escolher entre as quase 3 mil ações listadas no Standard & Poor's Monthly Stock Guide (Guia Mensal de Ações da Standard & Poor's). Seguindo uma ampla variedade de abordagens e preferências, o investidor individual pode, a qualquer tempo, localizar pelo menos 1% dessa lista total – umas 30 ações ou mais – que ofereça atraentes oportunidades de compra.

Que regras gerais você estabeleceria para o investidor individual em sua política de investimentos ao longo dos anos?

Deixe-me sugerir três destas regras: (1) o investidor individual deve agir de forma consistente como investidor, e não como especulador. Isso significa, em resumo, que ele deve ser capaz de justificar cada compra que faz e cada preço que paga por meio de um raciocínio objetivo e impessoal que o satisfaça, no sentido de que esteja obtendo em sua aquisição mais do que o valor de seu dinheiro – em outras palavras, que ele tem uma margem de segurança, em termos de valor, para proteger sua aplicação. (2) O investidor deve ter uma política de venda definida para todas as suas aplicações em ações ordinárias, correspondendo às suas técnicas de compras. Em geral, ele deve estabelecer um razoável objetivo de lucro em cada aquisição – digamos 50% ou 100% – e um período máximo da aplicação para que esse objetivo se realize – talvez dois ou três anos. As compras que não atingirem o objetivo de ganho no final desse período devem ser liquidadas no mercado. (3) Finalmente, o investidor deve sempre ter um mínimo do percentual de sua carteira total em ações ordinárias e um mínimo do percentual no equivalente em bônus. Recomendo pelo menos 25% do total em cada categoria, em todo o período das aplicações. Pode-se argumentar a favor de uma divisão consistente meio a meio, com ajustes em função de mudanças em termos de mercado. Isso significa que quando houvesse aumento significativo nos níveis de mercado, o investidor trocaria algumas de suas ações por bônus e vice-versa quando o mercado caísse. Em geral, sugiro um prazo médio de aplicação em bônus de sete a oito anos.

Na seleção da carteira de ações ordinárias, você recomenda estudo cuidadoso e seletividade entre papéis individuais?

Em geral, não. Não sou mais um defensor das técnicas elaboradas de análise de investimentos para encontrar oportunidades de maior valor. Isso foi uma atividade recompensadora há, digamos, 40 anos, quando nosso livro-texto *Graham e Dodd* foi publicado pela primeira vez; mas, desde então, a situação mudou bastante. Nos velhos tempos, qualquer analista de investimento bem treinado conseguia realizar um bom trabalho profissional na seleção de papéis subavaliados por meio de estudos detalhados; mas, tendo em vista a enorme quantidade de pesquisas realizadas hoje, duvido que, na maioria dos casos, esses amplos esforços gerem seleções suficientemente superiores para justificar seu custo. Nesse aspecto bastante limitado, estou do lado da escola de pensamento do "mercado eficiente", agora geralmente aceita pelos professores.

Qual a abordagem geral de formação de carteira que você defende?

Essencialmente, uma bastante simplificada que aplique um critério único ou talvez dois critérios ao preço para assegurar que o valor total esteja presente e que se apoie para seu resultado sobre o desempenho da carteira como um todo – isto é, nos resultados do grupo –, em vez de se apoiar nas expectativas para papéis individuais.

Você poderia indicar concretamente como um investidor individual deveria criar e manter sua carteira de ações ordinárias?

Posso dar dois exemplos de sugestões de abordagem para esse problema. Uma parece fortemente limitada em sua aplicação, mas nós a consideramos quase infalivelmente confiável e satisfatória nos trinta e poucos anos de gestão de fundos de investimentos de médio porte. A segunda representa, em grande parte, o pensamento novo e a pesquisa que temos realizado nos últimos anos. Ela é muito mais ampla em sua aplicação do que a primeira, mas combina as três virtudes de forte lógica, simplicidade na aplicação e desempenho extraordinariamente bom se assumirmos – contrariamente aos fatos – que ela tivesse sido aplicada como formulada agora ao longo dos últimos 50 anos – de 1925 a 1975.

Alguns detalhes, por favor, sobre suas duas abordagens recomendadas.

Minha primeira técnica, mais limitada, se restringe à compra de ações ordinárias por um preço abaixo de seu valor de capital de giro, ou capital circulante líquido, não atribuindo peso algum para instalações e outros ativos fixos e deduzindo todas as obrigações do ativo circulante. Utilizamos amplamente essa abordagem na gestão de fundos de investimento e, sobre um período de trinta e poucos anos, devemos ter ganhado uma média de 20% ao ano a partir dessa fonte. Por algum tempo, contudo (depois de meados dos anos 1950), esse tipo de oportunidade de compra se tornou bastante escassa, por causa do abrangente mercado em alta. Mas ela retornou em quantidade desde a baixa de 1973-74. Em janeiro de 1976, contamos mais de 300 desses papéis no Standard & Poor's Stock Guide – cerca de 10% do total. Eu o considero um método infalível para investimentos sistemáticos – volto a insistir, não com base nos resultados individuais, mas em função da expectativa de resultados para o grupo.

Finalmente, qual é sua outra abordagem?

É similar à primeira em sua filosofia subjacente. Consiste em comprar grupos de ações por preços abaixo de seu valor atual ou intrínseco, conforme demonstrado por um ou mais critérios simples. O critério que prefiro é o de 7 vezes os lucros obtidos nos últimos 12 meses. Você pode utilizar outros – como um retorno sobre dividendo atual acima de 7% ou valor contábil representando mais de 120% do preço etc. Estamos concluindo um estudo sobre o desempenho dessas abordagens ao longo dos últimos 50 anos (1925-75). Consistentemente, eles mostram resultados de 15% ou mais por ano, ou duas vezes o registro do DJIA para esse longo período. Tenho total confiança no mérito triplo desse método geral baseado em (a) forte lógica, (b) simplicidade na aplicação e (c) apoio de um excelente registro de resultados. No final, essa é uma técnica segundo a qual os verdadeiros investidores conseguem explorar o excessivo otimismo e a excessiva apreensão do público especulador, que ocorrem periodicamente.

22

Benjamin Graham: reflexões sobre análise de investimentos

Benjamin Graham e Pat Ellebracht

Professor: Bem-vindo à nossa série de aulas em teleconferência. Certamente, agradecemos o tempo que está dedicando para conversar conosco.

Graham: Esta é uma nova experiência para mim e espero que funcione bem para todos nós.

Professor: Quais são as características pessoais que um indivíduo precisa ter para ser bem-sucedido como investidor no longo prazo?

Graham: Um investimento é mais inteligente quando é mais metódico. Devo acrescentar que ele é mais bem-sucedido quando é mais metódico. A resposta simples a essa pergunta é que seriam necessárias as características de um bom empresário para ter sucesso em longo prazo nos negócios. Saber o que está fazendo, ter suficiente capacidade de julgamento para tomar decisões inteligentes – e não agir tolamente. Além disso, eu não diria que qualquer característica em particular seria necessária. Um homem com talento especial ou alguma intuição presumivelmente faria melhor do que outro sem essas características, mas mesmo esses fatores seriam um pouco duvidosos em Wall Street, pois alguém poderia ter confiança demais (em seu talento e intuição) e acabar se perdendo no final. Assim, mantenho minha afirmação de que é preciso ser um homem de negócios inteligente.

 Este artigo se baseia em um encontro entre Graham e uma classe de alunos da Faculdade de Administração da Northeast Missouri State Unniversity, conduzida pelo professor Pat Ellebracht em março de 1972.

ALUNO: Quais características costumam faltar aos indivíduos que impedem que eles sejam investidores bem-sucedidos no longo prazo?

GRAHAM: A principal causa de fracasso é que eles prestam muita atenção ao que o mercado acionário está fazendo no momento. Eles acham que aquilo que está acontecendo agora continuará indefinidamente ou em tempo suficiente para que possam se beneficiar substancialmente. Eles querem ganhar mais dinheiro do que merecem e, por causa disso, frequentemente acabam perdendo. Eles não comparam suas expectativas com seu conhecimento ou habilidades.

PROFESSOR: Em seus textos, você utiliza muitas citações dos clássicos. Será que poderíamos perguntar como os clássicos influenciaram sua visão sobre a natureza humana e sua filosofia de investimento?

GRAHAM: Eles não tiveram qualquer influência significativa em minha carreira. Uso os clássicos mais por vaidade do que por qualquer outro motivo, porque isso revela que, de fato, sei algo a respeito deles. Eles me ajudaram a olhar as coisas, como disse Spinoza, do ponto de vista da eternidade, e não do dia a dia. Penso que isso tem sido de considerável valia.

ALUNO: Qual é sua definição de investimento e como ela difere da especulação?

GRAHAM: Isso aparece logo no início de nosso livro sobre análise de investimentos e supõe-se que seja bastante formal. Ele diz: "Um investimento é uma operação em títulos que, com base em cuidadosa análise, promete segurança para o principal e um retorno adequado." Todas as outras operações são especulativas.

PROFESSOR: Você pensa que a filosofia global do investidor é muito influenciada pelo que acontece a ele em uma única ação, e não por uma abordagem mais realista do mercado em geral?

GRAHAM: Eu diria que existe uma abordagem mais universal do mercado do que a de uma única influência. Na entrevista com a *Forbes*, eu disse que as pessoas que compraram a IBM a um preço extremamente baixo podem ter estragado sua capacidade de avaliação por causa desse único investimento bem-sucedido. Elas podem ter pensado que seria muito fácil encontrar outra IBM. Assim, podem ter desperdiçado sua vida de investimentos em busca de uma segunda IBM. Nessa medida, o ponto de vista de um homem pode ser influenciado por suas poucas experiências.

Aluno: Você poderia comentar sobre sua afirmação em *O investidor inteligente*: "Se você meramente tentar trazer um pouco de conhecimento extra ou inteligência para dar suporte ao seu programa de investimentos, pode, na verdade, estar fazendo pior do que antes."

Graham: Parece que as pessoas acreditam que, se souberem apenas um pouco mais sobre ações do que a média, terão melhor resultado do que o investidor mediano. Assumiremos que a pessoa mediana, se não for desviada no caminho, obterá resultados médios no mercado acionário. Se você está tentando obter resultados melhores do que a média, provavelmente irá se basear naquilo que pensa ser conhecimento extra suficiente para realizar isso; você não tem conhecimento extra suficiente para fazer melhor do que a média e pode muito bem acabar fazendo pior. Você tenta ser esperto, mas não é esperto o suficiente. Isso é o que acontece com uma boa parte das pessoas que estão jogando no mercado, aquelas que gastam bastante tempo em Wall Street, em casas corretoras, e assim por diante, pensando que podem passar a perna em outros colegas ou nas próprias médias. É preciso ser muito inteligente para ser mais esperto do que os especialistas que compõem o mercado de ações, para poder ser suficientemente esperto e superar as médias.

Aluno: Se você tivesse de olhar para os anos 1970 e escolher entre ações ordinárias com elevada classificação ou bônus com elevada classificação, qual selecionaria?

Graham: Esta é uma pergunta artificial, pois minha filosofia básica não é a de escolher uma delas exclusivamente. Se você me perguntar qual delas eu favoreceria agora, nos níveis atuais, eu certamente diria os bônus de elevada classificação, pois estão rendendo mais do que o dobro das ações de elevada classificação.

Aluno: Se seu principal interesse em termos de investimento fosse se proteger da inflação, como você faria?

Graham: Bem, eu faria o melhor julgamento possível quanto às taxas esperadas de inflação e depois tomaria a melhor decisão que pudesse para lidar com essa expectativa. Minha visão para os próximos 10 anos sobre a taxa de inflação é de modestos 3%. Não tento fazer minha cabeça quanto ao futuro em função da experiência recente. Este é um erro comum que gera péssimos julgamentos em todas as áreas das finanças. O Conference Board* acabou de estimar um aumento de preços de 3% para 1972 e eu fiz a mesma projeção para os próximos sete anos.

PROFESSOR: No artigo da *Forbes*, você sugere que o mercado de ações provavelmente sofrerá amplas oscilações nos próximos anos. A razão para esse comportamento seria a tentativa de o governo controlar o ciclo econômico ou a crença do público de que poderiam ser feitos lucros rápidos no mercado acionário da mesma forma que no final da década de 1960?

GRAHAM: Não acredito que a tentativa do governo de controlar o ciclo necessariamente gere fortes oscilações. A longa experiência em mercado de ações indica que o público sempre pensa que pode fazer lucros rápidos em uma direção ou na outra. Parece que a natureza humana exige que os movimentos nos preços das ações sejam bastante acentuados. O fato de ser acentuado significa que haverá movimentos correspondentes na outra direção. Presumo que o que teremos no futuro é muito semelhante com aquilo que tivemos no passado; o tipo de movimentação que você viu nos últimos dois anos quando o mercado caiu de um Dow Jones de 995 para 630 e voltou para 940 – e que, desde então, tem flutuado.

ALUNO: Você acredita que o mercado de baixa de 1969-70 está terminado?

GRAHAM: Tecnicamente, eu diria que sim. Você tem uma boa recuperação do mínimo de 680 do Dow para acima de 900. O movimento que estamos tendo nesse momento não é apenas uma recuperação pequena ou temporária. Se você quiser se preocupar com mercados de alta e de baixa, então deve levar em conta que temos estado em outro mercado de alta desde maio de 1970.

ALUNO: Você estabelece alguma distinção entre poder de ganho e ganho corrente? Como consegue medir a qualidade do ganho?

**Nota do Tradutor*: Organização empresarial global sem fins lucrativos que reúne executivos, organiza conferências e realiza pesquisas. Ela conecta mais de 1.300 corporações em quase 60 países.

GRAHAM: A qualidade dos ganhos não está muito relacionada com essa distinção entre poder de ganho e ganho corrente. Historicamente, ela se baseia nos dois pontos de estabilidade dos ganhos: a falta de qualquer tendência significativa de baixa e se existe um movimento ascendente pronunciado e constante ao longo dos anos. Quanto melhor for a estabilidade, melhores serão o movimento ascendente e a qualidade dos ganhos.

ALUNO: Explique, por favor, o que significa margem de segurança com respeito às ações ordinárias.

GRAHAM: Isso é discutido com alguma profundidade no livro *O investidor inteligente*. A margem de segurança é a diferença entre a taxa percentual dos ganhos nas ações ao preço que você pagou por elas e a taxa de juros nos bônus; essa margem de segurança é a diferença que absorveria desdobramentos insatisfatórios. Na época em que a edição de 1965 de *O investidor inteligente* foi escrita, a ação típica estava sendo negociada a 11 vezes os ganhos, dando cerca de 9% de retorno contra aproximadamente 4% nos bônus. Nesse caso, você tinha uma margem de segurança de mais de 100%. Agora, não há diferença entre a taxa de ganhos em ações e as taxas de juros dos bônus, e, portanto, digo que não há margem de segurança. Assim, em vez de ter a efetiva margem de segurança obtida em 1965, você tem uma margem de segurança negativa nas ações, que considero um importante fator negativo relacionado com a compra de ações nestes níveis (1972).

ALUNO: Em *O investidor inteligente*, você se refere a um tipo diferente de "água" que foi colocada de volta no mercado acionário pelos próprios investidores e especuladores. Você poderia discutir esse novo tipo de "água"?

GRAHAM: Nos velhos tempos, o que era conhecido como "água" representava uma elevação secreta no valor dos ativos de uma empresa, principalmente seus ativos fixos, acima de seu custo real e acima de seu valor de reposição de forma que quando uma ação parecia valer $100 por cota no balanço patrimonial, ela valia apenas $20 baseado no valor real por trás dela. Agora, estes balanços semifraudulentos foram corrigidos. Em vez deles, o mercado de ações engana a si mesmo com os preços que o investidor paga. Colocamos um preço de $100 em uma ação que tem apenas $20 de valor fixo ou valor de custo por trás dela, e a diferença entre a valorização do mercado de ações e o verdadeiro valor contábil corresponde à daquela outra diferença que definitivamente foi reconhecida como fenômeno de ação liquefeita. As pessoas pagam $100 por uma ação de $20 da mesma maneira que nos velhos tempos uma ação que realmente valia apenas $20 era registrada no balanço patrimonial a $100.

Aluno: Em que a nova edição do livro *O investidor inteligente* é diferente das edições anteriores?

Graham: Os conselhos básicos e as conclusões sobre o procedimento de investimento não foram alterados de forma substancial. A base foi reforçada em função de minha experiência com a inflação nos últimos quatro anos, como uma justificativa para os princípios que eu vinha pronunciando desde 1949, na primeira edição de *O investidor inteligente.* Esses princípios parecem ter sido colocados de lado pelo quase contínuo aumento no mercado de ações de 1939 a 1968. Mas a experiência desde 1968 parece confirmar o raciocínio expresso nas primeiras edições. Naturalmente, dei maior atenção à questão da inflação nesta nova edição do que nas anteriores, porque surgiu uma inflação significativa desde a última edição. Porém, como você sabe, não aceito isso como uma indicação do que o futuro guarda para nós. Não considero que uma inflação de 5% ou 6% seja provável no longo prazo. Também presto atenção à mudança na taxa de juros, que é bastante significativa. Penso que, por causa da mudança adversa nas taxas de juros do ponto de vista do comprador de ações, o valor da média Dow Jones não é maior agora do que foi há cinco ou seis anos. Quaisquer outras razões para um valor maior foram compensadas pelo aumento do fator "taxa de juros".

Aluno: Se tivermos sucesso no controle do ciclo econômico, você mudaria sua filosofia de investimento de comprar barato e vender caro para comprar e manter por um período infinito?

Graham: Mais uma vez, esta é uma pergunta parcialmente artificial. Tenho certeza de que detemos melhor controle sobre o ciclo econômico desde a Segunda Guerra Mundial, o que, por si só, daria conta da flutuação no preço das ações. Mas o público tem compensado isso pela sua ideia maluca de que, como os ciclos econômicos estão sob razoável controle, nenhum preço é considerado muito alto para as ações ordinárias; assim, por causa dessa confiança, você teve uma tendência mais ou menos correspondente em direção às flutuações nos níveis de preços de ações ordinárias. Penso que haverá flutuações no futuro, mas não é algo fácil de determinar onde você pode esperar comprar por um preço baixo e em que ponto deve vender. Entretanto, o programa que proponho, no sentido de colocar 25% da carteira em ações e 25% em bônus, permitindo que os outros 50% flutuem de acordo com o mercado, pode ser bem operado no futuro, estando o ciclo econômico sob um controle melhor ou não. Ele ainda será um programa factível se o investidor quiser lhe dar o tempo e a atenção necessários.

ALUNO: No artigo da *Forbes*, você disse que compraria ações de empresas de serviços públicos porque estavam sendo negociadas em torno do valor contábil. Seus ganhos não seriam limitados nessa área pelo ambiente de regulamentação e os elevados encargos de juros?

GRAHAM: Bem, esta é uma boa questão e estou feliz que você tenha perguntado. Os ganhos seriam limitados pela regulamentação, mas existem duas coisas pelo lado positivo. Uma é que as perdas devem ser estritamente limitadas e, em segundo lugar, que existe uma promessa muito maior de ganho se você comprar essas ações pelo valor contábil do que de uma típica ação industrial que você comprasse por esse valor. Os serviços públicos têm fortes vantagens que não são reconhecidas no mercado atual. Seus ganhos são protegidos legalmente. As agências reguladoras precisam lhes dar ganhos adequados para sustentar os investimentos das empresas e colher um valor e, em especial, para estimular novos investimentos. Isso resulta em uma estrutura de ganho que gera preços das ações 50% acima do valor contábil da ação ordinária. Veja, não seria possível levantar quantias substanciais de dinheiro através da venda de ações ordinárias ao público, a menos que o público tivesse motivos para acreditar que o valor das ações que estão comprando atingirá pelo menos o preço que estão pagando. Sob tais circunstâncias, toda a história e a filosofia da regulamentação têm praticamente garantido um prêmio sobre o valor contábil para ações ordinárias com o perigo muito menor de ficar abaixo dele, e essa é uma combinação muito boa. Penso que um investidor ficaria bastante satisfeito com uma chance muito boa de ter rapidamente um ganho de 50% em seu investimento, com muito pouca chance de perda.

Aluno: Por que você seleciona ações de empresas de serviços públicos no lugar de empresas do setor de recursos naturais como cobre, petróleo e terras negociadas em torno de seu valor contábil?

Graham: Em primeiro lugar, você não encontra tantas ações da área de recursos naturais negociadas em torno do valor contábil, a menos que tenham tido alguma dificuldade real com seus ganhos, o que não tem acontecido com as concessionárias de serviços públicos. No caso destas últimas, uma situação adversa é aquela em que lucraram alguns centavos a menos do que no ano anterior, e não 2% ou 3% mais do que no ano anterior. Nas ações de recursos naturais, os ganhos estão sujeitos a todo tipo de flutuações e situações. Suponha que você tivesse a Anaconda, sujeita a confisco de parte de seus ativos e perdendo três quartos de seu preço e cerca desse tanto em lucros nos últimos dois anos. Ou veja o caso da Gulf States Land and Industrial Company. Você descobrirá que ela praticamente não possui lucros com o preço flutuando entre 30 e 2, recentemente. Isso é completamente diferente do investimento em serviços públicos. Não tem a qualidade de ganhos que estivemos falando há pouco.

Aluno: Como você determina o valor intrínseco da ação de uma empresa do setor de recursos naturais?

Graham: Isso é algo extremamente difícil de fazer. Quando estamos avaliando companhias, temos algumas escalas de valores para recursos em petróleo, como $1 por barril para recursos desenvolvidos, $0,40 por barril para reservas prováveis e $0,10 a $0,20 por barril para reservas possíveis. Isso pode ser feito, mas os resultados não são especialmente úteis. Se alguém me pedisse para estabelecer o valor de uma companhia de recursos naturais, não acho que conseguiria fazê-lo bem; então, prefiro não fazer.

Aluno: Você acha que as corporações deveriam substituir os dividendos em ações pelos dividendos em dinheiro para financiar mais facilmente o crescimento no longo prazo?

Graham: Sim, certamente. Em minha opinião, a política de dividendos tem sido muito pouco inteligente, principalmente por concessionárias de serviços públicos, que pagam os típicos 2/3 de seus lucros em dinheiro e, em seguida, de quando em quando, tomam de volta a quantia para novas ações, em quantia maior do que o dividendo anterior que haviam pago. Elas podiam ter antecipado isso pagando dividendos em ações no lugar de dinheiro e o acionista teria economizado o imposto de renda sobre esses ganhos. Ele teria aumentado seu patrimônio se não tivesse de pagar imposto sobre os dividendos que recebeu em dinheiro, pois teriam sido acrescentados à sua aplicação. A American Telephone and Telegraph teria economizado bilhões de dólares para seus acionistas se tivesse desenvolvido uma política de dividendos em ações mais ou menos equivalente em termos de resultado final a seus dividendos em dinheiro mais direitos de subscrição.

PROFESSOR: Sr. Graham, tenho uma questão que me ocorreu durante sua fala. Muitas vezes, vemos essa afirmação em livros escolares e parece que o mercado provou o contrário em 1969-70. Seria a generalização de que as ações protegeriam contra a inflação. O que pensa a respeito disso?

GRAHAM: Elas protegem melhor quanto à inflação do que os bônus, mas certamente não são perfeitas. Você não pode supor que o ganho das empresas crescerá para refletir a inflação. Você pode dizer que, historicamente, as ações reembolsaram com os lucros seu capital investido, apesar da inflação. Os bônus, por sua vez, perderam uma parcela considerável do valor principal por causa da inflação; assim, à medida que as ações ficaram firmes e os bônus caíram ao longo dos últimos 10 ou 20 anos, as ações se saíram muito melhor. A questão é que o real poder de ganho de uma empresa é medido pela relação dos lucros sobre o capital em ações. Se dobrar o capital, você assumiria que os lucros também iriam dobrar. O que aconteceu durante muitos anos é que as empresas aumentaram consideravelmente seu capital e, apesar de os lucros crescerem, não cresceram mais do que o patrimônio das empresas. Assim, passaram a ganhar uma proporção bastante menor, digamos 9,5% para as companhias do Dow Jones quando, 20 anos atrás, esse número era 12%. A mudança tem sido para baixo, apesar da inflação; portanto, nesse sentido, você não pode dizer que a inflação tenha beneficiado as ações ordinárias. Acontece que elas pagaram menos do que lucraram e aumentaram consideravelmente seu patrimônio, quando você esperaria que o valor subisse em relação aos lucros. Por outro lado, o mercado acionário tem uma história bastante diferente. Os preços de mercado subiram porque os índices preço-lucro aumentaram. Em 1949, as ações ordinárias estavam sendo negociadas por apenas 7 vezes os lucros, enquanto agora (1972) a relação é 17 vezes os lucros. Grande parte do aumento entre 1949 e 1972 ocorreu porque os investidores estão dispostos a pagar mais por dólar de lucros. Consequentemente, o preço subiu, mas esse não é um desdobramento muito importante.

PROFESSOR: Poderia nos contar sobre algumas de suas experiências interessantes e algumas das empresas de que se lembra mais?

GRAHAM: Em 1928, associei-me a Bernard Baruch. Compramos uma empresa que parecia barata. Acho que pagamos $9 por cota e ela estava lucrando algo como $1,50. Eu me tornei o vice-presidente financeiro da companhia e eles me pagaram $3 mil ao ano por esse trabalho. A empresa tinha bastante dinheiro em caixa e um negócio muito bom de venda de foguetes, mas, daquele ano em diante, tudo deu errado, inclusive a grande recessão e o colapso de 1929. Tivemos sorte de conseguir sair e não perder muito dinheiro apenas mantendo as ações até 1936-37. Vieram novas pessoas para assumir a empresa e suas ações estão agora em $3,75 (Unexcelled Manufacturing). Eles começaram a fazer coisas que pareciam impossíveis, como vender bônus na Europa, e as ações subiram a $63. Em seguida, caíram até 0,38 e subiram novamente para $68... depois, de volta para $3,75 e agora está na faixa de $14 por cota. Sempre acompanhei essa empresa porque tinha uma conexão pessoal com ela. Não investi na empresa por um longo tempo, mas para mim ela é um bom paradigma do que seria uma típica flutuação ao longo de um período de 30 anos.

Minha sugestão para você e seus alunos é que façam estudos sobre as vicissitudes de 20 empresas (do Standard & Poor's Stock Guide), escolhidas da forma que quiserem, e vejam o que acontece com elas em um período de 30 anos. Existe uma lição bastante importante a ser extraída disso para todos que desejam se tornar exímios investidores. Penso que é muito importante conhecer não tanto sobre as flutuações de uma companhia individual, mas sim sobre as flutuações em geral no passado de todos os tipos de investimento para formar alguma base na tomada de decisões sobre o futuro. E se você disser, como as pessoas dizem, que o passado não tem mais relevância, estará esquecendo que, se o passado não for relevante, então o que seria? O que saberíamos? Se você não puder basear sua política de investimentos no passado, então acho que não teria base alguma para ela.

ALUNO: Você pensa que a divulgação é adequada?

GRAHAM: Essa é uma questão muito importante. Pelo menos de um ponto de vista, a divulgação de informações é excessiva. Se você pegar uma nova oferta colocada sob as regras da SEC e a brochura com a oferta tiver 100 páginas lotadas de informações importantes e de informações totalmente sem importância, o efeito disso me deixa doente, pois, no momento em que alguém conseguir ler as 10 primeiras páginas, a ação já terá sido vendida. Ninguém lê inteiramente o prospecto, e a informação importante fica escondida e precisa de um especialista para descobri-la. Agora, um especialista pode fazer isso, e esse deve ser um dos trabalhos do analista de investimentos. Os analistas de investimentos estão tão ocupados em outras atividades que não devotam tempo para o trabalho difícil de análise de informações divulgadas, como as dos relatórios trimestrais e anuais. Acho que a SEC fez um bom trabalho em suas exigências de relatórios trimestrais, anuais e o 10K,* e a principal dificuldade é que os analistas não os seguem, ou parecem não prestar muita atenção neles. O problema, de modo geral, não está relacionado com a divulgação. O problema está relacionado com a questão de o público poder ser protegido contra si mesmo através da ênfase sobre o absurdo do nível de preços para as ações de segunda e terceira linhas que em muitos casos tiveram enormes elevações com muito pouco valor por trás delas. Não sei se existe alguma solução. Não sei como os jogadores (pessoas que chamam a si mesmas de investidores, mas que, na verdade, são especuladores) podem ser protegidos contra uma combinação de ganância e loucura. Esta é minha frase favorita em três palavras: "Ganância e loucura." A SEC está apenas começando algumas audiências para analisar se o método de oferta de novas ações poderia ser modificado de alguma forma. Suponho que eles deveriam alertar com grandes letras em vermelho, ESTA AÇÃO NÃO VALE O PREÇO PELO QUAL ESTÁ SENDO NEGOCIADA. Também não sei se isso faria alguma diferença. Eles têm a habilidade de vender as ações e alguém dizer: "Que diabos! No final, ela vai acabar mesmo subindo."

PROFESSOR: Bem, Sr. Graham, certamente apreciamos muito o fato de conversar conosco, já que temos um programa bem especial.

GRAHAM: Ele me impressionou e por isso tomei parte dele. Boa sorte para vocês em seu programa!

**Nota do Tradutor*: Relatório anual exigido pela SEC com um resumo completo do desempenho da empresa com ações no mercado. É um pouco diferente do relatório anual distribuído aos acionistas, embora muitas empresas americanas combinem os dois em um único documento.

23

A década 1965-1974: seu significado para os analistas financeiros

O título deste seminário – "O Renascimento do Valor" – indica que o conceito de valor foi eclipsado em Wall Street. Esse eclipse pode ser identificado pelo quase desaparecimento da distinção que alguma vez já esteve bem estabelecida entre investimento e especulação. Na última década, todos se tornaram investidores – incluindo os compradores de opções de ações e os que vendem lotes fracionários a descoberto. Na minha forma de pensar, o conceito de valor, junto com o de margem de segurança, sempre esteve situado no âmago do verdadeiro investimento, enquanto as expectativas quanto ao preço sempre estiveram no centro da especulação.

Deixe-me listar algumas das questões relacionadas com a abordagem de valor com que agora deparam os analistas financeiros à luz da experiência do período de 1965-74:

1. A abordagem de valor seria útil em termos de
   (a) o que pode realizar por si mesma, e
   (b) por comparação de seus resultados com os de outras práticas e métodos analíticos?
2. Em que grau as técnicas de avaliação (como apresentadas em, digamos, Graham, Dodd e Cottle, 1962) deveriam ser modificadas pelos desenvolvimentos mais recentes, incluindo o pensamento teórico?
3. Qual é o efeito do domínio institucional no mercado de ações sobre o trabalho de avaliação do analista de investimento e os procedimentos de tomada de decisão do analista financeiro?

Reimpresso com permissão de *The Renaissance of Value: The Proceedings of a Seminar on the Economy, Interest Rates, Portfolio Management, and Bonds vs. Common Stocks* (1974): 1-12, Charlottesville, VA: The Financial Analysts Research Foundation.

4. Em que medida o número absoluto de analistas profissionais – uns 14 mil membros do FAF (Financial Analysts Foundation), incluindo 3.800 CFAs e mais de 2 mil candidatos ativos ao CFA – impede que o analista representativo ou mediano atinja resultados compensadores? De fato, essa é uma questão delicada.

A discussão que se segue não separará cada uma dessas questões das outras, mas tentarei respondê-las o melhor que puder.

A abordagem de valor foi introduzida com a premissa de que, em muitos casos (mas não em todos), uma faixa confiável de valores para uma ação ordinária poderia ser estabelecida por técnicas analíticas; que, em geral, essa faixa difere substancialmente do preço em curso; e que tais diferenças oferecem oportunidades recompensadoras para operações de investimentos. A expressão "oportunidades recompensadoras" implica que o próprio mercado acionário justificará a operação com base em um valor após a passagem de um intervalo em média não muito longo para a paciência humana – digamos, três anos ou menos.

Em geral, o ponto intermediário da faixa de valores tem sido encontrado pela aplicação de um multiplicador apropriado aos lucros futuros estimados. Minha opinião atual é que essa não é a melhor técnica. No lugar dela, o número considerado para os ganhos deve ser o que chamamos de "lucros correntes normais" e todas as previsões futuras (favoráveis ou desfavoráveis, específicas ou gerais) devem entrar em um multiplicador. Essa mudança no procedimento afasta a necessidade de estabelecer um número futuro e depois descontá-lo para o valor presente.

Esse procedimento nos afasta bastante do primeiro método sugerido em 1938, no livro pioneiro do dr. John Burr Williams, *The Theory of Investment Value*. Sua técnica buscava estimar o fluxo de dividendos a serem recebidos ao longo de um período bastante longo no futuro e a soma dos valores descontados de cada dividendo para chegar ao valor presente. Os vários métodos matemáticos desenvolvidos mais tarde para avaliar as ações em crescimento representam um tipo de compromisso entre a abordagem de Williams e o que estou sugerindo agora. Pois eles interrompem o fluxo de dividendos estimados em um ano final – digamos, daqui a 10 anos – e depois avaliam a ação, normalmente em uma base conservadora, neste ano final. Os números resultantes de dividendos e valor final são então descontados com a escolha de uma taxa uniforme, para se chegar ao valor presente.

Aqueles de vocês que estudaram o *Security Analysis* devem lembrar que tentei simplificar os métodos matemáticos de vários escritores sugerindo uma fórmula que empregasse uma única variável C representando o crescimento esperado ao longo dos próximos 7 a 10 anos. Nele, lia-se (na parte inferior da página 537):

Valor = lucros correntes normais × soma de 8,5 com 2C

Essa fórmula para o cálculo de valor – como aquelas das quais ela pretendia se aproximar – tinha o grande defeito de não permitir mudanças na taxa de juros básica. Porém, um dos desdobramentos da última década que teve grande influência nos valores das ações – e, de certa forma, um pouco atrasado, nos preços das ações – foi o descomunal avanço nas taxas de juros. Para os 3 anos anteriores à publicação de nosso texto, o rendimento dos bônus AAA atingiu uma média de 4,4% e esse foi também o número de 10 anos atrás. Entretanto, para os 3 anos 1971-73, a média foi de 7,5% e, mais recentemente, 9,5%.

Parece-me lógico fazer os valores das ações ordinárias variarem de forma inversamente proporcional às taxas de juros correntes representativas, correspondendo à utilização pelos analistas de lucros correntes representativos. Suponha que restabeleçamos nossa fórmula de 1972 com esse objetivo, fazendo-a refletir a taxa AAA da época de 4,4%. A expressão ficaria então:

Valor = Lucros × soma de 37,5 com 8,8C,
dividido pela taxa AAA

Uma vez que os analistas têm fraqueza por números, vocês poderão querer ouvir dois ou três resultados baseados nessa fórmula revisada. Para o DJIA, considerando C pelo seu valor histórico de 4,5% e a taxa AAA por sua média de 3 anos de 7,5%, chegamos ao multiplicador de 10,2. Aplicando aos lucros médios do Dow de 1971-73, seu valor central ficaria em aproximadamente 750. Se, em vez dos números médios de 3 anos, você pegar a atual taxa dos bônus de 9,5% e os mais recentes lucros anuais ajudados pela inflação, o valor central calculado seria o mesmo 750 (os lucros maiores seriam compensados pelo maior divisor das taxas de juros).

Esses cálculos (para o que eles valem a pena) sugerem que o Dow, em seu recente nível mínimo de 627, estaria desvalorizado em aproximadamente 15%. Se isso pressagiaria um próximo (ou atrasado) final do atual mercado de baixa, deixo para mentes mais sábias ou mais ousadas do que a minha. Entretanto, esse mesmo método aplicado em ações individuais indica que muitas têm estado mais significativamente subavaliadas no mercado atual. Pegue a Firestone como exemplo. Seus lucros têm crescido a uma taxa melhor do que os do Dow na última década; os números para 1971-73 mostram um aumento de 116% em relação a 1961-63 para a Firestone contra 66% para o DJIA. Se assumirmos o mesmo C futuro de 4,5% para a Firestone e para o Dow, e, portanto, o mesmo multiplicador de 10,2 vezes os lucros de 1971-73, nossa avaliação chegaria a 24 para as ações da companhia de pneus, 90% acima de seu mínimo em 1974. Casualmente, isso seria praticamente o atual valor contábil da Firestone – anteriormente, um detalhe menor no panorama dos investimentos, mas para o qual estou inclinado a atribuir uma importância maior sob as novas condições de hoje. Claro que a Firestone é apenas um exemplo da discrepância entre o nível atual do Dow (que inclui várias empresas de primeira linha favoritas dos investidores institucionais) e aquele do meu atual cálculo para uma companhia de bom porte.

Um multiplicador baseado apenas no crescimento esperado e nas taxas de juros implicaria que a estrutura financeira e a posição de endividamento não entram no processo de avaliação. Esse poderia ser o caso se a fórmula fosse aplicada (como pretendido originalmente) apenas em companhias de elevado crescimento cujas perspectivas fossem consideradas tão boas que seria possível supor que não houvesse problemas financeiros. Mas se pretendemos generalizar nossa fórmula para aplicá-la em empresas de crescimento médio, devemos reconhecer que muitas podem estar em condições financeiras insatisfatórias, causadas, em parte, pelas pressões inflacionárias e, em boa parte, também pela grande expansão da dívida das empresas na última década (considero os números totais para a dívida das empresas publicado na edição de junho de 1974 da *Survey of Current Business* muito inquietantes. Eles mostram um crescimento geral de 74% em apenas cinco anos, com mais por vir em 1974).

Não vejo uma forma satisfatória de reduzir o multiplicador para considerar uma posição de endividamento abaixo da média. Meu conselho para os analistas seria mais o de evitar tentar uma avaliação formal dessas companhias. Em outras palavras, limite suas avaliações a empresas qualificadas para investimento, excluindo dessa categoria aquelas que não atenderem a critérios específicos de solidez financeira. Essa afirmação me traz de volta para minha antiga posição de que as empresas especulativas não poderiam ser tratadas pelos analistas com resultados gerais satisfatórios. Pelo meu próprio critério quantitativo bastante rígido, a Firestone passaria no teste de solidez financeira por uma margem modesta. Esses testes excluiriam mais da metade da lista da NYSE de hoje da relação de empresas a serem consideradas para efeitos de investimento, mas sobraria ainda um número suficiente de papéis qualificados para permitir ao analista e ao investidor uma ampla seleção. Deve ficar claro que tenho confiança no processo de avaliação como guia para as opções de investimento, mas que limitaria essa técnica estritamente a empresas que atendessem a critérios de solidez financeira. Além disso, exigiria que as decisões de compra baseadas nessa abordagem envolvessem um fator de margem de segurança. Ele poderia ser o de que o preço de compra não fosse superior a dois terços do valor central calculado.

Como essa política teria funcionado na última década? Várias vezes, o preço de mercado da Firestone caiu abaixo do valor da fórmula, mas não pela margem de um terço (o nível indicado de compra em 1970 foi de 16 contra seu mínimo de 17,5, seguido pela máxima, no ano seguinte, de 28,5). Outros estudos levaram-me a acreditar que um trabalho de avaliação desse tipo com computador teria encontrado um considerável número de casos em que as cotas de companhias sólidas poderiam ser obtidas por menos de dois terços de seu valor pela fórmula. No total, poderíamos nos sair bastante bem ao longo desse período comprando nessas bases e vendendo com um lucro de 50% quando fosse viável. Não vejo motivo algum para pensar que uma política semelhante não pudesse ser seguida com resultados satisfatórios no futuro (não deve ser necessário que eu acrescente que esses resultados não são garantidos).

Certamente, existem muitas outras abordagens do tipo avaliação, e analistas diferentes podem favorecer fórmulas diferentes com parâmetros diferentes do que os dois que tenho usado. Tenho estado intrigado com a ideia de escolher ações entre aquelas que sejam obtidas a não mais do que metade de sua cotação máxima anterior, desde que atendam ao critério de valor independente do preço registrado. De acordo com meus estudos, uma técnica desse tipo teria funcionado bem até (e incluindo) a recuperação do mercado pós-1970. Em condições mais recentes, adicionaríamos apenas um critério de queda de preço para a determinação dos pontos de compra baseados na abordagem de avaliação. Para praticamente todos os papéis do tipo da Firestone, um preço de aquisição a dois terços da avaliação dos analistas estaria abaixo da metade do máximo de mercado anterior.

Deixe-me passar para um fator no processo de avaliação que, segundo minha forma de pensar, assumiu importância considerável nas condições atuais. É o número do valor contábil, a ser visto como ponto de partida para cálculos mais refinados ou como medida de utilização prática para o valor das ações ordinárias. Por anos, ignoramos os valores dos ativos, exceto para instituições financeiras e alguns casos especiais. Mas, em mercados recentes, um grande número (talvez a maioria) das ordinárias da NYSE teve uma flutuação de preço tanto acima quanto abaixo de seus valores de ativos. Até a Polaroid recentemente era obtida abaixo do valor contábil! Esse fato parece estabelecer, em muitos casos, uma relação realista entre o patrimônio líquido e o valor intrínseco ou dos analistas. Alguém poderia muito bem falar hoje sobre o "Renascimento do Valor Contábil".

Vocês são suficientemente inteligentes para entender que não estou dizendo agora que a Avon Products valha somente seu número contábil de $7,70 por cota ou que a ordinária da Chicago Milwaukee tenha de ser avaliada a $149 por cota mostrados no balanço patrimonial. Em um percentual substancial de papéis, os números do valor contábil não têm uma conexão válida com o valor de investimento nas cotas. Entretanto, talvez o analista possua hoje mil ações ou mais para escolher onde o valor do ativo pode realmente recair em sua faixa de valor calculado. Em muitos desses casos, ele pode estabelecer o patrimônio líquido como seu número específico preferido para o valor e basear seus pontos de compra e venda de acordo com essa medida conveniente.

Essa abordagem pode situar a escolha de ações ordinárias negociáveis em bases correspondentes às do investimento em empresas privadas não cotadas no mercado. Considerando que essa aplicação é atraente como um empreendimento comum, seria ainda mais atraente como parte de uma empresa de capital aberto, com as vantagens adicionais de diversificação e de grande liquidez.

Entretanto, segundo minha experiência, a liquidez mostrou-se uma vantagem geral questionável. Ela tem desviado a atenção dos investidores tanto quanto os tem ajudado. Ela fez suas mentes se voltarem para o mercado acionário, e não para o valor. Tenho uma visão puritana do verdadeiro investidor como alguém que está totalmente desinteressado do que o mercado de ações faz, exceto em dois tipos de ocasiões que atendem às suas conveniências. A primeira é quando o mercado gentilmente permite que ele compre um grupo de ações ordinárias abaixo do valor indicado; a segunda é quando, com igual cortesia, permite que ele venda a não mais do que metade de sua última cotação máxima anterior aquelas que não têm importância para ele. É verdade que ele pode se descartar de um investimento com perdas. Mas isso não seria porque os preços de mercado caíram; seria porque as coisas ficaram péssimas para a empresa e o valor verdadeiro das cotas caiu abaixo do preço que pagou por elas (claro que o investidor também pode usar o mercado de ações para trocar os papéis que possui por outros que ofereçam mais valor aos preços praticados).

(Vocês estão ouvindo agora um pouco da "religião dos velhos tempos". Vocês podem não se converter, mas não deve lhes fazer mal algum.)

Neste ponto, deixe-me analisar, de forma sucinta, uma abordagem com a qual estamos bastante identificados na gestão do fundo Graham-Newman. Seria a compra de cotas abaixo do seu valor de capital circulante. Ela nos deu tão bons resultados por um período de 40 anos de tomada de decisão que, no final, renunciamos a todas as outras escolhas de ações ordinárias baseadas nos procedimentos usuais de avaliação e nos concentramos nessas "ações abaixo dos ativos". O "renascimento do valor", a respeito do qual estamos falando hoje, envolve o reaparecimento desse tipo de oportunidade de investimento. Uma publicação da *Value Line* no último mês listou 100 desses papéis na categoria não financeira. Sua compilação sugere que deve haver pelo menos o dobro de opções abaixo do capital circulante no Standard & Poor's Monthly Stock Guide (entretanto, não desperdice $25 comprando uma anunciada lista de "1.000 Ações com Preço Inferior ao do Capital Circulante". Os responsáveis, de forma imperdoável, deixaram de deduzir a dívida e as obrigações com ações preferenciais do capital circulante para chegar ao montante disponível para as ordinárias).

Parece uma questão de bom-senso concluir que, se alguém puder montar uma carteira de, digamos, 30 ações adquiríveis por menos de seu capital circulante, e se esses papéis atenderem a outros critérios de valor, inclusive a crença do analista de que a empresa tenha perspectivas no longo prazo razoavelmente boas, por que não limitar a seleção nessas ações e esquecer as escolhas com os métodos de avaliação tradicionais que discutimos anteriormente? Acho que é uma questão de lógica, mas ele levanta várias questões práticas: por quanto tempo essas ações "a preço de liquidação" – como a *Value Line* as chamou – continuarão a ser distribuídas? Quais seriam as consequências se um grande número de tomadores de decisão começasse amanhã a concentrar investimentos nesse grupo? O que faria o analista quando essas ações não estivessem mais disponíveis?

Tais questões estão, na verdade, relacionadas com aspectos mais amplos da abordagem de valor envolvendo a disponibilidade de oportunidades de investimentos atraentes se e quando a maioria dos investidores e seus consultores seguirem essa doutrina. Voltarei a esse problema mais tarde.

Algumas questões interessantes relacionadas com o valor intrínseco contra preço de mercado são levantadas pelas ofertas públicas de aquisição que agora fazem parte de nosso cardápio financeiro diário. O mais espetacular desses eventos ocorreu algumas semanas atrás, quando duas grandes empresas competiram ativamente para comprar uma terceira, com o resultado de que, dentro de um único mês, o preço da ESB Inc. avançou de 17,50 para mais de 41. Sempre analisamos o valor de um negócio para um proprietário privado como elemento importante na avaliação de uma emissão de ações. Temos agora um número semelhante para os analistas de investimentos pensarem: o preço que deve ser oferecido pelo futuro adquirente para uma dada empresa. A este respeito, a transação da ESB e a da Marcor que veio logo em seguida representam um grande incentivo para aqueles que acreditam que o valor real da maioria das ações ordinárias está bem acima do atual nível de mercado.

Existe outro aspecto das ofertas públicas de aquisição que gostaria de trazer aqui, um pouco em base pessoal, porque ele está relacionado com uma velha batalha que há muito tempo venho lutando e perdendo para fazer os acionistas se comportarem menos como um rebanho de ovelhas diante dos gestores das empresas. Vocês se lembrarão que a primeira oferta feita pela INCO foi considerada um "ato hostil" pela administração da ESB, que votou contra ela com unhas e dentes. Recentemente, várias gestões solicitaram aos acionistas que votassem mudanças estatutárias que tornariam essas aquisições mais difíceis de realizar contra sua oposição – em outras palavras, que tornariam mais difícil privar os funcionários atuais de seus empregos e mais difícil para os acionistas obterem um preço atraente por suas cotas. Os acionistas (ainda agindo como um rebanho de ovelhas) frequentemente aprovam essas propostas. Se esse movimento se tornar generalizado, realmente poderá prejudicar os interesses dos acionistas. Espero que os analistas financeiros formulem um julgamento sólido sobre o que está envolvido aqui e façam o possível para dissuadir os acionistas a cortarem suas próprias gargantas de uma forma tão tola e imprudente. Este poderia muito bem ser um assunto para o FAF discutir e assumir uma posição oficial.

Existe pelo menos uma similaridade superficial entre os preços oferecidos em ofertas públicas de aquisição e aqueles vigentes antigamente no mercado para as ações de primeira linha, representadas pelas "50 favoritas". As grandes instituições agiam um pouco no papel de conglomerados estendendo seus impérios através de aquisições extravagantes. O índice P/L da Avon Products apresentava uma média de 55 em 1972 e alcançou 65 no pico de 140. Esse multiplicador não poderia ser justificado por qualquer fórmula de avaliação conservadora como as que estivemos discutindo. Ele não foi estabelecido pelos especuladores durante uma alta de mercado; ele contou com o suporte ativo ou passivo de instituições que vinham sendo grandes investidoras na Avon.

Da forma que vejo, as instituições foram persuadidas a pagar esses multiplicadores diferentes por cotas do tipo da Avon em função de uma combinação de três influências: a primeira seria a enorme quantia que elas tinham para administrar, cuja maior parte decidiram colocar em ações. A segunda é o número comparativamente menor de papéis em que suas operações estavam confinadas, em parte porque precisavam escolher empresas com muitos milhões de cotas para suas transações em bloco e, em parte, em razão de sua insistência em perspectivas de elevado crescimento. A terceira influência foi o culto do desempenho, principalmente na gestão de fundos de pensão. A aritmética aqui é enganosamente simples. Se os lucros da empresa crescerão 15% neste ano, e se a relação P/L permanecer constante, então pronto! O "investimento" apresenta um desempenho de 15%, mais o pequeno dividendo. Se a relação P/L aumenta – como aconteceu para a Avon em quase todos os anos –, o desempenho se torna muito melhor. Esses resultados são completamente independentes dos níveis de preço em que as ações foram compradas. Claro que, segundo essa fantasia, as instituições estariam subindo e puxando os próprios cabelos – algo que não é difícil fazer em Wall Street, mas impossível manter para sempre.

Essas políticas institucionais levantam duas implicações de importância para os analistas financeiros. A primeira é: o que deveria ter feito um analista conservador na inebriante área e época das empresas de elevado multiplicador e elevado crescimento? Devo melancolicamente dizer que ele precisaria fazer o praticamente impossível – isto é, virar as costas para elas e deixá-las sozinhas. As próprias instituições transformaram gradualmente essas empresas do tipo investimento em ações especulativas. Repito que o analista comum não pode esperar resultados de longo prazo satisfatórios no campo das ações especulativas – e elas são pelas circunstâncias da empresa ou pelos altos níveis de preço pelos quais são habitualmente negociadas.

Minha segunda inferência é positiva para o público investigativo e para o analista que oriente uma clientela não institucional. Temos ouvido muitas reclamações de que a predominância institucional sobre o mercado acionário colocou o pequeno investidor em desvantagem, pois ele não pode competir com os enormes recursos das companhias de investimentos, por exemplo. Os fatos são quase opostos. Talvez as instituições estejam mais bem equipadas do que o indivíduo para especular no mercado; não sou competente para avaliar isso. Mas estou convencido de que um *investidor* individual com fortes princípios e bem orientado pode claramente fazer melhor no longo prazo do que uma grande instituição. Onde a companhia de investimento precisa confinar suas operações a 300 empresas ou menos, o indivíduo tem mais de 3 mil ações para suas investigações e escolha. A maior parte das verdadeiras pechinchas não está disponível em grandes blocos; por isso mesmo, as instituições estão quase eliminadas como concorrentes para a caça de pechinchas.

Assumindo que tudo isso seja verdadeiro, precisamos voltar à questão articulada no início: Quantos analistas financeiros podem ganhar a vida encontrando ações menosprezadas e recomendando-as a investidores individuais? Com toda honestidade, não posso dizer que exista lugar nesta área de atividade para 14 mil analistas, ou uma grande proporção deles. Mas posso assegurar que, no passado, o influxo de analistas na esfera das ações com preços abaixo do valor real nunca foi tão grande a ponto de reduzir as possibilidades de lucro por meio desse tipo de excesso de procura e excesso de competição (é possível que o analista voltado ao valor das ações tenha sofrido mais de solidão). É verdade que as pechinchas em ações têm repetidamente se tornado escassas em mercados de alta, mas não porque todos os analistas se tornaram conscientes do valor, e sim por causa da subida geral nos preços (talvez alguém até pudesse ter determinado se o nível de mercado estava ficando muito alto ou muito baixo contando o número de ações negociadas abaixo do valor do capital circulante. Quando essas oportunidades praticamente desaparecem, a experiência passada revela que os investidores deveriam sair do mercado de ações e mergulhar de cabeça em letras do Tesouro dos Estados Unidos).

Até agora, tenho falado sobre as virtudes da abordagem de valor como se nunca tivesse ouvido falar destas mais novas descobertas como "o caminho aleatório", "o mercado eficiente", "carteiras eficientes", o coeficiente Beta e outros semelhantes. Ouvi sobre eles e gostaria de falar um pouco primeiro sobre o Beta. Trata-se de uma medida mais ou menos útil sobre as flutuações de preços no passado de ações ordinárias. O que me incomoda é que as autoridades agora equiparam a ideia do Beta ao conceito de "risco". Variabilidade de preço, sim; risco, não. O risco real de um investimento não é medido pelo percentual em que uma ação pode estar com o preço abaixo do mercado geral em um dado período, mas pelo perigo de uma perda de qualidade e poder de ganho através de mudanças econômicas ou deterioração na gestão. Nas cinco edições do livro *O investidor inteligente*, utilizei o exemplo das cotas da A&P em 1936-39 para ilustrar a diferença básica entre flutuações de preços e mudanças no valor. Entretanto, a queda dos preços das cotas da A&P na última década, de 43 para 8, representou um paralelo muito bom entre a correspondente perda de rentabilidade comercial e o valor intrínseco. A ideia de medir riscos de investimento pelas flutuações nos preços me é repugnante, pela simples razão de que confunde o que diz o mercado de ações com o que realmente ocorre com a participação do proprietário na empresa.

Deixe-me passar agora para a doutrina do mercado eficiente. Estou particularmente interessado nisso por conta de suas implicações negativas para o trabalho em geral dos analistas de investimentos. O assunto é brevemente tratado em meu último artigo no *Financial Analysts Journal*, mas tem tamanha importância para esta audiência, que farei outra tentativa aqui.

Deixe-me resumir um pouco a definição de mercado eficiente que aparece na página 97 de *The Stock Market*, escrito por Lorie e Hamilton. "Um mercado eficiente é aquele em que um grande número de compradores e vendedores faz os preços refletirem totalmente o que se pode saber sobre as perspectivas das empresas negociadas." A expressão-chave para mim é "reflitam totalmente". Vamos supor primeiro que isso signifique apenas que o mercado possui e utiliza toda a informação que se pode conhecer sobre as perspectivas de cada empresa e que, portanto, não há motivo algum para os analistas desperdiçarem seu tempo tentando obter informações adicionais. Discordo dessa afirmação, na medida em que isso tornaria sem sentido a atual controvérsia e a preocupação sobre a utilização de "informações materiais", principalmente as obtidas pelos analistas de investimento com as gestões. Se, em todos os casos, o mercado já sabe e reflete tudo que se possa saber sobre cada empresa, então não haveria esse tipo de "informação material privilegiada obtida dentro da empresa".

Mas essa não é minha principal questão com o conceito de "mercado eficiente". Existe uma forte implicação no livro de Lorie e Hamilton de que, pelo fato de o mercado refletir totalmente tudo que se sabe sobre uma empresa, então ele estabelece preços corretos ou razoavelmente corretos para as ações ordinárias. Assim, apenas um analista de investimento de mais alto nível poderia selecionar com êxito as ações que deveriam ser compradas ou vendidas. Essas pessoas excepcionais – nas palavras dos autores – "têm uma compreensão mais rápida e mais profunda das consequências econômicas para empresas individuais de mudanças no ambiente econômico ou mudanças dentro da própria empresa". Eles têm "um raro e valioso talento". Discordo completamente desse ponto de vista. Para estabelecer o preço correto de uma ação, o mercado precisa contar com informações adequadas, mas isso, de forma alguma, quer dizer que, se o mercado tiver essas informações, então estabelecerá o preço correto. A avaliação do mercado para os mesmos dados pode variar em uma faixa muito grande, dependendo do entusiasmo em uma alta, da concentração de interesse especulativo e das influências semelhantes ou da desilusão em mercados de baixa. O conhecimento é apenas um ingrediente para se chegar ao preço de uma ação. O outro ingrediente, tão importante quanto as informações, é o bom julgamento. Pegue a Avon Products, que foi negociada a 140 no início do ano passado, ou $8 bilhões pela companhia, e abaixo de 20 – ou mero $1,2 bilhão – no mês passado. O mercado para a Avon foi "eficiente" em ambos os casos, no sentido de que o preço refletiu "total e apropriadamente" (este último é um acréscimo que fiz à frase de Lorie e Hamilton) os fatos conhecidos? As mudanças no ambiente ou nas perspectivas da empresa neste curto período foram suficientes para cortar 85% do valor real dessa companhia altamente lucrativa, bem administrada e solidamente financiada?

Veja, no outro extremo, o grande grupo de ações negociadas abaixo de seu capital circulante. O mercado é "eficiente" ao manter esses níveis de valores a "preços de liquidação"? Certamente, não faltam as informações essenciais sobre as empresas. O que falta é julgamento, coragem e paciência. Em situações desse tipo, residem as melhores oportunidades para o analista financeiro provar seu mérito.

A abordagem de valor sempre foi mais confiável quando aplicada em emissões preferenciais do que em ações ordinárias. Seu propósito específico na análise de bônus é determinar se a empresa tem um valor justo tão confortavelmente acima de sua dívida para proporcionar uma margem de segurança adequada. O cálculo padrão de cobertura de juros tem muito desta mesma função. Existe muito trabalho de verdadeiro calibre profissional que os analistas podem fazer na vasta área de bônus e ações preferenciais – e também, em certo grau, no das emissões conversíveis. O campo se tornou cada vez mais importante, principalmente porque todas as carteiras equilibradas devem possuir seu componente de bônus.

Todo analista de investimento que faça jus ao seu ganho deve ser capaz de decidir se uma dada emissão sênior tem suficiente proteção baseada em estatísticas para garantir que seja considerada em termos de investimento. Esse trabalho tem sido algumas vezes negligenciado nos últimos 10 anos – de forma mais evidente no caso da estruturação da dívida da Penn-Central. Trata-se de uma mancha imperdoável no registro de nossa profissão que os bônus da Penn-Central pudessem ser negociados em 1968 aos mesmos preços de emissões de boas empresas de serviços públicos. Um exame dos registros desse sistema em anos anteriores – observando, aliás, sua contabilidade peculiar e o fato de que praticamente não pagou imposto de renda – teria claramente alertado para se afastar dos bônus, sem mencionar as ações, mesmo a preços bem abaixo de seu máximo de 86. Temos agora uma situação em que todos os bônus são vendidos com altos rendimentos, mas muitas companhias têm uma posição de dívida muito elevada. Além disso, muitas não parecem dispor de cláusulas de proteção suficientemente fortes em seu contrato de emissão de bônus para impedi-las de oferecer novas dívidas em troca de suas próprias ações ordinárias (um exemplo impressionante é a atual operação de troca de bônus por ação do Caesar's World). Essas atuais manobras generalizadas me parecem ser muitos punhais cravados nos corpos macios dos pobres credores. Os portadores de títulos podem e devem adotar medidas legais, se necessário, para proteger seus interesses contra tais formas de invasão.

Assim, os analistas de investimentos poderiam muito bem aconselhar em uma série de trocas de valor na área dos bônus. Mesmo na estruturação da dívida federal – onde a segurança não está em questão –, a multiplicidade de todo tipo de obrigações indiretas do governo dos Estados Unidos, incluindo algumas isenções fiscais, sugere muitas oportunidades para os investidores melhorarem seus rendimentos. De forma semelhante, temos visto muitas emissões conversíveis negociadas próximas de um preço de paridade com as ordinárias; no caso típico, uma emissão sênior ofereceu um rendimento maior do que as cotas subordinadas. Assim, a troca de ações ordinárias pela emissão preferencial, nesse caso, seria uma mera questão de bom-senso (exemplos: Studebaker-Worthigton e Engelhard Mineral preferenciais *versus* ordinárias).

Deixe-me encerrar com alguns conselhos de um veterano com 80 anos que já lidou com muitos mercados de alta e muitos mercados de baixa. Como analistas, façam aquelas coisas que vocês sabem que podem realizar bem, e somente essas coisas. Se puderem realmente bater o mercado por meio de gráficos, astrologia ou algum dom raro e valioso que possuam, então esse é o caminho que devem trilhar. Se vocês forem realmente bons em escolher as ações com maior probabilidade de sucesso nos próximos 12 meses, baseiem seu trabalho nesse esforço. Se vocês puderem prever o próximo desdobramento importante na economia, ou na tecnologia, ou nas preferências dos consumidores, e avaliar suas consequências para diversos valores patrimoniais, então se concentrem nessa atividade específica. Porém, em cada caso, vocês devem provar para si próprios através de uma autoavaliação honesta e sem blefes, e de uma contínua verificação de desempenho, que possuem o necessário para produzir resultados concretos.

Se acreditarem – como eu sempre acreditei – que a abordagem de valor é inerentemente sólida, viável e lucrativa, então devotem sua atividade profissional a esse princípio. Mantenham-se firmes nela e não se deixem desviar pelos modismos de Wall Street, suas ilusões e sua constante busca pelo dólar fácil. Deixe-me enfatizar que não é preciso ser um gênio ou mesmo ter um talento superior para alcançar sucesso como analista de valores. É preciso ter, em primeiro lugar, uma inteligência razoavelmente boa; segundo, princípios sólidos de atuação; terceiro, e mais importante, firmeza de caráter.

Mas quaisquer que sejam os caminhos que seguirem como analistas financeiros, mantenham a integridade moral e intelectual. Na última década, Wall Street ficou bem aquém dos seus, algum dia, louvados padrões éticos, em detrimento do público a que serve e da própria comunidade financeira. Quando frequentei o ensino fundamental nesta cidade, mais de 70 anos atrás, tínhamos de escrever várias máximas em nossos cadernos. A primeira da lista foi: "A honestidade é a melhor política." Ainda é a melhor política, como nosso novo presidente nos lembrou no mês passado.

24

Uma hora com o Sr. Graham

Hartman L. Butler, Jr.

HB: Sr. Graham, gostei muito de visitá-lo esta tarde. Quando Bob Milne soube que a Sra. Butler e eu estaríamos em La Jolla, não apenas sugeriu que eu viesse visitá-lo, como também que eu trouxesse meu gravador. Há muitos assuntos que eu gostaria de conversar. Poderíamos começar primeiramente com uma questão da atualidade, a Government Employees Insurance Company, já que a GEICO está bastante presente nas manchetes.

GRAHAM: Sim, o fato foi que a equipe veio até nosso escritório e, depois de alguma negociação, compramos metade da companhia por $720 mil. Acontece que, mais tarde, estávamos valendo – toda a companhia – mais de $1 bilhão no mercado de ações. Isso foi extraordinário. Mas fomos forçados pela SEC a distribuir as ações entre nossos acionistas porque, de acordo com um detalhe técnico da lei, um fundo de investimento não poderia possuir mais do que 10% de uma companhia seguradora. Jerry Newman e eu nos tornamos ativos na condução da GEICO, embora ambos tivéssemos nos aposentado alguns anos atrás. Fico feliz por não estar mais ligado a isso, por conta das terríveis perdas.

HB: O senhor acha que a GEICO vai sobreviver?

GRAHAM: Sim, penso que sobreviverá. Não há um motivo básico para não sobreviver, mas, naturalmente, fico me perguntando se a companhia

Reproduzido com permissão de Irving Kahn e Robert D. Milne, *Benjamin Graham: The Father of Financial Analysis* (1977): 33-41, Charlottesville, VA: The Financial Analysts Research Foundation.

não se expandiu com muita rapidez sem levar em conta a possibilidade dessas grandes perdas. Tremo só de pensar na quantia que conseguiram perder em um ano. Incrível! É surpreendente a quantidade de grandes empresas que conseguiram virar com perdas de $50 milhões ou $100 milhões em um ano, nesses últimos anos. Algo de que não se ouvia falar nos velhos tempos. Você precisa ser um gênio para perder tanto dinheiro.

HB: Olhando para trás em sua vida na área de investimentos, quais foram alguns dos principais eventos ou acontecimentos? O senhor foi para Wall Street em 1914?

Graham: Bem, a primeira coisa que aconteceu foi emblemática. Como uma gentileza especial, recebi $12 por semana, e não os iniciais $10. O próximo evento que ocorreu foi a eclosão da Primeira Guerra Mundial, dois meses mais tarde, e o posterior fechamento da Bolsa de Valores. Meu salário foi reduzido para $10 – isso é algo mais ou menos comum no início profissional de todo jovem. O próximo fato que foi realmente importante para mim (além de ter alcançado sucesso contínuo por 15 anos): o colapso do mercado em 1929.

HB: O senhor viu aquilo se aproximando – ficou com medo?

Graham: Não. Tudo que eu sabia era que os preços estavam muito altos. Fiquei longe das favoritas para especulação. Sentia que tinha bons investimentos. Mas devia dinheiro, o que foi um erro, e tive de suar durante o período de 1929 a 1932. Não repeti esse erro depois disso.

HB: Alguém realmente viu isso chegando – o Crash de 1929?

Graham: Babson viu, mas começou a vender cinco anos antes.

HB: Então, em 1932, o senhor começou a voltar?

Graham: Bem, nós suamos durante esse período. Em 1937, havíamos restaurado nossa posição financeira aos níveis de 1929. Dali em diante, avançamos bem.

HB: Na queda de 1937-38, os senhores estavam mais bem preparados?

Graham: Bem, isso nos levou a fazer algumas mudanças em nossos procedimentos a partir da sugestão de um de nossos diretores. A sugestão tinha sentido e nós seguimos seu conselho. Desistimos de certas coisas que vínhamos tentando fazer e nos concentramos mais em outras mais bem-sucedidas. Atravessamos bem esse período. Em 1948, fizemos nosso investimento na GEICO e, desde então, passamos a ser considerados pessoas muito brilhantes.

HB: O que aconteceu no único outro período de mercado em baixa – 1940-41?

Graham: Oh, esse foi apenas um típico período de recuo. Ganhamos dinheiro naqueles anos.

HB: O senhor ganhou dinheiro após a eclosão da Segunda Guerra Mundial?

Graham: Sim, ganhamos. Realmente, não tivemos problemas na condução de nosso negócio. É por isso que, de certa forma, perdi o interesse. Não tínhamos mais desafios após 1950. Por volta de 1956, decidi sair e vir morar aqui na Califórnia.

Senti que havia estabelecido uma maneira de fazer negócios a um ponto em que não surgia mais nenhum problema básico a ser resolvido. Seguíamos naquilo que eu imaginava ser uma base satisfatória, e as coisas que se apresentavam eram típicas repetições de antigos problemas – e eu não tinha mais nenhum interesse especial em resolvê-los.

Cerca de seis anos mais tarde, decidimos liquidar a Graham-Newman Corporation – para encerrá-la principalmente porque a sucessão da gestão não fora estabelecida de forma satisfatória. Sentimos que não havia nada de especial para buscar que nos interessasse. Se quiséssemos, podíamos ter construído um enorme negócio, mas nos limitamos ao capital máximo de $15 milhões – apenas uma gota no oceano nos dias de hoje. O que nos interessava é se conseguiríamos ganhar o percentual máximo por ano. Não era a questão da quantia total em dinheiro, e sim qual a taxa anual de retorno que conseguiríamos obter.

HB: Quando o senhor decidiu escrever seu texto clássico, *Security Analysis*?

Graham: Por volta de 1925, depois de 11 anos, eu pensava que sabia o suficiente sobre Wall Street para escrever um livro a seu respeito. Mas, felizmente, em vez disso, tive inspiração para aprender mais sobre o assunto antes de escrever o livro; assim, decidi que, se conseguisse, começaria a ensinar. Tornei-me professor na Columbia School of Business para os cursos de extensão. Em 1928, tivemos um curso em análise de investimento e finanças – acho que se chamava Investimentos – com 150 alunos. Naquela época, Wall Street estava realmente crescendo.

O resultado é que somente em 1934 escrevi o livro com Dave Dodd. Ele foi um aluno meu no primeiro ano. Na época, Dave era professor-assistente na Columbia e estava ansioso em aprender mais. Naturalmente, ele foi indispensável para que eu escrevesse o livro. A primeira edição apareceu em 1934. Na verdade, ele foi lançado na mesma época de uma peça teatral minha produzida na Broadway e durou apenas uma semana.

HB: O senhor teve uma peça na Broadway?

Graham: Sim. "Baby Pompadour" ou "True to the Marines". Ela foi produzida duas vezes com dois títulos diferentes. Não foi bem-sucedida. Felizmente, *Security Analysis* teve bem mais sucesso.

HB: Este foi "o" livro, não foi?

Graham: Eles o chamavam de "A Bíblia de Graham e Dodd". Sim, mas agora perdi boa parte do interesse que tinha sobre os detalhes da análise de investimentos, aos quais me dediquei tão arduamente por tantos anos. Sinto que eles são relativamente pouco importantes, o que, em certo sentido, colocou-me em oposição à evolução da profissão como um todo. Acredito que podemos ter sucesso com poucas técnicas e princípios simples. O ponto principal é ter os princípios gerais corretos e o caráter para se manter firme neles.

HB: Minha própria experiência é que você precisa ser um estudioso das indústrias para perceber as grandes diferenças na administração. Acho que isso é algo que o analista pode trazer para a solução.

Graham: Bem, eu não negaria isso. Mas tenho algumas dúvidas sobre o quanto poderiam ser bem-sucedidos os analistas na aplicação dessas abordagens de seletividade. Algo que tenho enfatizado em meu trabalho nos últimos anos é a abordagem de grupo. Tentar comprar grupos de ações que atendam ao critério simples de estar com preços abaixo de seu valor real – independentemente do setor econômico e com muito pouca atenção à empresa individual. Meu artigo recente sobre três métodos simples aplicados a ações ordinárias foi publicado em um dos seus Anais do Seminário.

Estou concluindo um estudo de 50 anos – a aplicação desses métodos simples a grupos de ações; na verdade, a todas as ações do Moody's Industrial Stock Group. Constatei que os resultados foram muito bons para 50 anos. Eles, certamente, foram duas vezes melhor que o Dow Jones. Assim, meu entusiasmo foi transferido da seleção para a abordagem de grupo. Quero um índice de lucros duas vezes melhor do que a taxa de juros dos bônus para a maioria dos anos. Alguém pode aplicar um critério de dividendos ou um critério de valor de ativos e obter bons resultados. Minha pesquisa indica que os melhores resultados vêm de critérios simples de ganhos.

HB: Sempre pensei que era muito ruim utilizar o índice preço/lucro, em vez da medida de rentabilidade. Seria tão mais fácil perceber que a ação está sendo negociada a uma rentabilidade de 2,5% do que 40 vezes os lucros.

Graham: Sim. A rentabilidade seria uma abordagem mais científica e mais lógica.

HB: Então, com um pagamento de dividendos de aproximadamente 50%, você pode pegar metade da rentabilidade para estimar um rendimento sustentável de dividendos.

Graham: Sim. Basicamente quero dobrar a taxa de juros em função do retorno sobre os lucros. Entretanto, em muitos anos a taxa de juros foi menor do que 5% em bônus AAA. Consequentemente, estabeleci dois limites. Um multiplicador máximo de 10, mesmo quando a taxa de juros for inferior a 5%, e um multiplicador máximo de 7, mesmo quando a taxa de juros estiver acima de 7%, como agora. Assim, em geral, meu ponto de compra será o dobro da taxa de juros em curso para o AAA com multiplicador máximo entre 10 e 7. Minha pesquisa se baseou nisso.

No ano passado, recebi em Chicago o prêmio Molodovsky.

HB: Entendo que o senhor está prestes a concluir esta pesquisa.

Graham: Pense no seguinte: parece existir uma maneira praticamente infalível de obter bons resultados nos investimentos em ações ordinárias com um mínimo de trabalho. Parece bom demais para ser verdade. Mas tudo que posso lhe dizer com meus 60 anos de experiência é que ela parece sustentar-se em qualquer teste que eu possa criar. Vou tentar conseguir que outras pessoas apresentem críticas a seu respeito.

HB: Por coincidência, quando o senhor estava se tornando menos ativo como escritor, alguns professores começaram a trabalhar no caminho aleatório. O que pensa a respeito disto?

GRAHAM: Tenho certeza que todos eles são muito sérios e esforçados. Para mim é difícil encontrar uma boa conexão entre o que eles fazem e os resultados práticos em investimentos. Na verdade, eles dizem que o mercado é eficiente no sentido de que não há vantagem específica em obter mais informações do que aquelas que as pessoas já possuem. Isso pode ser correto, mas a ideia de que, como a informação está amplamente disseminada, os preços resultantes são lógicos está totalmente equivocada. Não vejo como dizer que os preços em Wall Street sejam corretos, sob qualquer definição do que sejam preços corretos.

HB: É muito ruim que não tenha tido mais contribuições dos analistas profissionais para fornecer algum equilíbrio com o brilhante trabalho da comunidade acadêmica.

GRAHAM: Bem, quando falamos de compra de ações, como eu, falamos em termos muito práticos de dólares e centavos, lucros e perdas; principalmente de lucros. Eu diria que uma ação com capital circulante de $50 negociada a $32 seria uma aplicação interessante. Se você comprar 30 empresas desse tipo, certamente ganhará dinheiro. Você não pode perder ao agir dessa forma. Há duas questões sobre essa abordagem. A primeira é: Seria correto afirmar que, ao comprar ações a dois terços do capital circulante, você tem uma indicação segura de um grupo com preço abaixo do valor real? Isso é o que nossa própria experiência nos negócios mostrou para nós. A segunda questão: Existem outras maneiras de fazer isto?

HB: Existem outras maneiras?

GRAHAM: Naturalmente, aquilo que venho falando tanto nesta tarde é aplicar um critério simples para avaliar um título. Mas o que todos os demais estão tentando fazer é escolher companhias como a "Xerox" ou a "3Ms" por causa de seu futuro no longo prazo ou decidir que no próximo ano a indústria de semicondutores terá um bom desempenho. Essas não parecem ser formas confiáveis de fazê-lo. Certamente, há muitas maneiras de se manter ocupado.

HB: O senhor teria dito isso há 30 anos?

Graham: Acho que não. Não teria assumido uma atitude tão negativa há 30 anos. Mas minha atitude positiva teria sido dizer que você poderia encontrar vários exemplos de empresas com preços abaixo de seu valor real.

HB: De certa forma, o pessoal do mercado eficiente tem turvado um pouco as águas, não é verdade?

Graham: Eles teriam afirmado que se estiverem corretos em sua argumentação básica sobre o mercado eficiente, as pessoas deveriam estudar o comportamento dos preços das ações e tentar lucrar com essas interpretações. Para mim, essa não é uma conclusão muito animadora, pois, se observei algo nestes 60 anos em Wall Street, é que as pessoas não conseguem prever o que irá acontecer no mercado de ações.

HB: Isto certamente é verdade.

Graham: Basta ouvir o programa "Wall Street Week" e você verá que nenhum deles tem qualquer pretensão de ser uma autoridade ou de expressar uma opinião definitiva sobre o que acontecerá no mercado de ações. Eles, e os economistas, têm opiniões e estão dispostos a expressá-las se você solicitar. Entretanto, não acho que insistam em que suas opiniões sejam as corretas.

HB: O que o senhor pensa sobre índices de fundos?

Graham: Tenho ideias bastante definidas sobre isso. Tenho a sensação de que a forma pela qual os fundos institucionais deveriam ser geridos, pelo menos alguns deles, seria começar com o conceito de índice – o equivalente ao resultado de um índice de, digamos, 100 ou 150 ações extraídas do Standard & Poor's 500. Em seguida, devolver aos gestores o privilégio de fazer uma variação, desde que aceitem a responsabilidade pessoal pelo sucesso da variação que introduzirem. Acredito que a remuneração deveria ser calculada basicamente pelos resultados, em função de igualar o índice (com os resultados do Standard Poor's, por exemplo), ou na medida em que ele seja melhorado. No grupo de discussões sobre esse assunto, os típicos gestores de dinheiro não aceitam essa ideia e apresentam como razão principal para não a aceitarem o fato de não parecer boa (e não impraticável), pois investidores diferentes têm exigências diferentes. Eles nunca conseguiram me convencer de que isso tivesse algum grau de verdade – de que investidores diferentes tenham exigências diferentes. Todos os investimentos exigem resultados satisfatórios e acho que resultados satisfatórios são praticamente idênticos para todos. Assim, penso que qualquer experiência dos últimos 20 anos, digamos, teria indicado que ninguém conseguiria um resultado tão bom como o da Standard & Poor's sem muito trabalho, inteligência e conversa.

HB: Senhor Graham, que conselho daria para um jovem chegando agora que quisesse ser uma analista de investimento e receber a certificação de analista financeiro?

GRAHAM: Diria para estudar os registros passados do mercado acionário, conhecer as próprias habilidades e descobrir se consegue identificar uma abordagem de investimento satisfatória em seu caso. Ao fazer isso, que persigam este caminho sem qualquer referência ao que outras pessoas façam, pensam ou digam. Mantenham-se firmes em seus próprios métodos. Isso foi o que fizemos em nossa empresa. Nunca seguimos a multidão, e acho que isso seria desejável para o jovem analista. Se esse jovem ler *O investidor inteligente* (que sinto ser mais útil do que o *Security Analysis*) e selecionar daquilo que dizemos alguma abordagem que considerar mais rentável, então digo que ele deve aplicá-la e se manter firme. Tenho um sobrinho que começou em Wall Street alguns anos atrás e veio me procurar para uns conselhos. Disse a ele: "Dick, tenho um conselho prático para lhe dar. Você pode comprar fundos de investimento fechados com descontos de 15% em média. Pegue alguns amigos para colocar uma quantia X de dólares por mês nestes fundos de investimento fechado com descontos e você começará à frente do jogo e conseguirá ter sucesso." Foi o que ele fez – e não teve muita dificuldade em começar seu negócio nestas bases. Tudo funcionou muito bem e, com a chegada do mercado de alta, ele passou para outros campos e, posteriormente, ganhou uma grande quantia em negócios especulativos. Mas creio que pelo menos começou em uma base sólida. Se você começar com uma base sólida, já terá percorrido metade do caminho.

HB: O senhor acha que Wall Street ou o analista típico ou os gestores de carteira aprenderam suas lições com os fundos "Go-Go", o culto do crescimento, as ações de compra definitiva, o mercado em dois níveis, e tudo o mais?

Graham: Não. As pessoas costumavam dizer sobre os Bourbon que eles não se esqueciam de nada e não aprendiam nada; o que eu diria sobre o pessoal de Wall Street é que, em geral, eles não aprendem nada e se esquecem de tudo. Não tenho confiança alguma no comportamento futuro das pessoas de Wall Street. Penso que esse negócio de ganância – os medos e as esperanças excessivos, e assim por diante – estará conosco enquanto houver gente. Há uma passagem famosa em Bagehot, o economista inglês, na qual ele descreve como ocorrem os pânicos. Geralmente, se as pessoas têm dinheiro, ele está disponível para ser perdido, elas especulam com ele e perdem – está criado o pânico. Sou muito sarcástico em relação a Wall Street.

HB: Mas existem pensadores independentes em Wall Street e nos Estados Unidos que investem bem, não é?

Graham: Sim. Existem dois requisitos para o sucesso em Wall Street. O primeiro é que você precisa pensar corretamente; e o segundo, que você tem de pensar independentemente.

HB: Sim, corretamente e independentemente. O sol está começando a ir embora agora, literalmente, aqui em La Jolla. Como o senhor vê o brilho do sol em Wall Street?

Graham: Bem, houve muita luz do sol desde meados de 1974, quando se atingiu o fundo do poço do mercado. Meu palpite é que Wall Street não mudou em nada. O atual otimismo ficará exagerado e o próximo pessimismo será exagerado, e voltaremos à Roda-Gigante – ou, como você queira chamar, Gangorra ou Carrossel. Voltaremos a esse ponto. Neste momento, em minha opinião, as ações como um todo não estão com preços excessivos. Mas ninguém parece interessado com a possibilidade de que 1970 e 1973-74 sejam duplicados nos próximos cinco anos. Aparentemente, ninguém dirigiu qualquer pensamento para esta questão. Mas que essas situações se repetirão nos próximos cinco anos ou mais, você pode apostar seu índice Dow Jones nisto!

HB: Essa foi uma visita bastante agradável e estimulante. Aguardaremos com ansiedade o recebimento do manuscrito com suas memórias lá em Charlottesville. Muito obrigado, senhor Graham!

ÍNDICE

ROTAPLAN
GRÁFICA E EDITORA LTDA
Rua Álvaro Seixas, 165
Engenho Novo - Rio de Janeiro
Tels.: (21) 2201-2089 / 8898
E-mail: rotaplanrio@gmail.com